Jürgen Overhoff

BENJAMIN FRANKLIN
Erfinder, Freigeist, Staatenlenker

Klett-Cotta

Klett-Cotta
www.klett-cotta.de
© J. G. Cotta'sche Buchhandlung Nachfolger GmbH, gegr. 1659,
Stuttgart 2006
Alle Rechte vorbehalten
Fotomechanische Wiedergabe nur mit Genehmigung des Verlags
Printed in Germany
Schutzumschlag: Klett-Cotta-Design
Fotos: Portrait Benjamin Franklins (David Martin), 1767. Courtesy of
the Pennsylvania Academy of the Fine Arts, Philadelphia. Gift of Maria
McKean Allen and Phebe Warren Downes through the bequest of their
mother, Elizabeth Wharton McKean. Hintergrund: »Declaration of
Independence« mit handschriftlichen Korrekturen Benjamin
Franklins. Library of Congress.
Gesetzt aus der Baskerville von Kösel, Krugzell
Auf säure- und holzfreiem Werkdruckpapier gedruckt und gebunden
von Kösel, Krugzell
ISBN-13: 978-3-608-94134-0
ISBN-10: 3-608-94134-7

Bibliographische Information Der Deutschen Bibliothek
Die Deutsche Bibliothek verzeichnet diese Publikation in der
Deutschen Nationalbibliographie; detaillierte bibliographische
Daten sind im Internet über <http://dnb.ddb.de> abrufbar.

INHALT

Prolog: »Unser Franklin« 9

1. Herkunft und Kindheit: 1706–1717 24
2. Lehrjahre: 1718–1723 51
3. Wanderjahre: 1723–1728 78
4. Bürger und Entrepreneur: 1728–1748 103
5. Wissenschaftler: 1748–1753 152
6. Parlamentarier und Kolonialagent: 1753–1764 177
7. Amerikas Fürsprecher in Europa: 1764–1773 213
8. Rebell: 1774–1781 244
9. Gründervater: 1782–1790 276

Epilog: Franklins politisches Testament 301

Ausgewählte Literatur 306

Bildnachweis 310

Personenregister 311

Den Mentoren und Förderern
FRANKLIN KOPITZSCH,
HANNO SCHMITT
und HEINZ-ELMAR TENORTH
in Dankbarkeit gewidmet

dem an der Berliner Akademie der Wissenschaften tätigen Mathematiker Johann Carl Wilcke besorgt wurde. Dieses Buch trug in Deutschland maßgeblich zu Franklins schnell anwachsendem Ruhm als Wissenschaftler bei, was zur Folge hatte, daß der amerikanische Gelehrte während seiner Deutschlandreise im Jahr 1766 im Rahmen einer feierlichen Zeremonie in Göttingen in die dort ansässige Königliche Gesellschaft der Wissenschaften aufgenommen wurde. Sogar Georg Christoph Lichtenberg, einer der führenden Experimentalphysiker des 18. Jahrhunderts und Verfasser zahlreicher ironisch-geistvoller Aphorismen, konnte sich als Professor der Universität Göttingen nur vor Franklins Genie verbeugen. Als schlichtweg »beneidenswerth« stufte er dessen Talente als Naturforscher ein.

Außerhalb der akademischen Zirkel Deutschlands wurde der hochbegabte Naturgelehrte dann im Zuge des amerikanischen Unabhängigkeitskampfes einem immer größeren Publikum bekannt. Den von Franklin ausgehandelten Friedensvertrag mit Großbritannien vom 3. September 1783, der die staatliche Ordnung der USA als souveränes, freiheitliches und republikanisches Gemeinwesen dauerhaft begründete, nahm der Berliner Aufklärer und Publizist Johann Erich Biester zum Anlaß, einer deutschen Leserschaft erstmals ausführlich Mitteilung von diesem wichtigen Protagonisten der amerikanischen Revolution zu machen. In seinem noch im selben Jahr für die *Berlinische Monatsschrift* verfaßten Essay »Etwas über Benjamin Franklin« stellte Biester den Amerikaner als »ein Phänomen in unsern Zeiten« vor, wie es kaum ein anderes gebe, denn der »selbstdenkende, erfinderische Kopf, der helle Verstand, der richtige tiefe philosophische Blik in Natur und Wissenschaft« genauso wie die politische Rolle, die er »mit so ganz unbegreiflichem Erfolge gespielt« habe, zeichneten Franklin unter seinen Zeitgenossen in einzigartiger Weise aus.

Was Biester als geradezu sensationell empfand, war jedoch nicht allein der umfassende Erfolg, der Franklin als Physiker und für die Freiheit und Selbstregierung seiner Nation streitender Politiker beschieden war, sondern weit mehr noch die Tat-

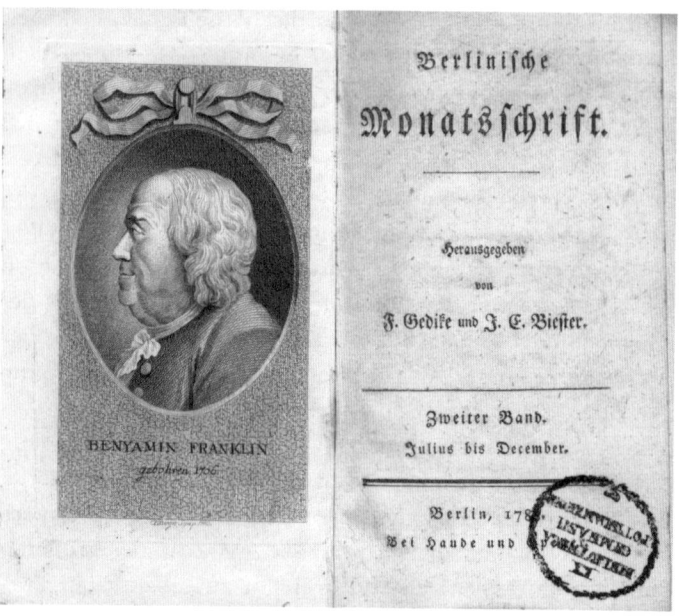

Abb. 1 Johann Erich Biester veröffentlichte im zweiten Band der »Berlinischen Monatsschrift« von 1783 seinen Aufsatz »Etwas über Benjamin Franklin«, der die Franklin-Rezeption in Deutschland nachhaltig prägte.

sache, daß dieser sich »aus niederem Stande«, als Sohn eines Seifensieders, »durch Tugenden und durch Geist zu einem Posten emporgearbeitet« hatte, wo ganz Europa auf ihn blickte und notgedrungen auch die fürstlichen Höfe ihn ehrten. Daß ein schlichter Bürger »selbst von europäischen Souverains, die ja bekanntlich die Quelle aller europäischen Ehre sind, als Minister und Gesandter anerkannt« werde – ja, daß er den Monarchen sogar Bedingungen stellen könne, nachdem er »in Amerika schon lange als Gesetzgeber, als Beförderer alles politischen und bürgerlichen Wohls« von seinen Landsleuten »gesegnet worden« war –, dies alles sei auch für die Deutschen ein mutmachendes Zeichen dafür, daß »in unsern Tagen Verdienste ihren Vorzug über vererbtes Glük behaupten« konnten.

Für Biester war Franklin also das Musterbeispiel eines selbstbewußten, talentierten, fleißigen, dazu politisch aktiven und sein Gemeinwesen geschickt mitregierenden Bürgers, dessen Tatkraft wahrhaft exemplarischen Charakter hatte. »Mögte ich doch nicht ganz meines Zwekkes verfehlt haben«, rief Biester deshalb gegen Ende des Artikels seinen Lesern hoffnungsfroh zu, »den großen guten feinen thätigen Geist Franklins« in einer Weise »dargestellt zu haben«, daß das Interesse an diesem vorbildlichen Bürger und Staatsmann sowie der von ihm repräsentierten politischen Ordnung auch in Deutschland weiter zunehme. Wer immer die demokratischen Verhältnisse der Vereinigten Staaten genauer studieren wolle, so Biester, solle daher Franklins politische Schriften lesen, die seit 1780 als *Abhandlungen über Gegenstände der allgemeinen Staatskunst* und *Abhandlungen über Amerikanische Gegenstände* auch auf deutsch in einer in Dresden veröffentlichten Übersetzung vorlagen.

Dieser Herzenswunsch Biesters traf auch bei dem in Kassel als Professor für Geographie lehrenden Naturforscher Georg Forster auf begeisterte Zustimmung. Forster, der den britischen Weltumsegler Captain James Cook auf seiner zweiten Fahrt in die Südsee in bis dahin unbekannte Erdregionen begleitet hatte, somit einer der welterfahrensten Männer seiner Zeit war – und im übrigen als Mitbegründer des ersten Freistaats auf deutschem Boden, der Mainzer Republik von 1793, auch in politischen Affären noch von sich reden machen sollte –, pflichtete Biesters Anliegen in einem Brief vom 24. April 1783 mit großem Nachdruck bei: Es sei allemal »der Mühe werth«, schrieb er, das Lebensbild »eines solchen Menschen in einem solchen Zeitpunkt unter solchen Menschen zu vervielfältigen«, um auf diese Weise eine republikanische Gesinnung auch unter den Deutschen befördern zu helfen. Aus eigener Erfahrung wußte Forster, der bei seinem Aufenthalt in Paris im Herbst 1777 »öfters mit Franklin in Gesellschaft gewesen war, und sogar bey ihm gespeißt hatte«, wie inspirierend die Begegnung mit dem Amerikaner sein konnte – und wäre sie auch nur literarischer Natur. Franklins Lebensgeschichte, »recht und von Meisterhand bearbeitet«, schloß Forster darum in seinem Schreiben an Biester, »wird in Ihrer Monatsschrift eine köstliche Perle sein«.

Tatsächlich stieß Biesters Franklin-Essay in Deutschland auf große Resonanz. Auch daß der Göttinger Dichter Gottfried August Bürger nur wenige Monate nach Franklins Tod den ersten Teil der Autobiographie des Amerikaners ins Deutsche übertrug – einen Text, an dem Franklin bis kurz vor seinem Ableben unablässig gearbeitet hatte und der posthum zunächst in französischer Fassung veröffentlicht worden war –, trug dazu bei, daß der Bekanntheitsgrad des amerikanischen Autors weiter anstieg.

Ein ganz eigenes und dazu überaus wirkungsvolles Porträt wurde von Franklin dann gegen Ende des 18. Jahrhunderts in Weimar gezeichnet, als Johann Gottfried Herder den Amerikaner in seinen *Briefen zur Beförderung der Humanität* als einen »meiner Lieblinge in unserem Jahrhundert« darstellte, dessen »Sinn für Humanität« ihn tief berührt habe. Vorbildlich war für Herder vor allem Franklins durch und durch bürgerliches Ethos. »Franklin's Grundsätze«, so Herder, zielten nämlich allenthalben darauf ab, die Menschen »aufmerksam auf ihren Beruf«, sie in einer »unangestrengten Art geschäftig, fleissig, vorsichtig und thätig zu machen«, wodurch sie schließlich einsehen lernten, »dass jede dieser Übungen sich selbst belohnet, jede Vernachlässigung derselben im Grossen und Kleinen sich selbst strafe«. Aus diesem Grunde wünschte Herder denn auch geradezu flehentlich: »Wollte Gott wir hätten in ganz Europa ein Volk, das ihn lese, das seine Grundsätze anerkennte, zu seinem eignen Besten danach handelte und lebte; wo wären wir sodann«.

Mit Goethe, der sich vom Enthusiasmus des Weimarer Freundes anstecken ließ und nun seinerseits den Schriftsteller Franklin »in Absicht auf Wahl gemeinnütziger Gegenstände, auf tiefe Einsicht, freie Übersicht, glückliche Behandlung« und »so gründlichen als frohen Humor« überschwenglich lobte, gründete Herder dann in Weimar eine sogenannte ›Freitagsgesellschaft‹, einen Debattierclub, dem die von Franklin bereits 1732 verfaßten *Rules for a Club formerly established in Philadelphia* als Leitfaden für die wöchentlichen Zusammenkünfte dienten. In dieser Sozietät, der Goethe als Präsident vorstand, wurden vornehmlich Fragen des bürgerlichen und politischen Gemeinwohls behandelt, wie sie auch Franklin aufgeworfen hatte. Um Franklins Popularität noch weiter zu steigern, kündigte Herder zudem eine Neuübersetzung »Franklinischer Schriften« an, die er dann allerdings doch nicht realisieren konnte, weil ihm der rührige Weimarer Verleger Friedrich Justin Bertuch in dieser Sache zuvorkam. »Dreist« nannte der verärgerte Herder Bertuchs geschwind zuwegegebrachte Veröffentlichung von Franklins *Kleinen Schriften,* die 1794 im Verlag des »Weimarischen Landesindustrie-Comptoirs« erschienen.

Ein Bertuch durchaus ebenbürtiger Geschäftsmann war Goethes und Schillers gemeinsamer Tübinger Verleger Johann Friedrich Cotta, der sich bereits im darauffolgenden Jahr dazu entschloß, in seiner Verlagsbuchhandlung die erste deutsche Biographie Franklins erscheinen zu lassen. »Wie schwer das auch seye«, schrieb deren anonymer Verfasser, »der Biograph eines Autobiographen« zu werden, so dürfe ein solches Unterfangen als »weder überflüssig noch unnüz« erachtet werden, weil Franklin in seinen Memoiren viele wichtige Begebenheiten und Lebensabschnitte gar nicht zur Darstellung gebracht und sie »hinter dem Schleier seiner Bescheidenheit« versteckt habe.

Ton und Gehalt dieser Biographie, die ausdrücklich auch für »junge Leser« geschrieben war, zeugte von einem engagierten Bekenntnis zur »gerechten Sache der Amerikaner«, also zu den Werten eines bürgerlichen, demokratischen Freistaats, wie sie von Franklin »so menschlich« vertreten und eingefordert worden waren. Hoch rechnete der Autor den amerikanischen Rebellen und insbesondere Franklin an, daß sie im Verlauf ihres Aufstandes, im Unterschied zu den französischen Jakobinern, »kein Bürgerblut leichtsinniger Weise vergossen« hatten und die amerikanische Revolution somit »unter allen ähnlichen in der Weltgeschichte die menschlichste« gewesen sei. Die »Freiheitsprincipien« Amerikas und die aus ihnen hervorgehende »süsse Frucht des Bürgerglüks« in nicht allzu ferner Zukunft auch in Deutschland genießen zu können blieb somit – trotz der von radikalen Republikanern in Frankreich eingeführten »Barbarei und Volkssklaverei« der Terreur-Zeit, die ja bei vielen Zeitgenossen eine Abwendung von republikanischen Idealen bewirkt hatte – eine echte Hoffnung des Autors, die er gegen Ende seiner Biographie noch einmal deutlich zum Ausdruck brachte.

Dieser Bezug auf den »moralisch guten« Franklin als Begründer einer gerechten republikanischen und demokratischen Gesellschaftsordnung wurde dann im Deutschland des Vormärz zum gemeinsamen Nenner und thematischen Schwerpunkt aller Franklin-Biographien, die nun in großer Zahl veröffentlicht wurden. Allein zwischen 1845 und 1847 erschienen ein halbes Dutzend neuer Publikationen, in denen liberale Lehrer, Politiker und Wirtschaftstheoretiker Franklin als »Mann des Volkes« oder »freisinnigen Volksfreund« priesen, dem es auch im eigenen Vaterland nachzueifern galt. Bei dem Versuch, den Staatsmann Franklin ganz ausdrücklich als Vorbild »für das Deutsche Volk« zu empfehlen, wurde der Amerikaner von nahezu allen Biographen gleichsam naturalisiert und wie ein Landsmann angesprochen. Ganz selbstverständlich und in der Weise einer fast zärtlichen Vereinnahmung hieß er in den meisten dieser Lebensbeschreibungen nämlich ab sofort »unser Franklin«.

Daß gerade auch die revolutionäre Gesinnung Franklins auf deutsche Liberale ansteckend wirkte, zeigt das Beispiel des westfälischen Politikers Hermann Kriege, der aufgrund seines Engagements für demokratisch-liberale Ziele zu Beginn der 1840er Jahre zu Festungshaft verurteilt worden und nach Amerika geflohen war. Er veröffentlichte 1847 in einem deutschen Verlag in New York eine Biographie Franklins, mit der er seinen Landsleuten, wie er betonte, »ein neues Mittel zu ihrer demokratischen Selbsterziehung« an die Hand geben wollte. 1848, bei Ausbruch der Revolution in Deutschland, kehrte Kriege dann in seine Heimat zurück, voller Hoffnung, die von Franklin propagierten Ideale nun auch dort verbreiten zu können. Im Oktober 1848 war er auf dem 2. Demokratenkongreß in Berlin einer der prominentesten Redner. Als er jedoch nach dem Scheitern des Volksaufstandes im Jahr 1849 die Verwirklichung seiner Vorstellungen von Freiheit und Gerechtigkeit in weite Ferne entschwinden sah, ging er desillusioniert in die USA zurück, wo er noch einige Jahre lang die von zahlreichen deutschen Auswanderern gelesene *Illinois Staatszeitung* herausgab.

Doch auch nach der tragisch verpaßten Chance eines demokratischen Aufbruchs in Deutschland blieb Franklin eine Leitfigur des liberalen Bürgertums. Seine Schriften flößten den enttäuschten Demokraten neuen Mut zu frischen Taten ein. Der große Pädagoge Adolph Diesterweg, einer der glänzendsten politischen Publizisten der Revolutionszeit und ab 1858 Mitglied der Fortschrittspartei im Preußischen Abgeordnetenhaus, warb Mitte der fünfziger Jahre wiederholt mit warmen Worten für den Volksschriftsteller Franklin, dessen Werke seines Erachtens in allen guten »Volksbibliotheken« vorhanden sein sollten. Sogar als Namenspatron wurde Franklin bemüht. Friedrich Wilhelm Wedekind, ehemaliger Paulskirchenabgeordneter und langjähriger Exilant im kalifornischen San Francisco, nannte seinen zweiten Sohn, der kurz nach seiner Rückkehr nach Deutschland im Jahr 1864 in Hannover zur Welt kam, fast schon trotzig »Benjamin Franklin«. Berühmtheit erlangte dieser Benjamin Franklin Wedekind übrigens später als Dramatiker und Lyriker unter dem geänderten Namen Frank Wedekind.

Selbst wenn ein Vater, der sich in den 1860er Jahren zum Liberalismus bekannte, nicht so weit gehen wollte, seinem Sohn Franklins Namen zu geben, konnte er ihm doch in jedem Fall dessen Autobiographie schenken und in folgender Weise zu ihm sprechen: »Mein Sohn, hier sieh, wie ein Mensch sich selbst bilden kann; ahme ihn nach, werde du in dir, wie Benjamin Franklin in sich geworden.« Dies jedenfalls waren die mahnenden Worte eines wohlmeinenden Vaters, wie sie in Berthold Auerbachs Roman *Das Landhaus am Rhein* von 1869 zu lesen war, wo der Verfasser der Darstellung von Franklins Leben breiten Raum gewährte. Auerbach, der wohl populärste deutsche Erzähler seiner Zeit und einer der ersten modernen jüdischen Schriftsteller, der schon in seinen frühen Romanen aus den dreißiger und vierziger Jahren für liberale Ideen eingetreten war, schätzte Franklin nicht zuletzt als Verfechter einer umfassenden und vorbehaltlosen Gleichberechtigung der Juden.

Nachdem sich Ende der 1860er Jahre in Paris das bis dahin verschollene Originalmanuskript von Franklins Autobiographie wieder angefunden hatte, veranstaltete Auerbach zudem eine neue deutsche Übersetzung dieser Schrift, die er gemeinsam mit seinem Freund Friedrich Kapp im Jahr 1876 herausgab. Kapp, ein Veteran von 1848, der lange Jahre im amerikanischen Exil zugebracht hatte, schrieb für diese Ausgabe eine historisch-politische Einleitung. Wie etliche Achtundvierziger vor ihm, verstand er sich als Wahlverwandter des Amerikaners. Auch hatte er ein Gespür dafür entwickelt, welchen Kultstatus Franklin mittlerweile in Deutschland erlangt hatte. Resümierend bekräftigte Kapp daher, daß Franklin in den Augen aller Liberalen und fortschrittlich gesonnenen Bürger Deutschlands mittlerweile ganz selbstverständlich als »der Unsrige« anerkannt werde und »gleich neben Goethe und Schiller« stehe.

Mit dieser Einschätzung griff Kapp sicher nicht zu hoch, denn auch nach der 1871 hergestellten Einheit Deutschlands galt Franklin als entscheidende Bezugsperson, auf die man sich wie selbstverständlich berief, wenn man mit Kapp den neu begründeten »nationalen Staat« noch stärker »mit dem Geiste der Freiheit zu durchdringen« trachtete. So verwundert es nicht, daß auch im Wilhelminischen Kaiserreich eine ganze Anzahl von Franklin-Biographien verlegt wurde, die, oft auch als »Geschichtsbilder für die Jugend« konzipiert, ein beinahe folkloristisch anmutendes Heldenporträt des Amerikaners zeichneten. Diese populäre und grundsätzlich positive Sicht auf Franklin wurde auch nach Max Webers 1905 veröffentlichter Kritik am bürgerlichen »Geist des Kapitalismus«, der »den Erwerb von Geld und immer mehr Geld, unter strengster Vermeidung alles unbefangenen Genießens« als reinen »Selbstzweck« denke und angeblich aus Franklin in selten »charakteristischer Weise« geredet habe, weitgehend beibehalten. So reichte die Opposition gegen Webers Franklin-Thesen von Lujo Brentano, einem dem linken Flügel der Kathedersozialisten angehörenden Nationalökonom, bis hin zu Webers Nachlaßverwalter und Herausgeber, dem Soziologen Eduard Baumgarten, der noch im Jahr 1936 Franklins Leben und Werk in der großangelegten Studie *Benjamin Franklin. Der Lehrmeister der Amerikanischen Revolution* eingehend würdigen konnte.

Nach der Katastrophe der nationalsozialistischen Herrschaft in Deutschland war es der ins kalifornische Exil ausgewichene Schriftsteller Lion Feuchtwanger, der sich in der unmittelbaren Nachkriegszeit um eine erneute Popularisierung Franklins bemühte. Im Jahr 1947 veröffentlichte er im Amsterdamer Querido Verlag den Roman *Waffen für Amerika,* worin er Franklin als Schmied der amerikanischen Allianz mit Frankreich – wie sie 1778 nach zähen Verhandlungen in Versailles zustande gekommen war – mit großer menschlicher Wärme schilderte. Das amerikanisch-französische Militärbündnis, das ja die dauerhafte Selbstbehauptung der Vereinigten Staaten als Hoffnungsträger einer auf Gerechtigkeit, Freiheit und Vernunft gegründeten Gesellschaftsordnung erst ermöglichte, war für Feuchtwanger ohne Zweifel ein historisches Vorbild jener von den USA angeführten Anti-Hitler-Allianz seiner eigenen Tage. In der Tat wollte Feuchtwanger seinem Gastland mit dem Franklin-Roman Dank abstatten. Danken wollte er ausdrücklich jenem Amerika, das »wie ein großer, frischer Wind in die verbrauchte Luft Europas« hineingeblasen hatte. So war seine Darstellung Franklins, des prototypischen Repräsentanten dieses Amerika, auch als »Geschenk an Amerika« gemeint, »mit dem ich anerkenne, was es für mich getan hat«.

Feuchtwangers Roman, der zunächst in der DDR, dann auch in der Bundesrepublik, unter dem auf Alfred Döblins und Bertolt Brechts Anraten geänderten und wenig sprechenden Titel *Die Füchse im Weinberg* erschien, wurde von Thomas Mann und vielen anderen Schriftstellerfreunden enthusiastisch besprochen und als das beste seiner Bücher eingestuft. Bei den Literaturkritikern und der deutschen Leserschaft erreichte dieses Werk Feuchtwangers dennoch nicht dasselbe Maß an Anerkennung. Während das Buch in der DDR immerhin als Wahlliteratur in den Lehrplan aufgenommen wurde, fristete es in der Bundesrepublik eher ein Schattendasein, so daß die von Feuchtwanger beabsichtigte Wirkung der Romanfigur Franklin weitgehend ausblieb.

Ohnehin blieb es im Deutschland der 1950er und 1960er Jahre merkwürdig still um Franklin. Wohl wurde Auerbachs klassische Übersetzung von Franklins Memoiren weiterhin verlegt – und zwar in der Bundesrepublik wie in der DDR –, doch eine neue Biographie Franklins schien nicht gefragt zu sein, obwohl ein solches Unternehmen doch zumindest im westlichen Teil Deutschlands nahegelegen hätte. Immerhin war dort im Jahr 1949 mit amerikanischer Hilfe ein freiheitlicher, demokratischer Bundesstaat gegründet worden, der auf eine republikanische Traditionslinie zurückgreifen konnte, die ganz entscheidend von Franklin und seinen im 19. Jahrhundert so zahlreichen deutschen Verehrern geprägt war. Statt dessen bot lediglich ein kleiner Verlag in Weimar im Jahr 1969 eine »Erzählung um Benjamin Franklin« als Jugendbuch an, mit dem etwas skurrilen Titel *Der Blitzkerl*.

Erst in den siebziger Jahren entwickelte sich in der Bundesrepublik ein originäres Interesse an Franklin als Mitbegründer der eigenen, nun wohl bewußter gelebten demokratischen Tradition. Die größten Verdienste um die Wiederentdeckung

Franklins erwarb sich in dieser Zeit der Historiker und Amerikanist Horst Dippel, der in zahlreichen Aufsätzen auf die besondere Bedeutung des Amerikaners für die Ausformung auch des deutschen Republikanismus zu sprechen kam. Allerdings entfaltete diese vornehmlich fachwissenschaftliche Beschäftigung mit Franklin keine Breitenwirkung und blieb letztlich auch zeitlich begrenzt, denn seit den achtziger Jahren ebbte das deutsche Interesse an Franklin wieder spürbar ab.

Seither ist uns Franklin ferner gerückt denn je. Es wirkt sonderbar, daß dieser weltgeschichtlich so bedeutende Mann, der – von Biester, Forster, Herder und Goethe, über die mutigen Liberalen und Demokraten des 19. Jahrhunderts, bis hin zu den Exilliteraten um Feuchtwanger – die politische Phantasie der Deutschen noch stets beflügeln konnte, gerade jetzt, nachdem beide Teile Deutschlands wieder in einem demokratischen Rechtsstaat vereint sind und die erweiterte Bundesrepublik zudem als Mitgliedsstaat der Europäischen Union in ein ganz neues Verfassungsgefüge hineinwächst, im öffentlichen Bewußtsein so seltsam blaß bleibt. Seit sieben Jahrzehnten, seit mehr als zwei Menschenaltern also, ist in Deutschland keine Franklin-Biographie mehr verfaßt worden, wiewohl gerade in diesem Zeitabschnitt – vor allem mit der 1959 begonnenen und auf mittlerweile 37 Bände angewachsenen Yale-Edition der *Papers of Benjamin Franklin* – völlig neue Quellen für ein solches Projekt erschlossen wurden. Sind Franklins politische Visionen, könnte man fragen, etwa derart erfolgreich verwirklicht worden, daß er als Inspirator und Bezugspunkt für das eigene politische Leben und Denken mittlerweile gar nicht mehr gebraucht wird? Hat Franklin ausgedient?

Wohl kaum. Als Beispiel für seine Relevanz sei nur auf die lebhafte Auseinandersetzung mit ihm verwiesen, wie sie augenblicklich in den USA stattfindet. Allein in den vergangenen drei Jahren sind dort von führenden amerikanischen Historikern fünf gewichtige Franklin-Biographien vorgelegt worden, die allesamt auf ein breites Publikumsinteresse stießen. Schon deren Titel wie *The First American, The Americanization of Benjamin Franklin* oder *An American Life* deuten darauf hin, daß Franklin in den USA nicht nur als überragende Gestalt der eigenen Geschichte wahrgenommen wird, sondern zugleich auch als hochaktuelle Persönlichkeit, deren Worte und Taten bis in die Gegenwart hineinwirken und denen man folglich immer wieder neue, inspirierende Facetten abgewinnen kann. Sollte eine solche, von intellektueller Neugier geleitete Sicht auf Franklin nicht auch in Deutschland möglich sein, einem Land, in dem die erste Generation aufrechter Demokraten ihn einst »den Unsrigen« nannte und das zudem als moderne »civil society« ohne die Vorarbeit und die kritischen Impulse des politischen Denkens der Aufklärung – insbesondere seiner amerikanischen Variante – nicht zu denken ist?

Gute Gründe sprechen dafür, Franklin nicht nur als »Founding Father« der USA zu verstehen, sondern ebensogut auch als geistigen Gründervater aller modernen Gemeinwesen, die sich auf die von ihm entscheidend mitgestalteten Prinzipien einer demokratischen Bürgergesellschaft beziehen. In Frankreich beispielsweise, wo in den letzten Jahren immer wieder Bücher vorgelegt wurden, die sich mit dem dort von der Epoche der Aufklärung bis zum heutigen Tag (des lumières à nos jours) fortwirkenden Bild und Einfluß (image et influence) Franklins beschäftigen, ist dies auch anerkannt worden.

Im Einklang mit diesen neueren Bestrebungen amerikanischer und französischer Historiker, die die Erinnerung an Franklin als bedeutenden Vordenker und Vorkämpfer der uns allen gemeinsamen bürgerlichen Freiheitskultur wachhalten wollen, versuche ich, mit der vorliegenden Schilderung seiner Lebensgeschichte auch hierzulande einen Beitrag zur politischen Bildung für die Zukunft zu leisten. Dabei fühle ich mich in dieser Darstellung zugleich allen Vorgängern verpflichtet, die seit dem ausgehenden 18. Jahrhundert in Deutschland bemüht waren, dem jeweiligen Wissensstand ihrer Zeit gemäß – und im besten Sinne populärwissenschaftlich – über Franklin zu berichten. Da gerade in den letzten Jahren wichtige und bisher von der Forschung übersehene Quellen ans Licht gekommen sind, die ausführlich von Franklins Kontakten zu deutschen Aufklärern berichten und eine Rekonstruktion seiner im Jahr 1766 unternommenen Deutschlandreise erlauben, kann ich diese historischen Zusammenhänge hier erstmals in aller Ausführlichkeit zur Sprache bringen.

Daß die vorliegende Biographie gerade in dem Jahr veröffentlicht werden kann, in dem in den Vereinigten Staaten – aber auch an vielen anderen Orten der Welt – Franklins 300. Geburtstag mit Ausstellungen und anderen Gedenkveranstaltungen feierlich begangen wird, ist eine glückliche Fügung, die Anlaß zur Hoffnung gibt, daß auch wir den großen Amerikaner demnächst wieder – auf zeitgemäße Weise – als »unseren Franklin« schätzen lernen.

1. Kapitel

HERKUNFT UND KINDHEIT
1706–1717

Als klassischer Selfmademan, als Prototyp des aufstrebenden Bürgers, der sich aus eigenem Antrieb und eigener Kraft zu bedeutender Stellung emporgearbeitet hat, ist Franklin über Jahrhunderte hinweg gefeiert worden. Sein unerschütterlicher Optimismus, seine große Willensstärke und Disziplin galten vielen seiner Verehrer als auffallendes Beispiel dafür, daß der Mensch aus sich selbst das formen kann, was er will, daß er dazu berufen ist, gemäß dem alten Sprichwort seines Glückes Schmied zu sein. Und in der Tat: Mit Stolz blickte Franklin in der gegen Ende seines Lebens verfaßten *Autobiographie* darauf zurück, wie er sich »aus der Armut und Dunkelheit, worin ich geboren und aufgewachsen bin« zu »einem gewissen Wohlstand und einigem Ruf in der Welt aufgeschwungen« hatte, wie er, seinen eigenen Fähigkeiten und Mitteln vertrauend, einen »nicht unbedeutenden Erfolg« im privaten und öffentlichen Leben erzielen durfte, den er auch in vollen Zügen genoß. Viele der von ihm im Verlauf seiner atemberaubenden Karriere angewandten »Mittel« schienen ihm dabei durchaus auch für die meisten anderen Menschen erreichbar und anwendbar zu sein, so daß er sie – nach ausführlicher Beschreibung – allen aufstrebenden jungen Geistern mit Nachdruck »zur Nachahmung« anempfahl.

Doch Franklin wußte auch, daß er nicht in allen Dingen der Meister seines Schicksals sein konnte. Vielfach war erfolgreiches Handeln von glücklichen Zufällen, günstigen Gelegenheiten und ganz allgemeinen Lebensumständen abhängig, die den eigenen Einflußmöglichkeiten enthoben waren. Dazu gehörten nach seinem Dafürhalten schon Ort und Zeit der Geburt, als ein für allemal vorgegebene, nicht zu tilgende Koordinaten des individuellen Lebensganges. Dazu zählten noch mehr die gesellschaftlichen und finanziellen Umstände der Familie, in die man hineingeboren wurde. Auch die Werte und Ideale der Eltern prägten einen Heranwachsenden in hohem Maße, beeinflußten sein Denken und Handeln oft bis ins hohe Alter. So war Franklin demütig genug anzuerkennen, daß ihm sein Lebensweg zu einem guten Teil vorgezeichnet war, und zwar von einer – wie er sein Leben lang glaubte – göttlichen Fügung, die er im Rückblick auf ein reich gesegnetes Dasein dankbar als »kind Providence« pries, als Gottes gütige Vorsehung.

Geboren wurde Benjamin Franklin – nach dem zu dieser Zeit noch in den britischen Gebieten Nordamerikas gebräuchlichen Julianischen Kalender und laut Eintrag ins Geburtenregister seiner Heimatstadt – am 6. Januar 1706; dieses Datum wurde erst in der Mitte seines Lebens, als sich der Gregorianische Kalender im September 1752 auch in Großbritannien durchsetzte, der neuen Datierung gemäß als 17. Januar 1706 wiedergegeben.

Franklins Geburtsort, die neuenglische Hafenstadt Boston, war als Hauptstadt von Massachusetts, einer der ältesten britischen Kolonien auf dem nordamerikanischen Kontinent, bereits 1630 gegründet worden. Die Stadtgründung erfolgte somit nur wenige Jahre nach der legendären Ankunft jener Puritaner, die als sogenannte Pilgerväter an Bord der *Mayflower* nach Amerika gesegelt und Ende 1620 bei Cape Cod, am südlichsten Küstenstreifen des heutigen Massachusetts, an Land gegangen waren.

Diese Puritaner, eine Gruppe von religiös strenggläubigen, calvinistischen Separatisten, denen die anglikanische Bischofskirche als Sündenpfuhl galt, hatten ihr Heimatland England, in dem sie wegen ihres Nonkonformismus schikaniert und verfolgt worden waren, verlassen, um in der Neuen Welt ihre eigene, reformierte Kirche zu gründen. Sie trachteten danach, ihr Gemeindeleben von den letzten Resten des römisch-katholischen Ritus zu »reinigen« *(purify)*, indem sie statt Liturgie und äußerlichem Ritual die Predigt und das Bibelstudium in den Mittelpunkt ihrer religiösen Handlungen stellten. Außerdem duldete die religiöse Überzeugung der Puritaner nur autonome Gemeinden, die ihren Pfarrer selbst wählten und sich keinem Bischof unterwarfen. John Winthrop, einer der bedeutendsten Repräsentanten der neuenglischen Puritaner und zugleich der erste in Boston residierende Gouverneur von Massachusetts, betonte in einfachen, aber klaren Worten, daß Gott die Welt so geschaffen habe, daß »jeder Mensch einen anderen benötigt und daher alle Menschen im Bund brüderlicher Liebe eng miteinander verbunden sind«. Wegen der auf diese Weise theologisch begründeten und auf Gleichheit und Selbstregierung zielenden Organisation ihrer gemeindlichen »Versammlungen« *(congregations)* bezeichneten sich die Puritaner dann auch selbst als Kongregationalisten.

Die ersten, nur wenige hundert Menschen umfassenden Gemeinden von Massachusetts wollten nun in ihrem moralisch rigiden, tugendhaften Verhalten ein leuchtendes Vorbild für die europäischen Christen sein. Winthrop formulierte diesen hohen Anspruch in eindrucksvollen und zu Recht berühmten Worten, die er den puritanischen Siedlern von Boston schon unmittelbar nach der Stadtgründung mit auf den Weg gab. In klarer Anspielung auf Verse aus der Bergpredigt ermahnte er seine neuen Mitbürger zur Wachsamkeit und zu sittlich einwandfreiem Handeln: »Wir müssen bedenken: Wir werden sein wie eine Stadt auf einem Berg *(as a City upon a Hill)*; die Augen aller Menschen ruhen auf uns«.

Anziehend wirkte der Siedlungserfolg der ersten nordamerikanischen Puritanergemeinden – zumal sie nicht in ernsthafte Konflikte mit Indianern geraten waren – in jedem Fall auf ihre Glaubensbrüder in England. Allein bis 1640 folgten ihnen 18 000 englische Siedler nach und halfen, Dutzende wohlgeordneter kleiner Gemeinden entlang der Küste von Massachusetts zu errichten. Beim Aufbau ihrer Zivilverwaltung, die nun immer umfassendere Aufgaben zu bewältigen hatte, lehnten sich die Puritaner an die Ordnung ihrer Kirchengemeinden an. Ohne Glaubensfragen und rein politische Entscheidungen in unstatthafter Weise zu vermengen, diente das schlichte, nahezu schmucklose *meetinghouse* der Kongregationalisten je nach Bedarf dem Gottesdienst oder der weltlichen Selbstregierung im *town meeting*. Auch die politischen Beschlüsse, die Massachusetts als Ganzes betrafen, wurden gemeinsam gefaßt. Denn um für die gesamte Kolonie Gesetze erlassen zu können, mußten sich der Gouverneur Winthrop und sein aus 18 *assistents* bestehender Magistrat, die zusammen die Regierung von Massachusetts bildeten, von den grundbesitzenden Männern des Landes, den *freemen*, jedes Jahr neu wählen lassen.

Wiewohl gegen Ende des 17. Jahrhunderts immer weniger strenggläubige englische Puritaner nach Amerika auswanderten und die wahlberechtigen Bürger von Massachusetts ab 1664 nicht mehr vollberechtigte Mitglieder einer kongregationalistischen Pfarrgemeinde zu sein brauchten, beherrschte der Puritanismus doch bis weit ins 18. Jahrhundert hinein das gesamte soziale und religiöse Leben der Kolonie. Inbesondere der starke Wille, das eigene Gemeinwesen mit selbstgegebenen, gerechten und für alle gleichen Gesetzen zu ordnen, um eine Gemeinschaft der Rechtschaffenen heranzubilden, prägte die Gesellschaft von Massachusetts zutiefst. Im Bewußtsein aller galt das Prinzip, daß die Leitung einer Gemeinde stets auf die Zustimmung ihrer Mitglieder angewiesen sei. Auch die einfachsten Angehörigen kongregationalistischer Religionsgemeinschaften behielten einen ausgeprägten Sinn für die Bedeutung der demokratischen Elemente ihrer Gemeindeverfassung.

Fest eingebunden in diese puritanische Lebenswirklichkeit von Massachusetts waren auch Franklins Eltern Josiah und

Abiah Folger Franklin. Ihr lediglich zur Miete bewohntes und eher bescheidenes Holzhaus, in dem Benjamin als achtes Kind seiner Mutter und fünfzehnter Sprößling seines Vaters das Licht der Welt erblickte, lag auf der Milk Street genau gegenüber der South Church (der dritten und jüngsten Puritanerkirche von Boston), an deren Gemeindeleben sich die vielköpfige Familie Franklin aktiv beteiligte. Da sich die Geburt des kleinen Ben an einem frühen Sonntagmorgen ereignete und die Gemeinde der South Church an diesem Tag vollständig versammelt war, nutzte sein Vater die Gunst der Stunde, wickelte das Kind in dicke Tücher und trug es – nur wenige Stunden nachdem es seinen ersten Schrei getan hatte – durch den kalten Januarwind auf die gegenüberliegende Straßenseite, um es in der Kirche taufen zu lassen.

Benjamins Vater Josiah Franklin war selbst noch in England geboren und getauft worden. Seine Kindheit hatte er in Northamptonshire im Dorf Ecton (zwischen Northampton und Wellingborough) verbracht, wo seine Familie bereits seit dem frühen 16. Jahrhundert ansässig war (und wo die ersten Franklins möglicherweise den Vorfahren George Washingtons begegnet waren, die ebenfalls aus diesem Landstrich stammten). Schon Josiahs Urgroßvater, Thomas Franklin (oder Francklyne), war um 1540 in Ecton geboren worden. Der von ihm bezeigte, unbeugsame und stets auf Unabhängigkeit bedachte Geist sollte zu einem bedeutenden Bestandteil der Familientradition werden.

Benjamin Franklin, der sich oft »ein Vergnügen« daraus machte, »irgendwelche kleine Anekdoten über meine Vorfahren zu sammeln«, berichtete darüber später in seiner *Autobiographie* ausführlich: »Unsere schlichte Familie«, begann er, »bekannte sich früh zur reformierten Lehre und beharrte während der Regierung der Königin Mary treu dabei.« Als Mary I. Tudor zwischen 1553 und 1558 ihre blutige Rekatholisierungspolitik betrieb und die von ihrem Vater Heinrich VIII. in England eingeleitete Reformation rückgängig zu machen suchte, bewahrte Thomas Franklin nämlich trotz aller damit verbundenen Risiken ein Exemplar der nunmehr verbotenen englischen Bibel in seinem Haus auf. Diese Bibel hatte er mit aufgeschlagenen Seiten unter dem Deckel eines Klappstuhls verschnürt. Wollte Thomas Franklin seiner Familie aus der Bibel vorlesen, »legte er den Deckel des Klappstuhls verkehrt auf seine Knie und wendete so die Blätter um, die auf beiden Seiten von den Bindfäden niedergehalten wurden«. Kam nun ein Beamter des geistlichen Gerichts vorbei, der über die Einhaltung der neuen Religionsgesetze wachte, wurde der Stuhl mit der wie zuvor darunter befestigten Bibel wieder auf die Füße gestellt.

Nachdem Königin Elizabeth I. in der Suprematsakte von 1559 die protestantische Staatskirche wiederhergestellt hatte, »bewahrte sich«, so Franklin, »die ganze Familie ihre Anhänglichkeit an diese anglikanische *Church of England* bis etwa gegen Ende der Regierung Charles' II., als gewisse Prediger, die wegen ihres Nonkonformismus abgesetzt worden waren, Konventikel in Northamptonshire abhielten«. Diesen geheim tagenden, puritanischen Versammlungen schlossen sich auch Josiah Franklin und sein ihm innig verbundener älterer Bruder Benjamin an. Obwohl derartige religiöse Zusammenkünfte seit der 1664 erlassenen Konventikelakte verboten waren und für die Fortsetzung nonkonformistischer Gottesdienste und heimlicher religiöser Versammlungen von mehr als fünf Personen drastische Haftstrafen verhängt wurden, blieben die Brüder Josiah und Benjamin den puritanischen Konventikeln »ihr Leben lang treu«, wie Franklin mit unverkennbarem Stolz auf seinen Vater und den Onkel, dessen Namen er ja trug, hervorhob.

Betrachtete Franklin die in seiner Familie so deutlich erkennbare Vorliebe für einen religiösen Nonkonformismus, der sich durch keinerlei Drohungen einschüchtern ließ, als einen Erbteil, mit dem auch er seit seiner Geburt ausgestattet war? Fast sieht es so aus, als habe Franklin mit dieser Auffassung zumindest kokettiert. So spielte er in seinen Memoiren sogar mit der Vorstellung, daß die Seele des frühverstor-

Herkunft und Kindheit: 1706–1717

benen ältesten Bruders seines Vaters, der wie sein Urahn Thomas Franklin hieß und offenbar ebenfalls ein sehr unabhängiger Charakter gewesen war, nach seinem Tod auf ihn selbst übergegangen sei: »Er starb am 6. Januar 1702 nach dem alten Kalender«, schrieb Franklin, »auf den Tag genau vier Jahre vor meiner Geburt«. »Wäre er«, sinnierte er weiter, »am selben Tag gestorben«, so »könnte man an eine Seelenwanderung glauben«. Ähnlich schicksalhaft schien ihm die kuriose Tatsache zu sein, daß er in seiner väterlichen Familie »der jüngste Sohn des jüngsten Sohnes seit fünf Generationen rückwärts war«.

Sogar den Nachnamen Franklin deutete er als ein Omen, das auf einen in der Familie immer wiederkehrenden, nicht zu unterdrückenden Freiheitsdrang vorauswies. In seiner *Autobiographie* erläuterte er in einer Fußnote, daß dieser Familienname im späten Mittelalter aufgekommen war, als der Begriff *franklin* einen freien Grundeigentümer, auch *freeman* genannt, bezeichnete. Ein solcher Freisasse gehörte zwar nicht dem Landadel an, war aber innerhalb des Lehnswesens der spätmittelalterlichen Feudalgesellschaft allein dem englischen König untergeordnet, weil er sein *feudum*, seinen Grundbesitz, direkt vom Monarchen empfangen hatte. Anders als ein schollengebundener Höriger oder gar ein Leibeigener war ein *franklin* oder *freeman* daher ein wahrhaft freier Mann, der sogar das Wahlrecht besaß und auch selbst als Abgeordneter ins Unterhaus gewählt werden konnte, also an der Gestaltung der englischen Politik mitwirken durfte. Wie vor ihm schon Martin Luther, den er als Freiheitsapostel und siegreichen Bekämpfer der »päpstlichen Tyrannei in Europa« verehrte, belegte Franklin den Klang seines Nachnamens also mit einer tieferen Bedeutung, machte ihn zu einem auch inhaltlich beziehungsreichen Teil der eigenen Identität. Während Luther allerdings seinen Namen gern auf griechisch als »eleutheros« (der Freie) wiedergab und darauf anspielte, daß er ein in erster Linie religiös befreiter Christenmensch war, fand sich Franklin mit seinem aus dem englischen Spätmittelalter herrührenden Familiennamen eher darin bestätigt, daß er ein politisch freier und mündiger Mann war.

Das Selbstbewußtsein eines solchen freien Mannes stellte auch Franklins Vater Josiah unter Beweis, als er im Alter von 25 Jahren England den Rücken kehrte, um gemeinsam mit seiner Frau Anne, den zu dieser Zeit schon geborenen drei Kindern sowie »mehreren angesehenen Männern seiner Bekanntschaft« nach Massachusetts auszuwandern. Dort hoffte die Familie Franklin, sich endlich »ihrer Religionsausübung unbeanstandet hingeben zu dürfen«. Im puritanischen Boston, wo Josiah und Anne Franklin sich zu Beginn des Jahres 1683 einfanden, wurden die beiden Neuankömmlinge mit ihren Kindern denn auch schnell heimisch. Nachdem Josiah dort mehrere Gottesdienste besucht und verschiedene Predigten gehört hatte, bewarb er sich mit seiner Familie erfolgreich um die Aufnahme in die noch junge Gemeinde der South Church.

Schwieriger gestaltete sich die Suche nach Arbeit. Boston war mit seinen 6000 Einwohnern ein zwar aufblühender, doch eben darum auch sehr begehrter Wohnort, der in vielen Berufszweigen schon über genügend ausgebildete Arbeitskräfte verfügte. Josiah Franklin hatte in England das Handwerk des Färbers erlernt und hoffte, mit diesem Gewerbe nun auch in der neuen Heimat seine Familie ernähren zu können. Doch Färber waren in Boston in ausreichender Zahl vorhanden, weshalb er genötigt war, sich in einem neuen Handwerk zu versuchen. Schließlich eröffnete er ein Geschäft als Kerzenmacher und Seifensieder. Diese neue Arbeit war hart und oft unangenehm (da der zur Herstellung von Kerzen und Seife benötigte Talg den inneren Fettgeweben von Tierkadavern entnommen wurde). Andererseits ermöglichte diese Tätigkeit einem unerschrockenen und fleißigen Arbeiter ein regelmäßiges Einkommen, weil nur die allerärmsten oder nachlässigsten Bürger von Boston ohne Kerzen und Seife auskommen konnten. Außerdem war es Josiah in diesem Metier gestattet, die eigenen Kinder schon beizeiten mit Arbeit, also mit Lohn und Brot, zu versorgen.

Da Franklin seinen Vater Josiah in den Lebenserinnerungen als einen »sehr starken und wohl gebauten« Mann von »vortrefflicher Leibesbeschaffenheit« schildert, kann man nachvollziehen, weshalb ihm seine harte Arbeit keinen allzugroßen Verdruß bereitete. Zeit seines Lebens blieb er der von ihm ausgeübten Tätigkeit gewachsen, bis ins hohe Alter zeichnete ihn eine robuste Gesundheit aus. Seiner ersten Ehefrau hingegen war in Boston kein langes Leben vergönnt: Nur sechs Jahre nach ihrer Ankunft in der Neuen Welt verstarb Anne Franklin an den Folgen der schweren Geburt ihres siebten Kindes.

Der Witwer ließ sich und seiner Familie nur wenig Zeit, diesen schmerzlichen Verlust zu betrauern; seine zahlreichen Kinder brauchten eine neue Mutter, er selbst war auf eine loyale Mithilfe in Haushalt und Geschäft angewiesen. So folgte er den Gepflogenheiten seiner Zeit, in der eine schnelle Wiederheirat nach dem Tod des Ehepartners nicht als Zeichen der Herzenskälte, sondern als schlichte ökonomische Notwendigkeit verstanden wurde. Bereits fünf Monate nach dem Ableben seiner ersten Frau ehelichte Josiah Franklin daher die 22jährige Abiah Folger, die der Familie Franklin schon seit einiger Zeit freundschaftlich verbunden gewesen war und derselben Kirchengemeinde angehörte.

Gut möglich, daß Josiah seiner neuen Frau erstmals beim gemeinsamen Gesang in der South Church aufgefallen war, weil er, wie Franklin sich erinnerte, eine helle und schöne Stimme hatte und es somit »ein außerordentliches Vergnügen gewährte«, ihm zuzuhören, »wenn er einen Psalm oder ein Lied sang«. Abiah war zwar erst zu einem Zeitpunkt auf die South Church aufmerksam geworden, als Josiah dort schon längere Zeit die Gottesdienste besucht hatte, doch war sie, anders als er, bereits in Neuengland zur Welt gekommen. Ihr Vater, Peter Folger, war schon im Jahr 1635 von England nach Massachusetts gesegelt, auf demselben Schiff, das außer dem Sohn des Gouverneurs Winthrop noch eine große Gruppe weiterer puritanischer Glaubensflüchtlinge an Bord hatte. Sie alle suchten den Nachstellungen des seit 1633 amtierenden Erzbischofs von Canterbury, William Laud, zu entkommen, der die Bischofshierarchie als göttliche Institution betrachtete, liturgische Einheit anstrebte und puritanisch gesinnte Prediger kaltstellte. Schon bald erwarb sich Peter Folger unter den ersten Ansiedlern in Neuengland hohes Ansehen. Cotton Mather, Prediger an der zweiten kongregationalistischen Gemeinde von Boston, Verfasser von über 450 einflußreichen theologischen Büchern und Pamphleten und eine der tragenden Säulen des neuenglischen Puritanismus, nannte Abiahs Vater in seiner 1702 verfaßten Kirchengeschichte *Magnalia Christi Americana* respektvoll einen »frommen, wohlunterrichteten Engländer«.

Abiahs Familientradition war also vom gleichen Streben nach religiöser Freiheit geprägt, das auch den Geist der Familie Franklin über Generationen hinweg bestimmt hatte. Wie die Franklins konnten auch die Folgers das bewußte Eintreten ihrer Familie für die reine reformatorische Lehre bis ins 16. Jahrhundert zurückverfolgen. Zu dieser Zeit waren die ersten nachweisbaren Vorfahren der Familie Folger (die sich damals noch Foulgier schrieben) als protestantische Glaubensflüchtlinge aus Flandern nach England übergesiedelt. Neben den gegenseitigen Sympathien waren es also auch familiengeschichtliche Gemeinsamkeiten, die Abiah und Josiah auf eine harmonische und erfüllte Ehe hoffen ließen.

Tatsächlich währte ihre eheliche Zweisamkeit nahezu sechs Jahrzehnte. Beide lebten, wie Franklin schrieb, »innig und einträchtiglich zusammen« und erreichten ein nach damaligen Maßstäben außergewöhnlich hohes Alter: Abiah wurde 84 Jahre alt, Josiah 87. Sie hatten zehn gemeinsame Kinder, die alle von der Mutter selbst gestillt wurden. Acht von ihnen erreichten das Erwachsenenalter. Benjamin blieb der jüngste Sohn, dem bis zum Jahr 1712 noch zwei kleinere Schwestern folgten. Ein solcher Kindersegen war bei den neuenglischen Puritanern keine Seltenheit: Cotton Mather hatte fünfzehn Kinder, der Prediger der South Church-Gemeinde Samuel Willard gar zwanzig. Diese Kinder wurden nicht als Last be-

---

Herkunft und Kindheit: 1706–1717

trachtet, sondern als Reichtum, zumal sie auch im Haushalt helfen konnten und im Arbeitsalltag der Eltern unentbehrliche Dienste leisteten. Sie waren in jedem Fall erwünscht, doch konnten sie nur durch unermüdliche Arbeit der Eltern versorgt werden. Franklin ließ seinen Eltern daher später über ihrem Grab in Boston einen marmornen Gedenkstein errichten, mit dessen Inschrift er seinen Dank dafür abstattete, daß sie »ohne Vermögen, ohne gewinnbringendes Gewerbe durch beständige Arbeit und Fleiß anständig eine zahlreiche Familie ernährt« hatten.

Trotz allem gelang es den sich aufopferungsvoll mühenden Eltern Abiah und Josiah Franklin nicht immer, ihren Kindern zur rechten Zeit die nötige Fürsorge zuteil werden zu lassen. So ereignete sich im Jahr 1702, also noch vor Benjamins Geburt, ein erschütternder Unfall: In einem unbeaufsichtigen Augenblick war das zu dieser Zeit jüngste Kind der Franklins – der 16 Monate alte Ebenezer – in einen gefüllten Seifenzuber gefallen und zu spät aufgefunden worden, um durch Wiederbeatmungsversuche ins Leben zurückgeholt zu werden. Erst als Benjamin sechs Jahre alt war, gelang es der Familie, aus ihrer viel zu kleinen Wohnung – deren vollgestopfte und unübersichtliche Räumlichkeiten für die Tragödie mitverantwortlich gewesen sein mochten – auszuziehen. 1712, im Jahr der Geburt ihres letzten Kindes, erwarb die Familie Franklin in der Hanover Street (Ecke Union Street) endlich ein eigenes und sehr viel geräumigeres Haus.

Doch auch wenn sich ihre Lebensbedingungen damit verbessert hatten: Die Franklins blieben nach wie vor eine Großfamilie, die über einen eher eingeschränkten Wohnraum verfügte, zumal Josiah ab 1715 auch noch seinen Bruder Benjamin, dem er so sehr zugetan war, in seinen Haushalt aufnahm. Es versammelten sich zu den gemeinsamen Mahlzeiten regelmäßig mehr als ein Dutzend Familienmitglieder um den Eßtisch. Wenn Besuch ins Haus kam, was oft der Fall war, vergrößerte sich diese Runde sogar noch weiter. »Ich entsinne mich recht wohl«, schrieb Franklin in seinen Lebenserinnerungen, »wie die Angesehenen des Ortes häufig zu [meinem Vater] kamen und seine Meinung über Angelegenheiten der Stadt oder Kirche, zu der er sich bekannte, einholten und auf seinen Rat und Urteil großen Wert legten«. Diese geistlichen und weltlichen Honoratioren von Boston lud Josiah zur Erörterung ihrer Anfragen zum gemeinsamen Mahl in sein Haus ein, weil ihn außerhalb der Tischzeit »seine zahlreiche Familie und sein geringes Vermögen streng an sein Gewerbe fesselten«. Mochte er sich auch geschmeichelt fühlen, daß sein »gediegenes Urteil in Verstandessachen« in öffentlichen Angelegenheiten gefragt war, bot er nichtsdestoweniger auch den einfachsten Privatleuten seinen Rat an, wenn sie dies wünschten. Nicht selten wurde er zum Schiedsrichter zwischen streitenden Parteien gewählt.

Die großen Tischgesellschaften des Vaters waren für den aufgeweckten und wißbegierigen kleinen Benjamin ganz gewiß eine wohltuende und anregende Gegenwelt zum einförmigen Arbeitsalltag eines Seifensieders. Aber auch für Josiah Franklin selbst waren die Tischgespräche willkommene Abwechslung und geistige Bereicherung. »Bei Tische«, erinnerte sich Franklin, »sah er gern so häufig als möglich einige gebildete Freunde und Nachbarn bei sich, mit denen eine vernünftige Unterhaltung möglich war«. Waren sie um ihn versammelt, bemühte er sich, »nützliche oder interessante Dinge zur Sprache zu bringen«, nicht zuletzt auch solche, »woran der Geist seiner Kinder sich schärfen könnte«. Auf diese Weise lenkte er die Aufmerksamkeit der Kinder schon früh »auf alles, was im Leben der Menschen gerecht, verständig und heilbringend ist«.

Sehr bewußt sorgte der einfache Handwerker Josiah Franklin also trotz seiner bescheidenen Mittel dafür, daß seinen Kindern in Form von lebenspraktischen Belehrungen auch ein genügend großes Maß an geistiger Nahrung zugeführt wurde. Diese intellektuelle Kost schien ihm sogar wesentlich wichtiger – ja in gewisser Weise lebensnotwendiger – zu sein als eine

Herkunft und Kindheit: 1706–1717

üppige Mahlzeit. So sprach er kaum jemals von den Gerichten auf dem Tisch, »ob sie gut oder schlecht bereitet, von angenehmem oder schlechtem Geschmack, stark gewürzt oder nicht, dieser oder jener Speise ähnlicher Art vorzuziehen oder nachzusetzen seien«. Auf diese Weise sollte die ganze Familie dazu angehalten werden, sich eine gänzliche Gleichgültigkeit gegenüber lukullischen Freuden anzugewöhnen. Dies entsprach im übrigen auch Calvins Rat im vierten Buch der *Institutio Christianae Religionis* von 1559, das Leben des Frommen solle auch außerhalb der eigentlichen Fastenzeiten durch »Nüchternheit« und »sparsames, eingeschränktes Essen« gemäßigt werden, als »eine Art des Fastens, die das ganze Leben über andauert«.

Gerade diese – der calvinistischen Tradition verpflichtete – Erziehungsmaßnahme seines Vaters prägte Franklin nachhaltig. Noch gegen Ende seines Lebens hielt er es für gut und nützlich, wenn ein Mensch mit einer einfachen Diät vorlieb nehmen konnte und niemals mehr als das tägliche Brot verlangte. Viele der herausragenden intellektuellen Fähigkeiten, über die er bis ins hohe Alter verfügte, brachte Franklin mit der früh erlernten Kunst in Verbindung, die eigenen Eßgewohnheiten bewußt steuern und zügeln zu können. Zu diesen geistigen Stärken zählten Geduld, Leidensfähigkeit, die sittliche Kraft zur Mäßigung, Konzentrationsvermögen und nicht zuletzt auch eine bleibende mentale Frische. Derart wichtig erschien ihm die Beschränkung auf anspruchslose Kost zu sein, daß er, wann immer es sich anbot, darüber redete und schrieb. So ist es sicherlich kein Zufall, daß in seinen umfangreichen Sprüchesammlungen, die er später im *Poor Richard's Almanack* publizierte, die kulinarische Enthaltsamkeit ein stets wiederkehrendes Thema war. Als Beispiel angeführt werden können hier folgende Maximen, die aus seinem Almanach für das Jahr 1733 stammen: »Hunger kennt kein schlechtes Brot«; »Du sollst essen, um zu leben, und nicht leben, um zu essen«; »Willst du dein Leben verlängern, verkürze deine Mahlzeiten«.

Daß Franklin diese asketischen Prinzipien schon als Kind in erstaunlich disziplinierter Weise befolgen konnte und ganz offensichtlich über eine hohe geistige Spannkraft verfügte, mag seinen Vater bewogen haben, die überdurchschnittlich großen intellektuellen Fähigkeiten seines jüngsten Sohnes mit besonderem Nachdruck zu fördern. So brachte er ihm zum frühest möglichen Zeitpunkt das Lesen bei, was ihm bei seinen pädagogischen Ansprüchen eine große Freude und persönliche Genugtuung gewesen sein dürfte. Evident ist jedoch auch, daß die häuslichen Lerneinheiten, die er mit seinem Sohn Benjamin absolvierte, nur deshalb so bemerkenswerte Früchte tragen konnten, weil der Knabe ganz offensichtlich aus eigenem Antrieb dazulernen und sein Wissen erweitern wollte. Daß Franklin wohl schon als Dreijähriger ganz flüssig las, weil er sich später »gar nicht mehr der Zeit [erinnerte], wo ich nicht lesen konnte«, zeigt nur zu deutlich, was für ein hochbegabtes Kind er war.

Franklins hohe Auffassungsgabe und die Schnelligkeit, mit der er das Lesen lernte, bewogen den Vater schließlich dazu, ihn als einzigen seiner Söhne auf die Lateinschule zu geben. Zu diesem Entschluß brachten ihn wohl nicht nur väterlicher Ehrgeiz und Stolz, sondern auch Dankbarkeit und Verpflichtung gegenüber Gott, der seinem Sohn die herausragenden Talente, wie er glaubte, doch nicht ohne Grund geschenkt hatte. Auch die Tatsache, daß ausgerechnet sein zehnter Sohn das begabteste seiner Kinder war, machte großen Eindruck auf ihn: Nach biblischen Maßstäben mußte der zehnte Anteil vom Ernteertrag (zu dem Josiah auch in besonderer Weise seinen Nachwuchs rechnete) nämlich als Gabe an Gott und zum Unterhalt der Priester abgeliefert werden. So bestimmte Franklins Vater seinen Jüngsten in diesem Sinne als »Zehnten« zum Predigerdienst, wofür die höhere Schullaufbahn die unabdingbare Voraussetzung war.

Bestärkt wurde Josiah Franklin in seinem Vorsatz durch »die Ansicht seiner Freunde«, daß sein jüngster Sohn »sicher eines Tages ein sehr gelehrter Mann werde«. Auch sein Bruder Ben-

Herkunft und Kindheit: 1706–1717

jamin stimmte dem Plan zu. Er, der in seinem puritanischen Selbstverständnis in gewisser Weise Josiahs Alter ego war (weshalb er dessen religiöse und erzieherische Grundsätze stets aus Überzeugung mittragen konnte), hatte ein noch ausgeprägteres theologisches Interesse als sein Bruder. Als eifriger Zuhörer der besten Prediger hatte er eine Kurzschrift entwickelt, mit der er gute Ansprachen in den Gottesdiensten mitschreiben konnte. Zu Hause drang er dann erneut in diese Texte ein, um noch weiter aus ihnen lernen zu können. So hatte er im Laufe seines Lebens eine umfangreiche Sammlung von Predigten erstellt, die er zu Büchern binden ließ. Überdies versuchte er sich auch selbst als Gelegenheitsdichter, ohne sich jedoch mit seinen poetischen Versuchen in nennenswerter Weise hervorzutun. Indem er nun seinem jüngsten Neffen die eigenen Gedichte und zahlreichen Predigtbände zur Verfügung stellte, trug er auf eine etwas eigenwillige, doch wohlmeinende Art dazu bei, dessen großes Lesebedürfnis wenigstens annähernd zu stillen.

Die Schule, in die Franklin dann als achtjähriger Junge aufgenommen wurde, war die Lateinschule von Boston. An dieser Erziehungsanstalt war zuvor auch schon Cotton Mather immatrikuliert gewesen. Die Bostoner Lateinschule hatte eine eindeutig propädeutische Funktion: Sie sollte ihre Schüler auf das Studium am Harvard College vorbereiten, das älteste und bedeutendste College der britischen Kolonien in Nordamerika. Zugleich war Harvard seit der Zeit seiner Gründung ein Hort puritanischer Gelehrsamkeit. Schon 1636 war die Hochschule als College von Boston im Stadtteil Newtowne eröffnet worden. Zwei Jahre später vermachte der englische Gelehrte John Harvard – der mit der ersten Welle puritanischer Auswanderer aus der ostenglischen Universitätsstadt Cambridge nach Massachusetts gekommen war – der Schule einen großen Teil seines Vermögens. Erst diese großzügige Stiftung gab dem College den finanziellen Rückhalt, den es zur Umsetzung seines anspruchsvollen pädagogischen Programms benötigte. John Harvards Schenkung war für die weitere Entwicklung des Colleges derart bedeutsam, daß es bereits unmittelbar nach dem Tod des Gönners nach ihm benannt wurde. Entsprechend wurde auch dem Stadtteil Newtown, auf dessen Grund und Boden die Gebäude des Harvard College gelegen waren, der ehrenvolle Name Cambridge verliehen.

Im Verlauf des 17. Jahrhunderts hatte sich Harvard nun zu einem College fortentwickelt, dessen Vorlesungen und Seminare weit mehr als nur theologisches Wissen vermittelten. Zu Beginn des 18. Jahrhunderts wurden dort bereits Kurse erteilt, in denen die Studenten auch in den naturwissenschaftlichen Disziplinen der Physik, Geographie und Astronomie gründliche Kenntnisse erwerben konnten. Dennoch: Nach wie vor wurden in Harvard in erster Linie Theologen ausgebildet, die in den puritanischen Gemeinden Neuenglands ihren Predigerdienst versehen sollten. Noch in den 1720er Jahren fand von allen Abgängern eines jeweiligen Jahrgangs – der stets an die 40 Studenten zählte – deutlich über die Hälfte der Graduierten ihr berufliches Betätigungsfeld innerhalb der kongregationalistischen Kirchen.

Welchen Weg Franklin am Harvard College eingeschlagen hätte, wenn ihm die Möglichkeit zum Studium nicht schon frühzeitg genommen worden wäre, ist nun allerdings eine Frage, deren Beantwortung Spekulation bleiben muß. Wiewohl der begabte Junge auf der Lateinschule von Boston ein vielversprechendes erstes Jahr durchlief und schon nach wenigen Monaten vorzeitig in die zweite Klassenstufe versetzt wurde, mußte er die Anstalt noch vor Beginn des neuen Schuljahres wieder verlassen. Sein Vater hatte sich ganz offenkundig verschätzt. Die Kosten für die Lateinschule waren für Josiah Franklin nicht so ohne weiteres aufzubringen gewesen, wie er ursprünglich gedacht hatte. Er befürchtete, daß die finanziellen Belastungen, die die gelehrte Erziehung seines Sohnes mit sich brachten, ihn über kurz oder lang überfordern würden. So meldete er seinen Sohn nach nur einem Jahr wieder von der Schule ab. Die ehedem gehegte Vorstellung, den Jüngsten dereinst als Prediger erleben zu dürfen, mußte der nüchter-

Herkunft und Kindheit: 1706–1717

nen Einsicht weichen, daß die Finanzierung einer höheren Schullaufbahn für einen Handwerker mit seinem Gehalt und einer so großen Familie einfach nicht zu leisten war.

Was das plötzliche Ende seines schulischen Höhenfluges für den neunjährigen Benjamin bedeutete, ob er für die Entscheidung seines Vaters Verständnis aufbringen konnte, ob er unter der kränkenden Zurücksetzung sehr litt, läßt sich heute nur schwer ermessen. Doch ist es sicher kein Zufall, daß einer der ersten gedruckten Texte Franklins – den er als 16jähriger verfaßte – eine mit satirischen Kommentaren gespickte Kritik der Voraussetzungen war, die man zu erfüllen hatte, wenn man am Harvard College studieren wollte. In einem Zeitungsartikel, der im *New-England Courant* vom 14. Mai 1722 erschien, bemängelte er, daß »die entscheidende Zulassungsbedingung«, die eine Immatrikulation an diesem College erst ermöglichte, »Reichtum« war. Wer diese Qualifikation nicht vorweisen konnte, war vom akademischen Leben im neuenglischen Cambridge von vornherein ausgeschlossen. Eltern, die »zumindest eines ihrer Kinder an diesen berühmten Ort schicken wollten«, beklagte er weiter, mußten daher zunächst »ihren eigenen Geldbeutel« überprüfen »statt die Fähigkeiten ihrer Kinder«, so daß »die meisten von denen, die sich dorthin aufmachten, wenig besser als Nieten und Dummköpfe waren – Leider, leider!«.

Obwohl Franklin also aus finanziellen Gründen auf den weiteren Besuch der Bostoner Lateinschule verzichten mußte, bezahlte ihm sein Vater danach immerhin noch Schulstunden an einer privaten Schreib- und Rechenschule. Solche Winkelschulen gab es in Massachusetts neben den Elementarschulen und Lateinschulen zuhauf, weil die Fähigkeit, gründlich lesen und gut schreiben zu können, von den neuenglischen Kongregationalisten als ein hohes Bildungsgut erachtet wurde, das es zu kultivieren und zu befördern galt. Nicht nur die Prediger sollten über eine exzellente theologische Ausbildung verfügen, auch die Gemeinde sollte in die Lage versetzt werden, durch die gemeinsame Lektüre und Auslegung der Bibel am kirchlichen Leben teilzunehmen. So verfügte Massachusetts über eine außerordentlich hohe Alphabetisierungsrate, die von kaum einer anderen amerikanischen Kolonie erreicht wurde und wohl auch in der übrigen Welt ohne Parallele war: Annähernd 75 Prozent der männlichen Einwohner von Massachusetts konnten zu Beginn des Jahrhunderts lesen und schreiben. Selbst dieser hohe Prozentsatz wurde in den Folgejahrzehnten beständig und in rasantem Tempo erweitert.

Die Schreib- und Rechenschule, die Franklin bis zu seinem zehnten Lebensjahr in Boston besuchte, wurde von einem weithin bekannten und recht erfolgreichen Schulhalter, einem gewissen George Brownell, geleitet. Franklin beschrieb die Methode, mit der dieser Mann die ihm anvertrauten Kinder schnell und gründlich unterrichtete, später als eine besonders »milde« und zugleich anregende, anspornende und »Mut machende« Art des Unterrichts. Rasch eignete sich der Junge unter Brownells Aufsicht die klare und schön geschwungene Handschrift an, die er sein Leben lang zur Freude aller Leser seiner Briefe beibehielt. Selbstkritisch bekannte Franklin in seiner *Autobiographie* jedoch auch, daß er in der Arithmetik keine besonderen Fortschritte erzielen konnte. Seine Vorliebe galt den Buchstaben, nicht den Zahlen, so daß er dem Rechnen trotz des freundlichen Unterrichts seines Lehrers Brownell nie so viel abgewinnen konnte, wie dem Schreiben und Lesen.

Weil er schon im frühesten Kindesalter »leidenschaftlich gern gelesen« hatte, versuchte er jetzt als Schüler endlich auch in den Besitz eigener Bücher zu gelangen. Auf Dauer konnte ihm die alleinige Lektüre der Predigt- und Gedichtsammlungen seines Onkels nämlich nicht genügen. Von dem wenigen Geld, das er sich als Schüler zusammensparen konnte, kaufte er sich zunächst – Band für Band – die gesammelten Werke des englischen Laienpredigers und Schriftstellers John Bunyan, dessen Erbauungsbuch *The Pilgrim's Progress from this world, to that which is to come* Franklins erstes großes Leseerlebnis werden sollte.

Was ihn an Bunyan, diesem wohl bedeutendsten puritanischen Schriftsteller des 17. Jahrhunderts, so sehr faszinierte, war zum einen dessen religiöse Botschaft, die der Autor im 1678 veröffentlichten *Pilgrim's Progress* in ungemein packender Weise zu vermitteln wußte. So werden in diesem Buch die zahlreichen Unwägbarkeiten und Fährnisse, denen ein aufrechter Christ sein Leben lang ausgesetzt bleibt, in allegorisch verdichteter Form veranschaulicht. Beschrieben wird der Lebensweg des frommen Pilgers Christian, den auf dem Weg ins erhoffte Himmelreich zahlreiche Anfechtungen und Zweifel befallen, welche er jedoch mit Hilfe eines gnädigen Gottes zu meistern und zu bezwingen lernt. In dramatisch bewegten Szenen werden die typischen Kampfsituationen des Lebens geschildert, in denen sich ein Christ zu bewähren hat. Erst an solchen bedrückenden Wegstationen wie dem »Sumpf der Verzagtheit« oder der »Burg des Zweifels« lernt Christian, daß nur die christlichen Tugenden der Geduld, der kompromißlosen Hoffnung auf Besserung, der Standfestigkeit und des rechten Handelns auch in scheinbar ausweglosen Situationen eine umfassende Erlösung möglich machen. Dabei wird von Bunyan immer wieder betont, daß nicht die Worte der Menschen, sondern ihre guten Taten darüber entscheiden, ob sie vor Gott als gerecht gelten. Schließlich, so Bunyan in *Pilgrim's Progress,* »ist die Seele der Religion ihr praktischer Teil«.

Daß Bunyan an seinen religiösen Überzeugungen auch in schwierigen Situationen festhielt und zwischen 1661 und 1672 sogar eine mehr als zehnjährige Haftstrafe in Kauf nahm, weil er das über ihn verhängte Predigtverbot nicht akzeptieren wollte, war Franklin bekannt und wird ihn als Ausweis der persönlichen Integrität und Standhaftigkeit seines Lieblingsautors zusätzlich beindruckt haben. Doch imponierten Franklin mindestens ebensosehr die originellen schriftstellerischen Mittel, derer sich Bunyan bediente, um seine Leser in seinen Bann zu ziehen und zu einem ähnlich tiefen Glauben zu führen. »Der ehrliche John«, urteilte Franklin über Bunyan, war »der erste, der Erzählung und Dialoge miteinander verband, eine Schreibweise, die den Leser sehr anzieht, weil er an den interessantesten Stellen gleichsam in eine Gesellschaft eingeführt wird und der Unterhaltung beiwohnt«. Erst geraume Zeit später sollten Daniel Defoe im *Robinson Crusoe* und dann insbesondere auch der Verleger Samuel Richardson in seinem Briefroman *Pamela* diese Methode nachahmen und mit großem Erfolg popularisieren.

Neben den eigenen, mühsam zusammengesparten Büchern und den Schriften seines Onkels standen Franklin in seiner Schulzeit allerdings auch noch die Bücher zur Verfügung, die sich im Besitz seines Vater befanden. Eine »kleine Bibliothek«, erinnerte sich Franklin später in seiner *Autobiographie*, habe sein Vater besessen. Auch wenn diese Büchersammlung Josiah Franklins nur wenige Bände umfaßt haben dürfte: bemerkenswert ist es allemal, daß sich ein einfacher Seifensieder etwas auf den Besitz von Büchern zugute hielt. In der Hauptsache enthielt die väterliche Bibliothek wohl polemische theologische Traktate, die Franklin auch allesamt durcharbeitete. Doch befanden sich auch Plutarchs *Parallelbiographien* unter den Büchern des Vaters. An Plutarchs vergleichenden Lebensbeschreibungen griechischer und römischer Helden, die er »fortwährend las«, gefiel Franklin besonders, daß sie dem Leser vor Augen führten, wie sehr die individuelle Lebensführung eines herausragenden Menschen das politische Lebens einer ganzen Gesellschaft prägen konnte. Wie Bunyans Christian führten nämlich auch Plutarchs Heroen vor, daß das menschliche Wohl ganz wesentlich von den ehrlichen Bemühungen einzelner, charakterstarker Persönlichkeiten abhing.

Den – wie Franklin selbst glaubte – größten Einfluß »auf einige der Hauptereignisse meines späteren Lebens« übten jedoch zwei andere Bücher seines Vaters aus: Cotton Mathers *Bonifacius* (auch *Essays to Do Good* genannt) und Defoes *An Essay upon Projects*.

Mather, den Franklin als Kanzelredner der kongregationalistischen Gemeinden Bostons kannte und schätzte, suchte in seiner 1710 publizierten Schrift *Bonifacius* den christlichen

Leser mit beredten Worten darauf hinzuweisen, daß das Vollbringen guter Taten als »der große Zweck des Lebens« zu gelten habe. »Je mehr Gutes ein Mensch verrichtet«, heißt es bei Mather, »desto mehr lebt er wirklich.« Gottes gütiges Handeln an dem einzelnen Gläubigen sei der entscheidende Grund dafür, daß ein jeder Christ sich aus Dankbarkeit in die Pflicht genommen fühlen müsse, nun seinerseits gegenüber seinen Nächsten gütig und wohltätig aufzutreten. Kein Tag dürfe verstreichen, ohne daß man Gutes getan oder wenigstens geplant habe. Schon morgens müsse sich ein jeder fragen: »Was kann ich für die Wohlfahrt derer tun, um die ich mich kümmern sollte?« Dabei dürfe man sich nach vollbrachten guten Taten niemals auf seinen Lorbeeren ausruhen. Vielmehr habe man immer weiter danach zu trachten, unermüdlich und rastlos Gutes zu tun. Das Verrichten guter Werke sei eine Aufgabe, die einem frommen Menschen sein Leben lang vor Augen stehen müsse. In Übereinstimmung mit Bunyan folgerte auch Mather, daß das gute Handeln, also die »praktische Frömmigkeit«, den Kern der Religion ausmache.

Neben diesem allgemeinen Aufruf zum guten Handeln bot Mather in seinem *Bonifacius* jedoch auch sehr konkrete Hinweise darauf, welche Taten als besonders gute Werke zu gelten hatten. Zum einen verwies er auf den gegenseitigen Respekt und die umfassende Fürsorge, die die einzelnen Mitglieder einer Familie füreinander aufbringen sollten. Verwandte sollten einander – nicht nur in Zeiten der Not – unterstützen und materiellen (oder gegebenenfalls auch geistlichen) Beistand leisten. Vor allem die Eltern rief Mather dazu auf, sich gründlich und mit Nachdruck um das Wohl ihrer Kinder zu kümmern. Insbesondere eine menschenfreundliche und gewissenhafte Erziehung, befand er, sollte allen Vätern und Müttern ein Herzensanliegen sein. Eine Erziehungsmethode, mit der schon Josiah Franklin seine Kinder zu guten Einsichten und Handlungen angeleitet hatte, führte auch Mather in diesem Zusammenhang an: »In Tischgesprächen«, schrieb Mather, »würde ich die Kinder schon vom frühesten Alter an mit erquicklichen Geschichten unterhalten«, um ihr Herz und ihren Verstand schon beizeiten zu schulen.

Genauso wichtig wie der Verweis auf die Bedeutung eines redlichen Handelns innerhalb der eigenen Verwandtschaft erschien Mather aber auch der Hinweis darauf, daß die allen Familien übergeordnete Gemeinschaft in gleicher Weise auf die Unterstützung ihrer einzelnen Mitglieder angewiesen blieb. So zeichnete sich für Mather ein frommer Christ in jedem Fall auch durch einen großen »Gemeingeist« aus, einen *publick spirit*, der ihn stets auf das Wohl aller Mitmenschen bedacht sein ließ. Gemeinnützige Taten, so Mather weiter, konnten am ehesten dann durchführen werden, wenn sich »junge Männer« zu »Reformgesellschaften« zusammenschlossen, in denen der gemeinsame Aufbau und Erhalt von so wichtigen gesellschaftlichen Institutionen wie Schulen, Spitälern oder Bibliotheken zunächst eingehend zu erörtern und schließlich auch in die Wege zu leiten war.

Mather, der in Boston aus diesem Grunde auch selbst eine »Associated Families« genannte Reformgesellschaft gründete – der sich auch Franklins Vater anschloß –, war als Förderer gemeinnütziger Projekte unter anderem von eben jener Schrift beeinflußt worden, die Franklin als die zweite nachhaltig prägende Lektüre seiner Jugendzeit bezeichnet hatte: Defoes *Essay upon Projects* von 1697. Mit diesem Essay, den er ein gutes Jahrzehnt vor Mathers Traktat verfaßt hatte, wollte Defoe seine Leser dazu ermuntern, Vorhaben, die der Gesellschaft insgesamt von Vorteil sei würden, durch die Bildung von eigens dafür geschaffenen Gesellschaften zu befördern. Weil die britische Regierung vielen der wesentlichen öffentlichen Belange die Beachtung verweigerte, oblag es seines Erachtens privaten Assoziationen, solche wesentlichen Projekte wie die Gründung von gut funktionierenden Kreditinstituten, den Ausbau des Straßennetzes oder die weitere Gründung von Schulen zu organisieren.

Bemerkenswert ist, daß die von Defoe beschriebenen Bürgerassoziationen oder Privatgesellschaften – die er »Friendly

Herkunft und Kindheit: 1706–1717

Societies« nannte – in ihren Zielsetzungen oft weitaus fortschrittlicher waren als Mathers Reformgesellschaften. So beklagte Defoe die völlig unzureichenden Ausbildungsmöglichkeiten für Frauen, die ihren intellektuellen Gaben keinesfalls gerecht würden. »Ich habe es oft für einen der barbarischsten Gebräuche der gesamten Welt gehalten«, schrieb ein zorniger Defoe, »daß wir, wiewohl wir ein zivilisiertes und christliches Land sind, den Frauen alle Vorzüge der Gelehrsamkeit versagen.« Als einer der ersten konsequenten Frauenrechtler des vormodernen Europas forderte er daher die Gründung von Akademien für Frauen sowie deren weitestgehende Gleichberechtigung im gesellschaftlichen Leben.

Daß sich im übrigen auch der von Defoe kultivierte Humor von Mathers doch eher ernster Schreibart deutlich unterschied, belegt die Art und Weise seines Eintretens für die Verbesserung der Lebensumstände von Geisteskranken. Irrenhäuser, in denen oftmals schreckliche Zustände herrschten, sollten zukünftig würdiger und menschenfreundlicher eingerichtet werden. Um das dazu nötige Geld aufzubringen, wie Defoe im Stile eines großen Satirikers folgerte, müßten alle Schriftsteller mit einer Steuer belegt werden, weil sie ja von Geburt an mit einer größeren Intelligenz ausgestattet worden seien, als die geistig zurückgebliebenen Mitmenschen.

Franklin – das sollte an dieser Stelle einmal mehr betont werden – war ein erst 10jähriger Junge, als er die äußerst anspruchsvollen Texte von Defoe, Mather, Bunyan und Plutarch durcharbeitete und mit bleibendem Gewinn verinnerlichte. Das spricht einerseits für das intellektuell stimulierende Umfeld seines Vaterhauses und des puritanischen Boston, in dem er aufwuchs und gefördert wurde. Andererseits hätte er die von ihm gelesenen Schriften sicherlich nicht so tief durchdringen können, wenn er nicht über eine erstaunliche geistige Frühreife verfügt hätte. Doch auch wenn er ein auf Bücher geradezu versessener Junge war – ein *bookish lad*, wie er später schrieb –, so teilte er mit seinen Altersgenossen trotz allem die üblichen Vorlieben eines heranwachsenden Jungen.

Boston bot unternehmungslustigen Kindern zahlreiche Möglichkeiten zum freien Spiel und zum phantasievollen Erproben der eigenen Sinne. Über den wichtigsten Hafen der britischen Kolonien Nordamerikas verfügend, erlebte die Stadt mit ihren 1000 registrierten Schiffen einen täglichen Zuwachs an Menschen und Gütern aus aller Herren Länder. Im zweiten Jahrzehnt des 18. Jahrhunderts hatte Boston schon 7000 Einwohner, also 1000 Menschen mehr als zur Zeit von Franklins Geburt. Diese Zahl sollte im Verlauf des Jahrhunderts noch weiter ansteigen und sich alle 20 Jahre verdoppeln. Neben europäischen Einwanderern landeten mit den heimkehrenden Schiffen auch Sklaven aus dem westlichen Afrika an, neben Rum und Melasse aus der Karibik auch Seide und Gewürze aus dem Orient, Manufakturwaren aus dem englischen Mutterland sowie Lebensmittel oder nur teilweise bearbeitete Rohstoffe aus den anderen nordamerikanischen Kolonien.

Das ständige Kommen und Gehen der Schiffe war für Franklin, wie für viele andere Jungen seines Alters, ein verlockender Anblick. Der salzhaltige Meeresgeruch durchströmte weite Teile der Stadt und kündete von weit entfernten exotischen Gestaden. Einer von Franklins älteren Brüdern, der wie sein Vater Josiah hieß, war von dem maritimen Flair so bezaubert worden, daß er auf einem Schiff anheuerte, das in Indien Handel treiben wollte. Er kam nie zurück. 1715 erreichte die Familie Franklin die bittere Nachricht, daß Josiahs Schiff gesunken sei. Dieses Unglück hielt Benjamin jedoch nicht davon ab, weiterhin »eine starke Vorliebe für die See« zu hegen. Wegen des erschütternden Verlustes des Sohnes Josiah wollte sein Vater von dieser Neigung des Jüngsten allerdings nichts wissen. Trotz der verständlichen Ängste seines Vaters nutzte Franklin aber, wann immer es sich anbot, »die Nähe des Wassers«, um sich »darauf und hineinzuwagen«, so daß er schon bald »gut zu schwimmen« und »ein Boot zu führen« verstand.

Herkunft und Kindheit: 1706–1717

Seine Liebe zum Wasser veranlaßte ihn auch, auf einem Bostoner Stauweiher, dem Mill Pond, eines seiner ersten physikalischen Experimente durchzuführen. In einem Brief aus dem Jahr 1773, den er seinem französischen Übersetzer Jacques Barbeu-Dubourg schrieb, erinnerte sich Franklin im fortgeschrittenen Alter, daß er einmal als Junge an einem sehr windigen Tag am Mill Pond einen Drachen steigen ließ und dabei ins Schwitzen geriet, weil das Wetter nicht nur stürmisch, sondern zugleich auch ungemein warm war. Um sich zu erfrischen, band er den noch immer schwebenden Drachen zunächst an einem im Gras befindlichen Pflock fest, entkleidete sich und sprang in das angenehm kühle Naß. Da er sich nun nicht entscheiden konnte, ob er noch länger schwimmen oder wieder mit seinem Drachen spielen sollte, verfiel er auf die Idee, das eine Vergnügen mit dem anderen zu verbinden. So verließ er den Weiher, befreite den Drachen vom Pflock und watete, mit der Schnur des fliegenden Drachen in der Hand, zurück ins Wasser. Als er schon bis zur Brust im Wasser stand, spürte er, wie stark in der fliegende Drachen mit sich zog. Da gab er der Kraft des Windes nach, legte sich auf den Rücken und ließ sich von dem Drachen bis auf die andere Seite des Weihers ziehen – »ohne die geringste Müdigkeit zu verspüren und mit dem größten nur denkbaren Vergnügen«.

Bei einer anderen Gelegenheit versuchte er seine Schwimmbewegungen im Mill Pond zu beschleunigen, indem er sich kleine hölzerne Paddel an Hände und Füße band, die ihm als Schwimmflossen dienen sollten. Allerdings war dieser Versuch nicht vom gleichen Erfolg gekrönt wie das Experiment mit dem Drachen: Statt schneller zu schwimmen, handelte sich der Junge an Hand- und Fußgelenken nur schmerzhafte Blessuren ein.

Von einem weiteren mißglückten Projekt am Mill Pond berichtet Franklin in seiner *Autobiographie*. Der Stauweiher war an der einen Seite durch ein Marschgebiet begrenzt. Am Rand dieses Schwemmlandes hielten sich Franklin und seine Freunde immer gern dann auf, wenn der Weiher einen hohen Pegelstand erreicht hatte, weil sich im seichten Wasser des

Uferbereichs stets viele Karpfen tummelten, die leicht zu fangen waren. »Durch vieles Getrampel«, so Franklin, hatte er zusammen mit den anderen Kindern den Marschabschnitt nun nach einer Weile »zu einem wahren Sumpf gemacht«. Deshalb schlug er seinen Spielgefährten vor, einen Damm zu bauen, auf dem man stehen konnte. Da in der Nähe des Weihers ein Steinhaufen lag, der zum Bau eines Hauses bestimmt war, forderte Franklin die Kinder auf, aus diesem Material den gewünschten Damm zu errichten. Da alle »mit vereinten Kräften« ans Werk gingen, war der Plan schnell ausgeführt. Doch als die Bauarbeiter am nächsten Morgen ihre Ziegel nicht wiederfinden konnten und nachfragten, wo die Steine wohl geblieben sein mochten, entdeckten sie, wer ihr Baumaterial verschleppt hatte. Viele der kleinen Baumeister wurden von ihren Vätern »hart gestraft«. Obgleich Franklin gegenüber seinem Vater die Nützlichkeit des Dammes zu verteidigen suchte, wies auch dieser seinen Jungen mit deutlichen Worten zurecht; schließlich könne nichts »nützlich« sein, so Josiah Franklin, »was nicht ehrlich sei«.

Trotz der von ihm in diesem Bubenstreich so praktisch unter Beweis gestellten Maurerkünste war Franklin keineswegs darauf aus, seine Bücherstudien zugunsten einer handwerklichen Beschäftigung zu vernachlässigen oder gar aufzugeben. Doch nach Ablauf des ersten Schuljahres, das er bei dem Lehrer Brownell zugebracht hatte, entschied sein Vater, daß er nunmehr genug gelernt habe, um fortan in das ihm zugedachte Gewerbe eingeführt zu werden. Da er seinem jüngsten Sohn die höhere Schullaufbahn nun einmal nicht finanzieren konnte, hatte Josiah Franklin nämlich beschlossen, ihn statt dessen im eigenen Handwerk auszubilden. Noch im Alter von zehn Jahren wurde Benjamin aus Brownells Schule genommen, damit er seinem Vater »beim Seifensieden und Lichterziehen«, beim »Schneiden der Dochte, Füllen der Gußformen« und auch bei Botengängen zur Hand zu ging.

Diese Arbeit verrichtete Franklin nun für die Dauer von immerhin zwei Jahren. Doch nur mit dem größten Widerwillen vermochte er der Vorgabe seines Vaters Folge zu leisten. Zu sauer kam ihn das Geschäft des Kerzenziehens an. Als nun sein älterer Bruder John, der ebenfalls die Seifensiederei erlernt hatte, heiratete, aus Boston fortging und in der Nachbarkolonie Rhode Island ein eigenes Geschäft begründete, wollte Josiah Franklin die Zustimmung seines Sohnes Benjamin erwirken, nunmehr dessen Platz einzunehmen, um dereinst den väterlichen Betrieb vollständig zu übernehmen. Da Franklin dieser Aussicht nichts abgewinnen konnte, deutete er seinem Vater an, lieber auf einem Schiff anzuheuern, als Kerzenzieher zu werden. War dies nur eine verzweifelte Drohung oder ein durchaus berechneter und überlegen gespielter Trumpf, den Franklin sich für alle Fälle aufgespart hatte, weil er doch den wunden Punkt seines Vaters nur allzu gut kannte?

Wenn es ein Trumpf war, dann stach er sofort. Der Vater gab ohne längeres Zögern nach. Weil er befürchtete, so Franklin »daß ich, wenn er nicht ein mir angenehmeres [Geschäft] fände, eines Tages auf und davon und zur See gehen könnte, wie es zu seinem größten Kummer mein Bruder Josiah getan hatte«, nahm er den Sohn nun »öfters mit, um Maurern, Böttchern, Kupferschmieden, Tischlern und anderen Handwerkern bei der Arbeit zuzusehen, um meine Neigungen zu beobachten und sie an eine Beschäftigung zu fesseln, die mich an Land zurückhielten«. Erst nach vielen Gängen und Versuchen fand Josiah Franklin für seinen Jüngsten ein Metier, das auch diesen zufriedenstellte, weil es mit seiner bleibenden Vorliebe für Bücher trefflich in Einklang zu bringen war. Anfang des Jahres 1718 verständigte sich Franklin mit seinem Vater darauf, daß er Buchdrucker werden wollte.

2. Kapitel

LEHRJAHRE
1718–1723

Unter den zahlreichen Söhnen Josiah Franklins war Benjamin nicht der einzige, der sich sein Brot als Buchdrucker zu verdienen suchte. Schon sein um neun Jahre älterer Bruder James hatte den Entschluß gefaßt, sich in diesem Gewerbe zu verdingen. Aus London, wo er seine Lehrzeit verbracht hatte, war James Franklin bereits im Jahr 1717 mit einer Presse nach Boston zurückgekommen, um dort seinem eigenen Geschäft vorzustehen. Zwar hatten sich in Boston bereits vier andere Drucker niedergelassen, doch hoffte James Franklin, seinen Konkurrenten mit dem nötigen Fleiß, Geschäftsgeist und Witz nicht nur schon bald Paroli bieten zu können, sondern sich in seiner Zunft auch innerhalb kürzester Zeit an die Spitze zu arbeiten. Zu seinen geschäftsfördernden Maßnahmen gehörte von Anfang an der feste Vorsatz, stets günstigere Preise als alle anderen Wettbewerber anzubieten.

Als er hörte, daß sein jüngster Bruder sich ebenfalls für das Druckergewerbe zu interessieren begann, machte er seinem Vater sogleich das Angebot, den Jungen im eigenen Betrieb in das Handwerk einzuführen. Josiah Franklin ging auf den Vorschlag ein, weil er froh war, seinen unternehmungslustigen und in die Ferne strebenden Sohn Benjamin – wenigstens für die Zeit der Ausbildung – unter der strikten Aufsicht eines Familienmitgliedes zu wissen. Für James Franklin war es wiederum eine höchst verlockende Aussicht, mit seinem kleinen Bruder eine besonders billige und – wie er glaubte – gefügige Arbeitskraft einstellen zu können. Auch würden Benjamins Talente auf diese Weise keinem seiner Konkurrenten zugute kommen.

Die Bedingungen des Lehrbriefs, die James Franklin mit seinem Vater für den Bruder aushandelte, preßten Benjamin in ein starres Korsett von Bindungen und Verpflichtungen. Es wurde ausgemacht, daß er beim älteren Bruder bis zum 21. Lebensjahr in die Lehre gehen sollte. Erst im letzten Lehrjahr sollte er dann das volle Gehalt eines Gesellen beziehen. Diese Vertragsbedingungen waren hart, doch im Vergleich zu den Gepflogenheiten der Zeit durchaus nicht ungewöhnlich. Zwar war eine neunjährige Ausbildungsphase länger bemessen, als die Dauer vieler anderer Lehrgänge, die zumeist auf sieben Jahre angelegt waren. Allerdings war das Drucken eine technisch anspruchsvolle Tätigkeit, die langjährige Schulung und viel Geschick erforderte. Daß ein Lehrling sich gegenüber seinem Meister über viele Jahre ergeben zeigen mußte – und dies in ganz umfassender Weise –, entsprach den Vorstellungen der damaligen Zeit.

In einem für das frühe 18. Jahrhundert typischen Lehrbrief eines Buchdruckers wurde beispielsweise gefordert, daß der »Lehrling seinem Meister treu dienen, dessen Geheimnisse wahren und dessen mit dem Gesetz übereinstimmende Befehle jederzeit freudig ausführen« solle. Weiter wurde bestimmt, daß ein Lehrling während der gesamten Lehrzeit »keine Ehe eingehen« und sich »vom Dienst im Hause des Meisters weder bei Tag noch bei Nacht verabschieden« durfte. Obwohl Benjamin seine sicherlich ähnlich lautenden Vertragsbedingungen zunächst nicht schmeckten und er sich daher »einige Zeit weigerte«, ihnen zuzustimmen, ließ er sich schließlich doch überreden und »unterzeichnete den Lehrbrief« als er, wie er betonte, »erst zwölf Jahre alt war«. Daß der junge Franklin seine eigene Unterschrift unter das Vertragswerk setzte, ist im übrigen ein Beleg dafür, daß seinem Vater die Zustimmung des jüngsten Sohnes wichtig war. Rein rechtlich hätte er den Vertrag jedenfalls auch ohne dessen Einwilligung in Kraft treten lassen können.

Daß Franklin als Gehilfe eines Druckers endlich auch »Zutritt zu besseren Büchern« bekam, weil er durch die Bekanntschaft mit anderen Buchhändlerlehrlingen in die Lage versetzt wurde, hin und wieder einige der ihn besonders interessierenden Neuerscheinungen »zu borgen«, mag ihm geholfen haben, die ersten Wochen der Lehrzeit ohne größere Schwierigkeiten zu überstehen. Zudem war das Druckerhandwerk ein Gewerbe, das auch den Verstand in besonderer Weise forderte und schulte, was für einen mit so großen intellektuellen Gaben ausgestatteten Jungen wie Franklin sehr bedeutsam war. Denn ein Drucker fungierte immer auch als Verleger und Redakteur, der beim Korrekturlesen der ihm anvertrauten Manuskripte nicht nur die Orthographie des Autors überprüfte, sondern zugleich Vorschläge zur Verbesserung von Ausdruck und Stil vorbrachte. In manchen Fällen übernahmen Drucker auch die Koautorschaft eines zu verlegenden Buches, füllten Lücken im Manuskript auf und verfaßten eigenständige, längere Texte.

Trotz der nicht zu unterschätzenden geistigen Anforderungen, denen ein Drucker gewachsen sein mußte, war der beständige Umgang mit der Druckerpresse und den schweren Bleilettern allerdings in erster Linie ein schweißtreibendes, körperlich anstrengendes Geschäft, das zudem ein hohes Maß an Konzentration erforderte. Der handgeschriebene Text wurde vom Drucker zunächst mit den Bleilettern (die zu dieser Zeit noch in England gegossen und von dort nach Amerika exportiert wurden) in einem hölzernen Rahmen, dem Setzkasten, Zeile für Zeile nachgesetzt. Üblicherweise wurden in einem Setzkasten immer vier Druckseiten zugleich vorbereitet. Danach wurden die Lettern mit Tinte bestrichen und mit Papier belegt. Anschließend wurde das Papier mit der ganzen Wucht der Presse gegen die Lettern gestemmt und – nach erfolgreichem Druck – zum Trocknen auf die Leine gehängt. Dieser Vorgang wurde so oft wiederholt, bis die Zahl der vom Auftraggeber bestellten Kopien erreicht war. Nach dem letzten Druck und dem vollständigen Trocknen der Bögen wurde das

Lehrjahre: 1718–1723

Papier in seine einzelnen Seiten zerschnitten, geheftet und gebunden. Diese kräftezehrende und aufwendige Arbeit eines Drukkers, der oft über viele Stunden den Hebel der schweren Presse führen mußte, hatten dem Handwerk keinen besonders guten Ruf eingetragen. Tatsächlich wurde dem Drucken zu Beginn des 18. Jahrhunderts eine so »erbärmliche Geringschätzung« entgegengebracht, daß, wie ein Drucker aus New York einmal klagte, keine Familie, die etwas auf sich hielt, »ihre Söhne einem solchen Gewerbe aussetzen« wollte. Folglich waren die Drucker genötigt, ausschließlich junge Leute »aus der untersten Bevölkerungsschicht« als Lehrlinge einzustellen. Im öffentlichen Bewußtsein der Zeit verfügte ein Drucker demnach über ein nur wenig höheres Ansehen als ein Seifensieder oder ein Kerzenmacher.

Franklin focht diese negative Beurteilung seines nun dauerhaft gewählten Berufs nicht allzusehr an. Von seinem Vater hatte er einen robusten Körperbau und kräftige Schultern geerbt, die er durch häufiges Schwimmen weiter zu stärken suchte, weshalb das Drucken seiner schon früh geweckten Lust »nach körperlicher Ausarbeitung«, wie er später einräumte, in vielerlei Hinsicht entgegenkam. Außerdem verfügte er ja nun über eine vorzügliche Möglichkeit, sich unentgeltlich und ohne großen Aufwand Bücher zur Privatlektüre zu beschaffen. Nach Ablauf des ersten Lehrjahres fanden sich neben den Buchhändlerlehrlingen auch Kunden seines Bruders bereit, dem jüngsten Mitarbeiter der Druckerei ihre Bücher zugänglich zu machen. Einer der Kunden, der Mathew Adams hieß und eine schöne Bibliothek besaß, lud Benjamin sogar zu sich nach Hause ein. Dort sollte er seine gesammelten Bände einmal gründlich in Augenschein nehmen. Als Franklin dann bei Adams zu Besuch war, durfte er sich einige der Bücher für eine gewisse Zeit entleihen. Zu Hause nutzte der Lehrjunge daraufhin jede freie Minute zum Studium der geborgten Schriften. »Oft«, erinnerte sich Franklin, »verbrachte ich den größeren Teil der Nacht lesend in meinem Zimmer, wenn mir ein Buch am Abend geliehen worden war, das am anderen Morgen zurückgegeben werden sollte, damit es nicht vermißt oder gesucht würde.«

Weil er die ihm besonders wichtigen Schriften aber auch einmal mit etwas mehr Zeit und Muße lesen wollte, kam er nicht umhin, sich etwas Geld für den Erwerb dieser Bücher zur Seite zu legen. Da ihm das Sparen bei seinem kärglichen Lohn jedoch äußerst schwer fiel, versuchte er die Bedingungen seines Lehrvertrags abzuändern. So machte er seinem Bruder, der am Können und am Arbeitseifer des jüngsten Geschwisters nichts auszusetzen hatte, ein bestechendes Angebot: James Franklin, der die von ihm eingestellten Lehrlinge auf seine eigenen Kosten am Mittagstisch einer benachbarten Familie speisen ließ, sollte seinem Bruder zukünftig die Hälfte des Kostgeldes, zusätzlich zum eigentlichen Lohn, direkt auszahlen. Dafür wollte sich der junge Franklin dann im Gegenzug sein Essen selbst zubereiten.

James Franklin, der durchweg auf seinen finanziellen Vorteil bedacht war, ging sofort auf den Vorschlag ein, gab dem Bruder das gewünschte Geld und überließ in nunmehr den eigenen Kochkünsten. Weil Benjamin fortan nur noch Wasser trank, auch auf den Verzehr von Fleisch verzichtete und nur ganz einfache Nahrung wie Kartoffeln, Reis, Zwieback, Brot – oder allenfalls noch eine Handvoll Rosinen – zu sich nahm, erkannte er bald, daß er von dem Betrag, den er jetzt von seinem Bruder erhielt, etwa die Hälfte zurücklegen konnte. Dadurch erwirtschaftete er sich mit der Zeit den erwünschten »Grundstock zum Ankauf von Büchern«. Diese neu erworbenen Bücher konnte er jetzt auch in der Mittagszeit beim allein eingenommenen Essen studieren, während sein Bruder und die anderen Arbeiter die Druckerei verließen, um zu Tisch zu gehen. In seiner Lektüre machte Franklin um so größere Fortschritte, »als mein klarerer Kopf und meine raschere Auffassung«, wie er später selbstbewußt berichtete, »eine gewöhnliche Folge« jener »Mäßigkeit im Essen und Trinken waren«, welche er schon frühzeitig am Tisch seines Vater gelernt hatte.

Lehrjahre: 1718–1723

Während der Lehrzeit bei seinem Bruder betrieb Franklin nun ein viel gezielteres, ernsthafteres und umfassenderes Bücherstudium, als es ihm im Haus seines Vaters möglich gewesen war, wo er eher zufällig auf einige wenige gute Bücher stieß. Zugleich begann er jetzt auch mit der Produktion eigener Texte, weil ihn, wie er sich in seiner *Autobiographie* erinnert, plötzlich »eine seltsame Leidenschaft für die Dichtkunst« ergriff. Vielleicht war es das Vorbild seines Onkels Benjamin, das nun Wirkung zeigte; vielleicht war es aber auch ganz einfach das stimulierende Umfeld der Druckerei, das den Jungen dazu ermunterte, »mehrere kleinere Stücke« zu schreiben. Sein Bruder James, der während seiner Lehrjahre in London beobachtet hatte, wie Gelegenheitsschriftsteller ihre kleineren Gedichte mit Erfolg in Kaffeehäusern verhökerten, witterte eine neue Chance, durch das Anzapfen der Talente des Bruders auf seine Rechnung zu kommen.

Auf Veranlassung von James Franklin arbeitete Benjamin zwei Gelegenheitsballaden aus, die unmittelbar nach ihrer Fertigstellung veröffentlicht werden sollten. Der junge Autor beschloß, in diesen Gedichten das Leben auf See zu thematisieren, weil er wohl glaubte, daß eine Gesellschaft, die am und vom Meer lebte, sich wohl am ehesten für Seemannsabenteuer interessieren würde. Im Frühjahr 1719 gingen die Balladen in Druck. Die eine schilderte ein tragisches Schiffsunglück, die andere die Gefangennahme des bekannten Piraten Schwarzbart. Diese (heute verschollenen) Gedichte, mit denen Franklin auf Geheiß seines Bruders in Boston hausieren ging, fanden in der Stadt zwar den erhofften Absatz; doch bevor Franklin sich daranmachen konnte, weitere Verse zu schmieden, wurde ihm die Lust dazu von seinem Vater gründlich ausgetrieben.

Josiah Franklin, der weit davon entfernt war, auf die Leistung seines Jüngsten Stolz zu verspüren, spottete über die Qualität der Gedichte und stellte sie mit den übelsten Gassenhauern auf eine Stufe. Zudem versetzte er dem Selbstbewußtsein seines Sohnes einen gehörigen Dämpfer, indem er darauf hinwies, »daß Versemacher meist Bettler seien«. Der solcherart zurechtgewiesene Junge befand nun selbst, daß er, »was den Stil anlangt, jämmerliche Verse« komponiert hatte und daß er – trotz des Verkaufserfolges – auf das Verfertigen schlechter Gedichte zukünftig besser verzichtete. Da er das Schreiben aber nicht vollständig aufgeben wollte, versuchte er sich nunmehr im Verfassen von Prosatexten.

Das Bestreben, eine luzide Schreibweise zu entwickeln, um dadurch interessante oder bedeutsame Ideen auf eine gut nachvollziehbare und überzeugende Weise zur Sprache zu bringen, führte ihn diesmal – wenn auch nach einigen Mühen – auf eine glücklichere schriftstellerische Bahn. Mit einem etwa gleichaltrigen Freund, der ebenfalls auf Bücher versessen war, hatte es sich Franklin zur Angewohnheit gemacht, zu regelmäßigen Debatten zusammenzukommen, um die Fähigkeit zur gründlichen Argumentation zu trainieren. Bei einem der Wortgefechte, die er mit diesem John Collins austrug, versuchte Franklin, die von Defoe übernommene Vorstellung zu verteidigen, daß auch Frauen in den Genuß einer wissenschaftlichen Ausbildung kommen sollten. Collins hingegen meinte, »die höhere Bildung passe nicht für das weibliche Geschlecht und dieses sei ihm auch von Natur aus nicht gewachsen«. Weil Franklin seinen Freund in freier Rede und Gegenrede nicht vom Gegenteil überzeugen konnte und auch glaubte, daß dieser über das größere rhetorische Geschick verfüge, schlug er Collins vor, den Meinungsstreit lieber in schriftlicher Form auszutragen. So tauschten die beiden Jungen ihre Ansichten über einige Wochen hinweg in Briefen aus. Einige dieser Schriftstücke gelangten in die Hände von Franklins Vater, der nun erneut Gelegenheit zur Kritik fand: Die Briefe seines jüngsten Sohnes, so Josiah Franklin, seien denen des Gegners »in der Gewandheit des Ausdrucks, in der Methode und Klarheit« weit unterlegen. Wieder ließ sich Benjamin von den Einwänden des Vaters überzeugen, doch war er diesmal nicht gewillt, vorschnell klein beizugeben. Statt dessen zwang er sich »zu größter Anstrengung, um meinen Stil zu verbessern«.

Dabei halfen ihm vor allem die Prosatexte des Schriftstellers Joseph Addison, den Franklin über alle Maßen verehrte. Noch als reifer Mann äußerte er, daß Addison nach seinem Dafürhalten »mehr zur Verbesserung des Geistes der *britischen* Nation beigetragen« habe »und zur Politur ihrer Sitten« als die Schriften »auch nur irgendeiner anderen *englischen* Feder«. Obschon Addison viele literarische Genres durch seine Texte bereichert hatte, waren es doch vor allem seine kunstvoll und pointiert geschriebenen Essays, denen er seinen eigentlichen Ruhm verdankte. Erschienen waren die meisten dieser Aufsätze in dem Journal *The Spectator*, einer Moralischen Wochenschrift, die Addison mit seinem Freund Sir Richard Steele zwischen März 1711 und Dezember 1712 in 555 Nummern in London herausgegeben hatte.

Die Veröffentlichung der ersten Nummer des *Spectator* war nicht nur ein Meilenstein in der Entstehungsgeschichte der englischen Prosa, sondern darüber hinaus auch ein gewichtiger Vorgang in der allgemeinen Literaturgeschichte. Zwar hatte schon der 1561 geborene Philosoph und Politiker Francis Bacon die Form des Essays mit einiger Wirkung benutzt, um in persönlich gefärbter Darlegung eines ihm wichtig erscheinenden Themas seine Leser mit großer Selbstsicherheit und Direktheit anzusprechen. Auch der Dichter John Milton hatte mit seinem unvergänglichen Aufsatz *Aeropagitica* (bei dem es sich ursprünglich um eine Parlamentsrede handelte) bereits im 17. Jahrhundert bewiesen, welche Überzeugungskraft ein gut geschriebener Essay entfalten konnte. Doch erst Addisons Meinungsprosa, die er im *Spectator* so meisterhaft zum Einsatz brachte, führte einer weltweiten Leserschaft vor, welch ein enormes aufklärerisches Potential einer essayistischen Schreibweise innewohnte, die von Bestimmtheit, Mut, Skepsis und Aufrichtigkeit geprägt war.

Das gesellschaftspolitische Ziel, das Addison als Mitherausgeber des *Spectator* stets vor Augen stand, war die grundlegende Verfeinerung und Verbesserung von Geist und Sitten seiner Landsleute. Dieses Vorhaben gedachte er durch einen freundlichen und unterhaltsamen Ton am ehesten zu erreichen. Wie er in einem der ersten Stücke seiner neuen Wochenschrift erläuterte, wollte er mit seinen Essays »die Moral durch Witz beleben und den Witz durch die Moral mildern«. Als fiktive Verfasserfigur seiner Aufsätze schob Addison dabei einen gewissen »Mr. Spectator« vor, um den eigenen Ansichten den Anschein einer wahrhaft unabhängigen Weltbetrachtung zu verleihen. Dieser »Spectator« gerierte sich als ein neutraler Zuschauer der Zeitläufte, als ein *looker-on* oder *speculative statesman*, der forderte, daß die menschliche Gesellschaft und der Staat aufs genaueste beobachtet und auf ihre Mängel hin untersucht werden sollten. Erst dann könnten präzise Vorschläge unterbreitet werden, die der »Verbesserung des Landes, in dem ich lebe«, dienten.

Außer durch ihren leichten Unterhaltungston, der den Klang einer frei und natürlich dahinfließenden Rede nachzuahmen suchte, zeichneten sich Mr. Spectators Reflexionen über den Gang der Welt jedoch auch durch eine hohe Präzision der Wortwahl, eine ganz und gar stimmige Abfolge der einzelnen Argumente und äußerste logische Stringenz aus. Addison verzichtete zwar im Satzbau seiner Essays auf die Konstruktion längerer Perioden, weil er der Auffassung war, daß knappe Aussagen die Leichtigkeit einer ungezwungenen Konversation weit besser nachstellten, aber diese kleineren Satzeinheiten wurden vom Autor stets in einem Paragraphen gebündelt, dessen Mitte ein zentraler und klar konturierter Gedanke bildete, welcher dem Textabschnitt seine unverkennbare Einheit verlieh.

Ein weiteres Wesensmerkmal der informativen Prosa des »Spectator« war die bemerkenswerte Tatsache, daß auch die kritischen Anmerkungen des Autors nichts Apodiktisches an sich hatten. Verbesserungsvorschläge unterbreitete Addison sehr bewußt auf eine ganz und gar unaufdringliche Weise, indem er lieber mit freundlicher Behutsamkeit, sanfter Ironie, leichter Satire oder gutmeinendem Humor an den Verstand des mündigen Lesers appellierte, als diesen durch zu brüske oder gar aggressive Vorhaltungen in seinem Stolz oder Ehrgefühl zu verletzen und womöglich für neue Einsichten unempfänglich zu machen. Wie er in einem Essay über Philanthropie *(good-nature)* klarstellte, war für ihn »Menschenfreundschaft in einer Unterhaltung« weitaus »angenehmer« als ein noch so sprühender »Witz«. Die Zustimmung eines Menschen zu ihm bislang unbekannten oder gar unliebsamen Projekten konnte am ehesten dann erlangt werden, wenn man seine bestehenden Zweifel, seine Unsicherheiten oder sein Unwissen zunächst anerkannte und ernst nahm, anstatt ihn sofort mit beißendem Spott zu überhäufen. Aus diesem Grund entschied sich Addison auch zumeist für eine Argumentationsstrategie, die auf die traditionelle Methode einer direkten und positiven Beweisführung verzichtete, um statt dessen einen eher fragenden, diskursiven Stil zu kultivieren.

Da diese Weise des Debattierens bereits beispielhaft von Sokrates in seinen philosophischen Gesprächen gepflegt worden war, hatte sich zur Bezeichnung dieses Disputierstils schon von alters her der Begriff »die Methode des Sokrates« eingebürgert. Daß Addison die Argumentationsweise des Sokrates sehr bewußt imitieren, ja, mit seiner essayistischen Schreibweise sogar noch weitaus mehr Menschen erreichen wollte, als es der griechische Philosoph zu Lebzeiten vermocht hatte, gab er in der zehnten Nummer des *Spectator* mit an Selbstbewußtsein nicht zu überbietenden Worten bekannt:

> Von Sokrates wurde gesagt, daß er die Philosophie vom Himmel auf die Erde geholt habe, damit sie unter den Menschen Wohnung nehmen könne; ich hingegen werde ehrgeizig darauf hinarbeiten, daß man dereinst von mir sagt, ich hätte die Philosophie aus Kammern und Bibliotheken, Schulen und Colleges gezerrt, damit sie in Clubs und parlamentarischen Versammlungen, an Teetischen und in Kaffeehäusern eine Herberge finde.

Franklin, der von Addisons sokratischem Elan und Schreibstil »bis zur Begeisterung entzückt« war und die literarische Qualität des *Spectator* für »ausgezeichnet« hielt, kaufte sich noch im

Jahr 1719 einen der ersten Bände dieser Wochenschrift, um deren Stil genauestens zu studieren. Weil er die Prosa Addisons so sehr schätzte, wünschte er sich nichts sehnlicher als »die Fähigkeit«, die Schreibart des *Spectator* bis ins Detail »nachahmen zu können«. In dieser Absicht wählte er einige besonders gelungene Essays des Journals aus und versuchte, die jeweils zentrale Aussage eines jeden Paragraphen in einem kurzen Stichwort zusammenzufassen. Den so entstandenen Stichwortkatalog legte er dann einige Tage lang zur Seite, um nach einer bestimmten Frist den Versuch zu unternehmen, die Aufsätze in möglichst weitgehender Übereinstimmung mit ihrem ursprünglichen Wortlaut wiederherzustellen. Um den Schwierigkeitsgrad dieser selbstgestellten Aufgabe noch weiter zu erhöhen, vertauschte Franklin mitunter die Reihenfolge seiner stichwortartigen Exzerpte, ehe er sich dann Wochen später an die Rekonstruktion der vollständigen Paragraphen machte. Dies sollte ihn, wie er nachmals erläuterte, »Methode bei der Anordnung meiner Gedanken lehren«.

Auch wenn er auf diese Weise langsam, aber stetig seinen Schreibstil verbesserte, bemerkte er doch auch, daß es ihm trotz allem an einem genügend großen Wortschatz mangelte, in dessen Besitz er »längst gewesen wäre, wenn ich fortgefahren hätte, Verse zu machen«. Denn er glaubte, daß »der ständige Bedarf an Wörtern derselben Bedeutung, wegen des Versmaßes von verschiedener Länge oder wegen des Reimes von verschiedenem Klang« ihn unweigerlich dazu gezwungen hätte, »eine Menge Synonyma zu suchen und ihrer Herr zu werden«. So widmete sich Franklin nach längerer Abstinenz dann doch wieder der Dichtkunst, allerdings unter Verzicht auf den einstigen Vorsatz, mit Versen Geld zu verdienen. Allein um sein Vokabular zu erweitern und aufzufrischen, wählte er einige Aufsätze aus dem *Spectator* aus, schrieb sie in Gedichte um und übertrug sie »nach Verlauf einiger Zeit«, wenn sie seinem »Gedächtnis genugsam entschwunden waren«, wieder in Prosa.

Durch dieses mit großer Ausdauer und Disziplin durchgeführte Selbststudium eignete sich Franklin schließlich eine

Fähigkeit, »in Prosa zu schreiben«, an, die ihm im Urteil der Nachwelt nicht nur den Ruf eintrug, einer der wahrhaft klassischen amerikanischen Schriftsteller des 18. Jahrhunderts zu sein, sondern ihm im Laufe seiner Karriere auch in ganz praktischer Hinsicht – wie er selbst am besten wußte – »sehr zustatten« kam. Ein wesentliches Merkmal seiner Schreibart blieb seit dem gründlichen Studium des *Spectator* nämlich die Gewohnheit, »mich mit bescheidener Zurückhaltung auszudrücken und nie, wenn ich eine Behauptung aufstellte, die bestritten werden konnte, die Wörtchen ›bestimmt‹, ›unzweifelhaft‹ oder ähnliche zu gebrauchen«, die den Verdacht erregen konnten, »ich hinge meiner Ansicht hartnäckig an«. Indem er auf diese Weise apodiktische und rechthaberische Argumentationsformen dauerhaft aus seinen Schriften verbannte, gelang es ihm im Laufe seines Lebens häufiger, als es sonst der Fall gewesen wäre, »andere von meiner Ansicht [zu] überzeugen und zur Ergreifung von Maßnahmen [zu] überreden…, die ich empfohlen hatte«.

Diese von Addison übernommene rhetorische Argumentations*form*, die Franklin sich vornehmlich aus strategischen Gründen angeeignet hatte, war jedoch zu eng mit ganz bestimmten philosophischen *Inhalten* verknüpft, als daß der junge Druckerlehrling sich gegen die Wirkung jener freisinnigen Lehren hätte wehren können, die der Herausgeber des *Spectator* zwecks Verbesserung des menschlichen Verstandes popularisieren wollte. Sich nicht festzulegen; sich beständig offen für neue Wendungen des Denkens zu halten; dem Diskussionspartner weitreichende Zugeständnisse zu machen; auf dogmatische Äußerungen ganz zu verzichten: all dies bedeutete, den Zweifel als eine Tugend zu verstehen, ohne die ein gründliches Räsonnieren nicht vonstatten gehen konnte.

John Locke, der von Addison im *Spectator* häufiger als jeder andere englische Schriftsteller zitiert wurde, hatte das Lob des philosophischen Zweifels bereits 1690 in seinem vierbändigen Hauptwerk *Versuch über den menschlichen Verstand* an zentraler

Stelle plaziert. Weil er gegen René Descartes behauptete, daß menschliche Ideen und Vorstellungen niemals angeboren sein konnten – weil alle Erkenntnis der sich entwickelnden sinnlichen *Erfahrung* entspringe –, unterstellte Locke zugleich auch, daß es bei der Verschiedenartigkeit der Menschen und ihrer Sinneseindrücke schlechterdings unvermeidlich sei, »daß die meisten, wenn nicht alle Menschen verschiedenerlei Meinungen haben, ohne daß sie zuverlässige und unanfechtbare Beweise für deren Wahrheit besitzen«. So müßten hinsichtlich vieler Fragen, »für die wir bisher keine Lösung gefunden haben und, wie ich glaube, in dieser Welt auch nie finden werden«, beispielsweise auch auf religiösem Gebiet »viele Zweifel« bestehen bleiben und akzeptiert werden.

Wir täten daher gut daran, so Locke weiter, »wenn wir mit der beiderseitigen Unwissenheit Mitleid hätten und uns bemühten, sie mit allen Mitteln freundlicher und wohlwollender Belehrung zu überwinden«, statt »andere sofort als eigensinnig und verstockt [zu] tadeln, weil sie nicht ihre eigenen Meinungen preisgeben und die unseren, oder wenigstens diejenigen, die wir ihnen aufdrängen möchten, annehmen wollen«. Ganz und gar unstatthaft sei es daher, bloß »die Festigkeit der Überzeugung« zu einem Grund für den eigenen Glauben und »die Zuversicht, im Recht zu sein«, zu einem Argument für die Wahrheit zu machen. Denn auch der Apostel Paulus habe ja vor seiner Bekehrung bei Damaskus fest und unbeirrt geglaubt, »richtig zu handeln und einer Berufung zu gehorchen, als er die Christen verfolgte«.

Für Franklin, der Lockes *Versuch über den menschlichen Verstand* im unmittelbaren Anschluß an sein ausführliches Studium des *Spectator* las, als er, wie er sich im nachhinein zu entsinnen glaubte, »ungefähr sechzehn Jahre alt war«, erschloß sich mit dieser Lektüre eine völlig neue Dimension theologischer und philosophischer Fragestellungen. Die puritanischen Autoren Bunyan und Mather, deren Werke für lange Zeit seine Lieblingslektüre gewesen waren, hatten für ein zweifelndes Gemüt wenig Verständnis aufgebracht. Bunyan hatte in *Pil-*

grim's Progress ja sogar die »Burg des Zweifels« als größte Gefährdung des Frommen beschrieben und eindringlich auf die Bedeutung eines unerschütterlichen Festhaltens an den eigenen Glaubenswahrheiten hingewiesen. Was Bunyan in Form einer Allegorie auszudrücken vorzog, entsprach im übrigen der auch schon von Calvin im dritten Buch seiner *Institutio* ausgesprochenen Warnung, im Gebet »niemals daran zu zweifeln«, daß der eigene Glaube der Wahrheit entspreche. Statt dessen stellte Locke nun also gerade den gesunden Zweifel sowie eine dadurch begründete Meinungsvielfalt und Toleranz gegenüber Andersdenkenden als mentale Stärke dar, die eine wesentliche Voraussetzung für die gewünschte Verbesserung von Staat und Gesellschaft war.

Franklins »fromme Erziehung in den Grundsätzen der Lehre Calvins«, die ihm seine Eltern, wie er in der *Autobiographie* hervorhob, schon frühzeitig hatten angedeihen lassen – und die durch die Lektüre der besten puritanischen Schriftsteller zunächst noch weitere Bestätigung erhalten hatte –, wurde durch die Lektüre von Addisons Essays und Lockes philosophischen Traktaten zutiefst in Frage gestellt. Als er dann auch noch die religionskritischen Schriften von Anthony Ashley Cooper, Earl of Shaftesbury, in die Hände fielen, wurde er endgültig »zu einem echten Zweifler in vielen Fragen unserer religiösen Lehre«. Er gelangte sogar an den Punkt, wo er nach vielen »vorangehenden Zweifeln bald an diesem, bald an jenem Grundsatz, den ich gerade in den verschiedenen von mir gelesenen Büchern bekämpft fand, an der Offenbarung selbst zu zweifeln begann«.

Wohlgemerkt: Auf den calvinistischen Glaubenssatz, daß man sich Gottes Wahrheit allein durch das blinde Vertrauen auf überlieferte Lehren und übernatürliche göttliche Offenbarung nähern könne, bezogen sich Franklins Zweifel; nicht die Existenz Gottes als solche hielt er für fragwürdig. Denn der menschliche Verstand war durchaus in der Lage, wie Locke lehrte, unabhängig von den Ansprüchen einer Offenbarungsreligion »zu wissen, das heißt dessen gewiß zu sein, daß es einen Gott gibt«, auch wenn »die meisten Menschen ganz verschiedene Ideen von Gott haben«. Mit Hilfe der Vernunft, durch das Studium der Natur und durch die im Menschen von Natur aus angelegte Moral konnte Gott als Urheber des Daseins erkannt werden, ohne daß man darüber hinaus die spezifischen Lehren von Kirchen und organisierten Religionsgemeinschaften zu Rate ziehen und annehmen mußte.

Diese von Locke und Shaftesbury propagierte Religionsauffassung, die in England schon seit Ende des 17. Jahrhunderts als »Deismus« bezeichnet wurde, machte sich Franklin voll und ganz zu eigen. In seiner *Autobiographie* beschrieb er den Prozeß seiner um 1722 einsetzenden Abkehr von den Lehren der väterlichen Religion knapp und treffend mit der schlichten Feststellung: »Ich wurde bald ein vollkommener Deist«. So war es nur konsequent, daß er fortan auf den Besuch des sonntäglichen Gottesdienstes »so viel wie möglich« verzichtete. Weder die Prediger der eigenen Gemeinde noch auch die Geistlichen anderer kongregationalistischer Kirchen von Boston schienen ihm weiterführende religiöse Kenntnisse vermitteln zu können. Statt dessen verbrachte er die Sonntage – wenn er, wie er hervorhob, »in der Druckerei allein sein konnte« – mit Vorliebe beim Studium seiner Bücher, durch die er mehr über Gott und die Welt in Erfahrung zu bringen glaubte als durch jede andere Erkenntnisquelle. James Franklin, der um das Seelenheil seines jüngsten Bruder nicht allzu besorgt zu sein schien, hatte übrigens keine Einwände gegen Benjamins einsames Studium in der stillen Werkstatt.

Indem er dem Gottesdienst immer häufiger fernblieb, gewann er auch stetig wachsenden inneren Abstand gegenüber den moralischen Autoritäten seiner Vaterstadt. Ihren rigiden Lehren konnte und wollte er nicht mehr folgen. Auch wenn er noch immer großen Respekt vor der Geduld, Standfestigkeit und Willensstärke all jener Puritaner aufbrachte, die sich, wie seine eigenen Vorfahren, für die Auswanderung nach Nordamerika entschieden hatten, um den Nachstellungen der anglikanischen Bischofskirche zu entgehen, hatte er mittlerweile

Lehrjahre: 1718–1723

ein genauso feines Gespür für die problematische Kehrseite ihrer kompromißlosen Glaubenshaltung entwickelt. Denn als tolerant gegenüber Andersgläubigen hatten sich die ehemaligen Opfer der anglikanischen Intoleranz in Neuengland nicht erwiesen. »Baptisten, Quäker und andere Sektierer hatten«, wie Franklin durch die Lektüre historischer und kirchenhistorischer Arbeiten in Erfahrung brachte, im gesamten 17. Jahrhundert von den Puritanern schlimme »Verfolgungen zu erdulden gehabt«. Ein trauriger Höhepunkt der puritanischen Intoleranz in Massachusetts war die Erhängung von vier missionierenden Quäkern zwischen 1659 und 1661, und noch zu Beginn des 18. Jahrhunderts genossen die Kongregationalisten in Neuengland eindeutige religiöse Privilegien.

1692, nur wenige Jahre vor Franklins Geburt, war es überdies im nördlich von Boston gelegenen Hafenstädtchen Salem zu Hexenprozessen gekommen, die selbst ein Cotton Mather öffentlich befürwortete. Einige junge Mädchen waren in diesem Jahr in Salem wiederholt von hysterischen Anfällen heimgesucht worden. Dabei kreischten sie, stießen unkontrollierte Schreie aus und fielen in tiefe Ohnmacht. Als das Gerücht aufkam, die Mädchen seien verhext, beschuldigten diese sogleich verschiedene Bürger der Stadt, sich ebenfalls der Hilfe dämonischer Mächte bedient zu haben. Das örtliche Gericht akzeptierte diese schwerwiegenden Anschuldigungen der Mädchen über Monate hinweg nahezu ohne alle Vorbehalte. Viele hundert Bürger wurden verhaftet, zwanzig von ihnen nach aufwendigen Gerichtsverhandlungen hingerichtet.

In seinem Buch *Wonders of the Invisible World*, einer unmittelbar nach Beginn der Prozesse veröffentlichten Stellungnahme zum Problem des Hexenwesens, rechtfertigte Cotton Mather die juristischen Exzesse. »Diese Hexen«, schrieb er, »von denen nun mehr als zwanzig ihre Taten bezeugt und bekannt haben«, hätten sich mit Teufeln auf »ein höllisches Rendezvous eingelassen« und danach viele andere Männer und Frauen in ihren Bann gezogen. Somit bleibe dem Gericht in Salem gar nichts anderes übrig, als über alle an der Hexerei beteiligten Personen die Todesstrafe zu verhängen. Das Aufknüpfen der Frevler am Strick sei die einzig mögliche Antwort auf die Schwere des Verbrechens.

Doch als die Hexenhysterie fortdauerte und die Gerichtsverhandlungen kein Ende nehmen wollten, stellte Mather die Art der Beweisführung zunehmend in Frage. Derart haltlos schienen ihm nun manche Anschuldigungen zu sein, daß er argwöhnte, ob nicht der Satan durch Lügen »viele unschuldige und tugendhafte Menschen« zu vernichten suche. Diese Befürchtung, die von einer immer größeren Anzahl von Geistlichen und Richtern im Distrikt Salem geteilt wurde, brachte die Hexenjagd schließlich zum Stillstand. Fünf Jahre nach dem Ende der Prozesse zeigte einer der beteiligten Richter – Samuel Sewell – späte Reue über sein Verhalten: Bei einer der Gemeindeversammlungen der Bostoner South Church bat er die anwesenden Kirchgänger um Vergebung und ersuchte sie, auch in ihren Gebeten für ihn um Gottes Gnade zu bitten. Im Unterschied zu Sewall gab Cotton Mather zwar kein öffentliches Bekenntnis über seine schuldhafte Verstrickung in die Hexenprozesse ab. Doch gestand er später zu, als er über ein Opfer sprach, dessen Tod durch Erhängen er durch seinen persönlichen Einsatz herbeigeführt hatte, daß er im nachhinein wünschte, »den ersten Buchstaben seines Namens« niemals begegnet zu sein. Ihm war sehr wohl bewußt, daß sein guter Ruf durch die Beteiligung an den unglückseligen Hexenverfolgungen gelitten hatte. Insbesondere in den Augen der nachwachsenden Generation war Mather angreifbar geworden.

Ein junger Bürger Bostons, der sich nicht scheute, Cotton Mather öffentlich zu attackieren, war James Franklin. Just in dem Moment, in dem auch sein jüngster Bruder kritische Distanz zu den religiösen Autoritäten der Stadt zu entwickeln begann, trat der Drucker in eine heftige Auseinandersetzung mit dem Geistlichen ein. Der Anlaß für diesen Schlagabtausch war Mathers Eintreten für die Pockenschutzimpfung. So widersprüchlich es klingen mag: Derselbe Mann, der lange Zeit keine Einwände gegen die Hexenhysterie vorgebracht hatte, äußerte sich nun im Jahr 1721 dahingehend, daß die neue und wegweisende medizinische Errungenschaft der Impfung – von der er durch die Mitteilungen der Londoner *Royal Society* in Kenntnis gesetzt worden war – möglichst bald auch in Nordamerika zur Anwendung gebracht werden sollte. Diesen Vorschlag wies James Franklin nun aufs schärfste zurück, weil er, wie übrigens die Mehrheit seiner Mitbürger in Boston – und auch der renommierteste Arzt der Stadt, ein gewisser Dr. William Douglass – vom Erfolg des zu dieser Zeit noch mit vielen Risiken behafteten Unternehmens nicht überzeugt war.

Um seine Kritik an Mather möglichst wirkungsvoll vortragen zu können, gründete er eigens zu diesem Zweck eine Zeitung. Dieses Blatt, das er *New England Courant* nannte, war erst die dritte Zeitung von Boston. Die erste, der bereits 1704 gegründete *Boston News Letter*, war das älteste kontinuierlich erscheinende Blatt aller nordamerikanischen Kolonien; bei der zweiten Zeitung handelte es sich um die seit 1719 erscheinende *Boston Gazette*. Da der Verleger der *Boston Gazette* diese Zeitung nicht selbst herstellte, sondern seit der Veröffentlichung der ersten Nummer James Franklin mit der Drucklegung des Blattes betraut hatte, fühlte dieser sich den mit dem Vertrieb einer neuen Zeitung verbundenen Anforderungen durchaus gewachsen. Daß er gleich in der ersten Nummer des *New England Courant* Mather scharf anging, sorgte in Boston für großes Aufsehen, das dem Absatz des Blattes allerdings eher förderlich als abträglich war.

Wie nicht anders zu erwarten, fühlte sich Mather durch James Franklins Vorhaltungen im höchsten Maß herausgefordert. Nicht allein in der Sache, die er vertrat, hatte ihn der junge Zeitungsmacher angegriffen; auch als Geistlicher war er, wie er meinte, in ehrenrühriger Weise beschimpft worden. Mather überließ es jedoch zwei nahen Familienangehörigen, als Fürsprecher seiner Belange aufzutreten. Increase Mather, Cotton Mathers 83jähriger Vater, der ebenfalls ein bedeutender puritanischer Prediger war, bezeichnete James Franklins neues

Blatt öffentlich als den »unflätigen Courant« und fügte drohend hinzu, daß er sich noch gut an Zeiten erinnern könne, in denen »die örtlichen Regierungsbehörden wirkungsvolle Maßnahmen ergriffen hätten, um solche üblen Nachreden zu unterbinden«. Samuel Mather, Cottons Sohn, schrieb für die *Boston Gazette* einen Artikel, in dem er sich darüber echauffierte, daß das neue Konkurrenzblatt versuche, »die besten Männer, die wir haben, zu beschimpfen und zu diffamieren«. Cotton Mather äußerte sich zu James Franklins Vorwürfen zwar nicht in der Öffentlichkeit, doch hielt er in seinem Tagebuch fest, wie sehr er »den niederträchtigen Drucker und seine Komplizen« verabscheute, die ihm, wie er fand, auf gemeine Weise in den Rücken gefallen waren.

Auch wenn der von Mather unterstützte Arzt Dr. Zabdiel Boylston die umstrittene Impfung schließlich doch an 247 Personen in Boston vornehmen konnte und James Franklin seinem prominenten Gegner somit in der Sache unterlegen war, hatte er dessenungeachtet ein ihm nicht minder wichtiges Ziel erreicht: Er wurde samt seinen Mitarbeitern ab sofort von einer breiten Öffentlichkeit als außerordentlich freimütiger und entschlossener Journalist wahrgenommen. Benjamin Franklin, der nach wie vor einer der jüngsten Lehrlinge seines Bruders war, gehörte allerdings zunächst nicht zu den Autoren des *Courant.* Obwohl James ja wußte, daß Benjamin über ein beachtliches schriftstellerisches Talent verfügte, hatte er ihn nicht aufgefordert, sich an der neuen Zeitung durch das Verfertigen eigener Artikel zu beteiligen.

Da Benjamin jedoch von der großen Wirkung, die der *Courant* seines Bruders in Boston so rasch entfaltet hatte, ungemein beindruckt war, verspürte er »die Versuchung«, auch selbst »kleine Aufsätze für sein Blatt« zu schreiben. Ohnehin hatte er schon seit längerer Zeit nach einer Gelegenheit gesucht, endlich wieder als Schriftsteller an die Öffentlichkeit zu treten, um einem möglichst großen Publikum vorzuführen, welch ausgereifte Prosatexte er inzwischen anfertigen konnte. Da er aber noch immer sehr jung war und »fürchtete, mein

Bruder werde in seinem Blatt keine Arbeit abdrucken wollen, als deren Verfasser er mich kenne«, ersann er eine List.

Den Aufsatz, den er zu veröffentlichen wünschte, schrieb er mit verstellter Handschrift, getarnt als Leserbrief, ohne den wahren Namen des Autors zu nennen. Nachts schob er ihn dann unter der Tür der Druckerei hindurch, wo der Brief am nächsten Morgen von seinem Bruder gefunden wurde. Nachdem James Franklin den Text (in Anwesenheit des sich bedeckt haltenden Verfassers) gelesen hatte, besprach er sich mit den anderen Mitarbeitern und beschloß, den Brief in die nächste Ausgabe des *Courant* aufzunehmen. Bei den »verschiedenen Vermutungen«, die James und die anderen Angestellten der Druckerei »über den Verfasser anstellten«, wurden zu Benjamins heimlicher Freude Namen genannt, die, wie er in der *Autobiographie* nicht ohne Stolz hervorhob, »ihres Talentes und Geistes wegen einen bedeutenden Ruf im Lande genossen«. Durch diese günstige Aufnahme seiner Essays ermutigt, verfaßte er noch weitere kleine Texte, die er »auf demselben Wege in die Druckerei schaffte und die gleichen Beifall fanden«.

Was James Franklin an den Aufsätzen seines Bruders besonders gefiel, war – abgesehen von ihrem Stil – der fiktive Name, mit dem Benjamin seine Ausführungen zu unterzeichnen pflegte: »Silence Dogood«. Jedem Bürger Bostons war klar, daß dieser so puritanisch und fromm klingende Frauenname eine kecke Anspielung auf Cotton Mather war, den Verfasser der *Essays to Do Good,* der zudem gerade ein neues Buch mit dem Titel *Silentiarius* veröffentlicht hatte. Anders als der sittenstrenge Mather war die von Franklin erfundene junge Dame Silence Dogood jedoch mit einer erfrischenden Unbekümmertheit ausgestattet. Vor allem schrieb sie in einem Jargon, der nichts mit dem von Cotton Mather bevorzugten ernsten Predigtton gemein hatte, sondern an der natürlichen und ironisch-beschwingten Redeweise von Addisons *Spectator* geschult war.

Schon der erste Satz aus der Feder von Silence Dogood glich dem Eröffnungsparagraphen des *Spectator* bis ins Detail. In der ersten Nummer der englischen Moralischen Wochenschrift, in der sich »Mr. Spectator« seinem Publikum vorstellte, hatte Addison augenzwinkernd erklärt, warum die Leser das Recht hatten, möglichst viel über den ihnen noch unbekannten Mann zu erfahren:

> Ich habe beobachtet, daß ein Leser ein Buch selten mit Vergnügen benutzt, wenn er nicht weiß, ob der Verfasser ein dunkler oder blonder Mann, von gütiger oder cholerischer Veranlagung, ein Junggeselle oder verheiratet ist, da derartige Einzelheiten doch sehr viel zum rechten Verständnis des Autors beitragen.

Auch Franklin rechtfertigte die autobiographischen Einleitungsworte der fiktiven Verfasserin seiner Essays mit ganz ähnlichen Argumenten:

> Man kann heutzutage beobachten, daß die Leute im allgemeinen wenig gewillt sind, das, was sie lesen, entweder zu loben oder mit Kritik zu überziehen, wenn sie nicht zuvor in einem gewissen Maß davon unterrichtet worden sind, wer oder was der Verfasser des Gelesenen sei – ob arm oder reich, alt oder jung, ein Gelehrter oder ein Handwerker, &c. – und daß sie ihr Urteil nach dem Wissen ausrichten, das sie über die Umstände des Autors einholen können.

Zudem spielte sich »Mrs. Dogood« in Anlehnung an »Mr. Spectator« als unbestechliche Betrachterin jener unzulänglichen menschlichen Verhaltensweisen auf, die sie durch ihre Anmerkungen zu verfeinern suchte. Dabei legte die junge Weltverbesserin jedoch ein Selbstbewußtsein an den Tag, das die vornehme Zurückhaltung von »Mr. Spectator« weit hinter sich ließ. Silence Dogoods Überzeugtsein von ihrer eigenen Rechtschaffenheit – das gelegentlich die Züge einer nur schwer erträglichen (puritanischen) Selbstgerechtigkeit aufwies – wurde vom jungen Franklin mit solch feiner Ironie dargestellt, daß die Leser der satirischen Selbstcharakterisierung dieser tugendhaften Dame unwillkürlich schmunzeln oder gar laut lachen mußten: »Ich bin ein Feind des Lasters und ein Freund der Tugend«, bekannte Silence, um sogleich hinzuzufügen, daß sie mit einer »natürlichen Neigung und Befähigung, die Fehler anderer Menschen zu beobachten und zu tadeln«, versehen sei. »Ich spreche dies als eine Art Warnung an all diejenigen aus«, mahnte sie, »deren Verstöße mir zur Kenntnis gelangen, da ich nicht beabsichtige, meine Talente zu verstecken«. »Kurz gesagt«, resümierte sie, »ich bin höflich und umgänglich, gutmütig (außer ich werde provoziert) und hübsch, und manchmal auch witzig.«

Trotz des von ihm gewählten leichten Unterhaltungstons sprach Franklin in seinen Dogood-Essays aber auch durchaus ernsthafte Themen an. Die Palette der von Silence Dogood diskutierten Gegenstände reichte von einer profunden Kritik am Theologiestudium in Harvard über die Empfehlung einer ausgewogenen Ernährung bis hin zur Klage über die oft unwürdige Stellung von Frauen in der Gesellschaft. Als Verfechterin von gemeinnützigen Reformgesellschaften unterstützte Silence zudem Einrichtungen, über deren öffentlichen Nutzen sich auch Cotton Mather in seinen *Essays to Do Good* ausgelassen hatte. Wenn Silence Dogood alias Benjamin Franklin im *Courant* auch viele feine Spitzen gegen Mather als Repräsentant der puritanischen Führungsschicht von Boston streute, wußte er doch nach wie vor dessen unbestreitbar nützliche Beiträge zur Stärkung des allgemeinen Bürgersinnes zu würdigen. Allerdings waren die von Silence Dogood empfohlenen Reformgesellschaften überwiegend Inhalten verpflichtet, die eher mit Defoes als mit Mathers Zielsetzungen übereinstimmten. In einem seiner Dogood-Artikel zitierte Franklin denn auch einen längeren Paragraphen aus Defoes *Essay upon Projects*, worin dieser einen ausführlichen Vorschlag für ein neues Systems der Witwenfürsorge zur Diskussion gestellt hatte.

Was immer Franklin in der Zeitschrift seines Bruders an gesellschaftskritischen Äußerungen vorbrachte: Seine von Addison übernommene Argumentationsstrategie wirkte auf die Leser zwar häufig provozierend, aber nur selten wirklich verletzend. Zu sehr ironisierte Silence Dogood bei all den Rügen, die sie an Mitglieder des Bostoner Establishments verteilte, auch ihr eigenes Verhalten, als daß man dieser charmanten Plaudertasche hätte böse sein können. James Franklin hingegen, der nach den stupenden Anfangserfolgen seines Blattes ebenfalls fortfuhr, die Fehler der Führungspersönlichkeiten von Massachusetts schonungslos bloßzustellen, beherrschte diese Kunst des feinen Tadels weit weniger. Wo sein Bruder Benjamin verbal mit dem leichten Florett focht, drosch James gleichsam mit dem Säbel auf seine Gegner ein.

Die Breitseiten des Druckers James Franklin überschritten im Sommer des Jahres 1722 das Maß des für die Bostoner Zivilbehörden Erträglichen. So kam es, daß die von Increase Mather zu Anfang des Jahres noch indirekt ausgesprochene Drohung, dem Herausgeber des *Courant* über kurz oder lang das Handwerk zu legen, nun in die Tat umgesetzt wurde: Der Gerichtshof von Massachusetts ordnete an, James Franklin zu verhaften. Sonderbar war allerdings, daß James Franklin die Haftstrafe letzlich wegen einer doch eher zahmen Kritik verbüßen mußte. So hatte er im Juni 1722 im *Courant* einen fiktiven Leserbrief drucken lassen, in welchem er den zuständigen Behörden von Massachusetts vorwarf, sich nicht mit genügendem Nachdruck um die Bekämpfung von Seeräubern zu kümmern, die zu diesem Zeitpunkt die Küsten Neuenglands unsicher machten. Die Unfähigkeit und Unentschlossenheit des Kapitäns, der das zur Verfolgung der Piraten bereitgestellte Schiff befehligen sollte, hatte James mit folgenden Worten angeprangert: »Es steht zu vermuten, daß er im Verlauf dieses Monats irgendwann lossegeln wird, falls Wind und Wetter dies gestatten.« In dieser wohl respektlosen, doch nicht einmal übertrieben gehässigen Bemerkung erblickten die Behörden einen hinreichenden Grund, den unbequemen Zeitungsmacher, der ihnen schon lange ein Dorn im Auge gewesen war, endlich dingfest zu machen.

Auch Benjamin Franklin wurde als Mitarbeiter und mutmaßlicher »Komplize« seines älteren Bruders für kurze Zeit in polizeilichen Gewahrsam genommen, um vor dem Parlament von Massachusetts, der *Assembly*, eingehend verhört zu werden.

Weil die Befrager jedoch zu dem Schluß kamen, daß er als Lehrling gesetzlich gebunden war, den Befehlen seines Meisters Folge zu leisten, wurde er vom Magistrat wieder auf freien Fuß gesetzt. Während der einmonatigen Haft seines Bruders, die ihn, wie er in seinen Lebenserinnerungen bekannte, »sehr empörte«, übernahm er mit dessen Einverständnis die Leitung des *Courant* und riskierte es in dieser Stellung, »unseren Herrschern tüchtig die Meinung zu sagen«. Mochte Franklin seine zuvor erschienenen Artikel vornehmlich aus jugendlichem Geltungsdrang und aus Freude an der gelungenen Provokation verfaßt haben: Jetzt griff er zur Feder, um ernsthaft und couragiert für die Rechte einer freien Presse zu streiten. Das ehrliche Anliegen, für seinen Bruder auch aus politischen Gründen eine Lanze zu brechen, verlieh seinen Essays einen unüberhörbar freiheitlichen Akzent.

Um seiner hellen Entrüstung über die Verhaftung Ausdruck zu verleihen, schlüpfte er einmal mehr in die Rolle der Silence Dogood, die ihm ja zugleich den Schutz der Anonymität gewährte. Außerdem sicherte er sich gegenüber den Bostoner Behörden dadurch ab, daß er »Mrs. Dogood« eine von der Zensur unbeanstandete Passage aus einer anderen englischen Zeitung – dem *London Journal* vom 4. Februar 1720 – zitieren ließ: »Ohne Gedankenfreiheit«, war dort zu lesen,

> kann es keine Weisheit geben; und keine öffentliche Freiheit ohne Meinungsfreiheit, die doch das Recht eines jeden Mannes ist, sofern er dadurch nicht das Recht eines anderen beschneidet oder verletzt: Und dies ist die einzige Einschränkung, der sie unterliegt, und die einzige Grenze, die ihr gesetzt werden darf. Denn dieses Privileg ist ein so wesentlicher Bestandteil einer freiheitlichen Regierungsform, daß die Sicherheit des Volkes und die Meinungsfreiheit untrennbar zusammengehören.

Weil das bürgerliche Recht auf Meinungsfreiheit nach Silence Dogoods Dafürhalten so bedeutsam war, verstand sie sich ganz explizit als »Todfeind jeder Willkürherrschaft«, die dieses Recht einzuschränken trachtete. Mit glühendem Eifer verteidigte sie die »Rechte und Freiheiten meines Landes«, auf die sie als patriotische Britin sehr stolz war. Unter diesen Freiheiten verstand sie ganz offensichtlich die in der »Bill of Rights« verbrieften Privilegien, die jedem Untertan der britischen Krone seit der sogenannten »Glorreichen Revolution« von 1689 im Parlament die Rede-, Debattier- und Verfahrensfreiheit garantierte. Auch die Kolonisten nahmen ja die gleichen Rechte in Anspruch, die die Bewohner des Mutterlandes besaßen. Schon »der geringste Anschein eines Übergriffs auf diese unschätzbaren Privilegien« – die Franklin allerdings etwas zu großzügig als Aufruf zur vollkommenen Freisetzung der englischen Presse interpretierte – war dazu angetan, wie er Silence Dogood drohend ausrufen ließ, »mein Blut in größtmögliche Wallung zu bringen«.

Die von Benjamin Franklin verantworteten Ausgaben des *Courant* blieben trotz ihrer eindeutigen Stellungnahmen von den Regierungsbehörden unbeanstandet. Dies lag wohl in der Hauptsache daran, daß er insgesamt viel vorsichtiger und konzilianter zu formulieren wußte als sein älterer Bruder. James zollte ihm denn auch großen Respekt dafür, daß er das Blatt während seiner Abwesenheit so souverän weiterzuführen wußte. Als er aus der Haft entlassen wurde und wieder nach Hause kam, war er, wie Benjamin sich erinnerte, »sehr freundlich« zu ihm.

Doch dem freundschaftlichen Miteinander der Brüder war keine lange Dauer beschieden. Als Benjamin gegen Ende des Jahres 1722 glaubte, seinem Bruder endlich eröffnen zu können, daß kein anderer als er selbst der Verfasser der Dogood-Essays gewesen war, fühlte sich James hintergangen und war maßlos enttäuscht. Obwohl der jüngere Franklin mit Nachdruck unter Beweis gestellt hatte, wie nützlich er dem Geschäft des Bruders sein konnte, war dieser über die Verstellung derart erbost, daß er ihn sogar schlug – was Benjamin dem Bruder verständlicherweise »sehr übelnahm«. Daß der Vater Josiah (dem die zunehmenden Streitigkeiten der Brüder nicht verborgen blieben) sich regelmäßig für seinen Jüngsten ver-

Lehrjahre: 1718–1723

wandte, machte die Sache nicht besser. James blieb nachtragend. Sein verletzter Stolz – und wohl auch eine gehörige Portion Eifersucht – erlaubten ihm nicht, sich gegenüber seinem Bruder versöhnlich zu zeigen. Erst als James wieder in Kalamitäten geriet, ging er noch einmal einen Schritt auf Benjamin zu.

Im Januar 1723 hatte James Franklin nämlich erneut die puritanische Geistlichkeit angegriffen und im *Courant* die Behauptung aufgestellt, daß zuviel Religiosität »schlimmer« sei »als gar keine«. Umgehend warf ihm der Gerichtshof von Massachusetts vor, »die Religion zu verspotten und in Unehre zu bringen«. Wieder wurde gegen ihn ein Haftbefehl erlassen, dem er sich diesmal nur deshalb entziehen konnte, weil er beschloß, für eine gewisse Zeit unterzutauchen. Aus seinem Versteck heraus unterbreitete er seinem Bruder Benjamin nun den Vorschlag, die Zeitung ab sofort im eigenen Namen herauszugeben. Um sich gegenüber der Assembly abzusichern, »die ihn noch immer als den Drucker des Blattes, der nur den Namen seines Lehrlings geborgt hätte, betrachten könnte«, entwarf er einen Scheinvertrag, der die Lossprechung des jüngeren Bruders aus dem Lehrverhältnis regelte. Zugleich ließ er Benjamin aber einen neuen Lehrbrief unterzeichnen, der zunächst geheimgehalten werden sollte, damit er sich nach der Phase des Untertauchens seiner Dienste weiter erfreuen konnte. »Dies war«, schrieb Franklin später, »ein sehr unsicheres Abkommen, wurde aber trotzdem sogleich ins Werk gesetzt«, und so erschien der *Courant* ab Februar 1723 »unter meinem Namen«.

Als James Franklin sich dann nach einigen Monaten wieder aus seinem Versteck hervortraute – nicht ohne dem Magistrat zuvor Besserung gelobt und gutes Benehmen zugesichert zu haben –, verfiel er sogleich in die alten Angewohnheiten und behandelte seinen Bruder mit größter Geringschätzung. Er spielte sich als herrischer Meister auf, der von Benjamin dieselben Dienstleistungen beanspruchte, wie er sie von einem Lehrling im ersten Lehrjahr verlangt hätte. Auch mit körperlicher

Gewalt versuchte er seinen Bruder botmäßig zu machen. Sein »barsches und tyrannisches Gebaren«, das, wie Franklin in seiner *Autobiographie* schrieb, »vorwiegend dazu beigetragen haben mag, mich mit jener Abneigung gegen willkürliche Gewalt zu erfüllen, die ich während meines ganzen Lebens nicht verlor«, zerrüttete das Verhältnis der beiden Brüder endgültig. Der Bruch zwischen James und Benjamin, der sich schon seit längerer Zeit angekündigt hatte, war nunmehr unvermeidlich geworden.

Zunächst suchte Benjamin nach Mitteln und Wegen, um aus seinem bestehenden Lehrverhältnis in den Dienst eines anderen Bostoner Druckers überzuwechseln. Diesen Plan wußte James allerdings zu vereiteln. »Er ging in alle Druckereien der Stadt«, erinnerte sich Franklin, »und nahm die Besitzer gegen mich ein, die mich demzufolge abwiesen«. Vor Benjamin taten sich nun schier unüberwindliche Mauern auf, die sein Lehrlingsdasein in Boston bedrückend und perspektivlos machten. Folglich drängte sich ihm »wie von selbst der Gedanke auf«, seine Heimatstadt zu verlassen, zumal er dort ja auch schon, wie er in der *Autobiographie* betonte, durch die Verbindung mit seinem zweifach vorbestraften Bruder »der Regierungspartei verdächtig geworden war«. Eine Zukunft in Boston schien im also aus vielerlei Gründen immer weniger wünschenswert. Da sein Vater, der doch genau wußte, wie sehr er unter seinem Bruder litt, von ihm verlangte, die Lehrzeit gemäß den ursprünglichen Vereinbarungen zu beenden, konnte er sich auch bei diesem engen Vertrauten keinen Rat mehr darüber einholen, was nun zu tun sei. Ganz allein faßte er daher im September des Jahres 1723 den Entschluß, aus Boston fortzugehen, wobei ihm als geeigneter Ort für einen persönlichen und beruflichen Neuanfang New York – als »nächste Stadt mit einer Druckerei« – vor Augen stand.

Lehrjahre: 1718–1723

3. Kapitel

WANDERJAHRE
1723–1728

Da Franklin seine Entscheidung, die Heimatstadt zu verlassen, vor Vater und Bruder geheimhalten mußte, glich sein Aufbruch mehr einer Flucht als einem wohlgeordneten Umzug. Doch traf er vor seiner Abreise noch einige Vorsichtsmaßnahmen, um seine Abwanderungsgedanken nicht in letzter Sekunde durchschaut zu sehen. Möglichst reibungslos sollte der Weggang vonstatten gehen. Dabei leistete ihm sein Freund John Collins, den er als einzigen in seine Pläne einweihte, wertvolle Beihilfe. Collins war es, der für Franklin im Hafen von Boston einen Platz auf dem Schiff reservieren ließ, das ihn in Kürze nach New York bringen sollte. Dem Kapitän der Schaluppe flunkerte er vor, daß der Freund, für den er die Reise buche, vor kurzem »ein leichtfertiges Mädchen« geschwängert habe und nun von dessen Eltern genötigt werde, mit ihm die Ehe einzugehen, weshalb dieser sich nun nicht mehr »öffentlich zeigen und auch nicht offenkundig abreisen könne«. Außerdem verkaufte Collins für Franklin einige wertvolle Bücher, von denen sich der Flüchtling notgedrungen trennen mußte, um wenigstens etwas Geld für die Reise in der Tasche zu haben.

Am Abend des 25. September 1723 ging der zu diesem Zeitpunkt erst siebzehnjährige Franklin dann an Bord, »ohne jegliche Empfehlung« für einen neuen Arbeitgeber und »ohne irgendeinen Bekannten« in der Stadt, die er jetzt ansteuerte. Wie mochte Franklin sich gefühlt haben, als das Schiff in der

Dämmerung in See stach und er mit der Silhouette von Boston zugleich auch sein bisheriges Leben in weite Ferne entschwinden sah? Ahnte er, daß er, von wenigen Besuchen abgesehen, in dieser Stadt nie wieder wohnen würde? Überblickte er bereits jetzt, daß dieser Abschied endgültig war?

Was immer Franklin auch empfand: Ihm war klar, daß seine heimliche Abreise beileibe kein Einzelschicksal war. Der Weg, den er nun angetreten hatte, war alles andere als ungewöhnlich für einen aufbegehrenden jungen Mann seiner Generation. In einer Zeit, in der Lehrjungen der sehr weitreichenden Gewalt ihrer Meister ausgesetzt waren, ohne sich im Ernst dagegen zur Wehr setzen zu können, war Flucht – mitsamt den dadurch in Kauf genommenen Risiken – oftmals die einzige Möglichkeit, ein besseres Leben zu beginnen. Das frühe 18. Jahrhundert war voll von Geschichten, die Franklins eigener aufs Haar glichen. Defoes 1719 geschaffener Romanheld Robinson Crusoe, der ebenfalls gegen den Willen seines Vaters auf eine Lehre verzichtete und heimlich auf einem Schiff anheuerte, war deshalb eine literarische Gestalt mit sehr realistischen Zügen. Auch Jean-Jacques Rousseau, der übrigens ein eifriger Leser von Defoes *Robinson Crusoe* gewesen war, sollte nur fünf Jahre nach Franklins Fortgang aus Boston aus ganz ähnlichen Motiven seine Vaterstadt Genf verlassen. Wie Franklin hatte nämlich auch Rousseau unter der Tyrannei seines Meisters, bei dem er als Kupferstecher arbeitete, sehr gelitten und sich, ohne seine Familie zu unterrichten, als sechzehnjähriger zur Flucht entschlossen.

Für Rousseau war der Moment des Aufbruchs offenbar ein überaus befreiender Augenblick gewesen: »So traurig mir der Augenblick erschienen war, in dem mir die Angst den Plan zur Flucht eingab«, schrieb Rousseau später in seinen *Bekenntnissen*, »so reizvoll erschien mir der, in dem ich ihn ausführte«. Und weiter:

> Die Unabhängigkeit, die ich gewonnen zu haben glaubte, war das einzige Gefühl, das mich erfüllte. Frei und Herr meiner selbst, glaubte ich alles tun, alles erreichen zu können; ich brauchte mich nur aufzu-

Wanderjahre: 1723–1728

schwingen, um mich zu erheben und in die Lüfte zu fliegen. Ich trat voller Sicherheit in die weite Welt. Mein Talent sollte sie erfüllen.

Wäre es nicht denkbar, daß Franklin seine Flucht aus Boston in ähnlich euphorischer Weise als Eintritt in ein freieres und ungebundeneres Leben erfuhr, zumal auch er sich seiner Talente sicher sein konnte?

Da ein günstiger Wind wehte, dauerte die Seereise nach dem 300 Meilen entfernten New York nur drei Tage. Franklins Neigung zur Seefahrt war zu diesem Zeitpunkt schon gänzlich verschwunden, sonst hätte er sie jetzt befriedigen können. Doch anders als noch vor fünf Jahren hatte er mittlerweile seinen Beruf gefunden und wußte, was er als Drucker zu leisten imstande war. Da er durch die Geschäftskontakte seines Bruders in Erfahrung gebracht hatte, daß in New York nur ein einziger Drucker ansässig war – und weil er sich überdies »für einen ziemlich guten Arbeiter hielt« –, ging er davon aus, dort genügend Beschäftigungsmöglichkeiten vorzufinden.

Daß sich in New York nicht schon längst mehr Drucker niedergelassen hatten, ja, daß diese Stadt im Jahr 1723 noch nicht einmal über eine eigene Zeitung verfügte, macht deutlich, wie sehr sich das dortige literarische Niveau von dem Neuenglands unterschied. Obschon New York fast genauso viele Einwohner hatte wie Boston, war der Bedarf an gedruckten Schriften dort weitaus geringer als in Massachusetts. Gedruckte und gebundene Predigtsammlungen fanden in der Stadt zwischen Hudson River und East River nicht im entferntesten den Absatz, wie er in Neuengland üblich war. Dies lag wohl zu einem guten Teil daran, daß New York eine ganz andere Gründungsgeschichte als Massachusetts vorzuweisen hatte, in der es weniger um den Aufbau einer bibelfesten Gesellschaft als um die Errichtung eines bedeutenden Handelsplatzes mit großen wirtschaftlichen Freiheiten ging.

Angelegt worden war New York im Jahr 1626 von einer Handelsgesellschaft, der holländischen Westindienkompanie, welche die Stadt zu einem wirtschaftlichen Mittelpunkt des niederländischen Kolonialreiches machen wollte. Dem kleinen Stamm der Manhattan-Indianer hatten die Holländer für das Gebiet, auf dem sie ihre – zunächst »Nieuw Amsterdam« genannte – Stadt errichteten, Messer, Töpfe und Glasperlen im Wert von 60 damaligen holländischen Gulden, etwa 30 heutigen Dollars, gegeben. Dieses erste in »Manhattan« getätigte Geschäft, das nachmals als *the best real-estate deal in history* einen geradezu legendären Ruf gewann, schien der Stadt ihren später so charakteristischen Handelsgeist bereits mit dem Gründungsakt eingehaucht zu haben. Auch als die Engländer die Stadt im Jahr 1664 nahezu handstreichartig eroberten, zu Ehren ihres neuen Eigentümers, des Duke of York, mit neuem Namen versahen und sie ab 1685 mit dem dazugehörigen Umland zu einer britischen Kronkolonie umwandelten, blieb ihr der Charakter eines holländischen Wirtschaftszentrums noch bis ins frühe 18. Jahrhundert weitgehend erhalten.

Seit den Anfängen ihrer Kolonie waren die New Yorker also eher auf Profit aus als auf das Studium von Erbauungsliteratur oder anderen Druckerzeugnissen. John Sharp, der Geistliche der königlichen Armee, berichtete 1713 über New York, daß die Einwohner dieser Stadt nichts so gering achteten wie das Lesen, weil dort nämlich, »der Geist der Menschen so sehr dem Kaufmännischen zugeneigt« sei. Der einzige Drucker der Stadt, William Bradford, konnte also mit einem relativ geringen Aufwand an Personal die bei ihm eingehenden Aufträge ausführen, um das nicht sonderlich ausgeprägte Lesebedürfnis der New Yorker zu befriedigen. Als Franklin ihn im Herbst des Jahres 1723 aufsuchte, stellte sich daher auch schnell heraus, daß Bradford in absehbarer Zukunft keinen neuen Mitarbeiter einstellen würde.

Immerhin nahm er Franklin als Bittsteller ernst. Nachdem er sich davon überzeugt hatte, daß der junge Mann sich bestens auf sein Handwerk verstand, bot er ihm an, sich bei seinem Sohn Andrew für ihn einzusetzen. Der jüngere Bradford, der ebenfalls Drucker war und sein Geschäft in der 100 Meilen südlich von New York gelegenen Stadt Philadelphia betrieb,

Wanderjahre: 1723–1728

hatte erst vor kurzem seinen wichtigsten Gehilfen durch den Tod verloren. Wie William Bradford nun zu wissen glaubte, hatte der Sohn bislang noch keinen adäquaten Ersatz für seinen geschätzten Mitarbeiter finden können. »Wenn du dorthin reisen willst«, legte Bradford Franklin ans Herz, »glaube ich wohl, daß er dich anstellen wird«.

Dieser Vorschlag schien Franklin durchaus annehmbar zu sein, zumal er ja nur noch über wenig Geld und keine berufliche Alternative verfügte. So verlängerte er seine Reise ins Ungewisse und bestieg erneut ein Küstenschiff, das ihn über den Mündungsbereich des Hudson River hinweg nach Perth Amboy brachte. Von dort wanderte er zu Fuß nach Burlington in New Jersey. Hier begab er sich noch einmal auf ein Boot, auf dem er, weil kein Wind wehte, selbst zum Ruder greifen mußte. Den Delaware River flußabwärts rudernd, landete er in den frühen Morgenstunden eines kalten Oktobersonntags, zehn Tage nach seiner Flucht aus Boston, erschöpft, verschmutzt, hungrig und mit nur noch einem holländischen Dollar im Geldbeutel am Quai von Market Street in Philadelphia an.

Abb. 2   Ansicht Philadelphias von Osten. Kolorierter Kupferstich von 1731.

Nach Boston (und noch vor New York) war Philadelphia zu diesem Zeitpunkt mit annähernd 6000 Einwohnern die zweitgrößte Stadt der britischen Kolonien in Nordamerika. Was das rasche Bevölkerungswachstum und die dadurch beschleunigte wirtschaftliche Entwicklung anbetraf, die diese Stadt zu Beginn des 18. Jahrhunderts erlebte, war sie allerdings allen anderen Städten des Kontinents weit voraus. Keine andere amerikanische Siedlung konnte eine so schnell ansteigende Produktivität vorweisen, keine andere Stadt verfügte über so weitreichende Entfaltungsmöglichkeiten wie Philadelphia. Der seit Jahrzehnten ungebremste Aufschwung der Stadt kam nicht von ungefähr: Er war von William Penn, dem Gründer der Stadt, von langer Hand und mit weiser Voraussicht geplant worden.

Penn war am 14. Oktober 1644 als Sohn des englischen Seehelden Admiral Sir William Penn in London zur Welt gekommen. Als junger Student im Oxford der 1660er Jahre hatte er, im entschiedenen Gegensatz zu den Vorstellungen seines Vaters, eine tiefe Abneigung gegen die militärische Karriere entwickelt. Er fühlte sich stark zur Religionsgemeinschaft der Quäker hingezogen, einer sektiererischen Gruppierung aus dem Spektrum des radikalen englischen Protestantismus, die wegen ihrer Ablehnung des Kriegsdienstes schonungslosen Verfolgungen ausgesetzt war. Als Glaubensbruder der Quäker wurde auch William Penn zu mehreren Haftstrafen verurteilt. Die Erfahrung dieser unbarmherzigen Nachstellungen verarbeitete er in der Schrift *The great case of liberty of conscience* von 1670, die als persönliches Glaubensbekenntnis und zugleich als grundlegende Abhandlung über Toleranz und Gewissensfreiheit angelegt war.

Noch im Jahr der Veröffentlichung dieser Schrift starb Penns Vater. Von ihm erbte er nicht nur eine jährliche Rente von 1500 Pfund, sondern auch den Anspruch auf weitere 16000 Pfund, die sich König Charles II. in den zurückliegenden Jahrzehnten bei Sir William Penn geliehen hatte. Nach wie vor erschüttert und erzürnt über die brutale Behandlung, die friedliebende Quäker in England zu erdulden hatten, schlug der junge Penn dem König vor, daß er dem Monarchen sämtliche Schulden erlassen würde, falls dieser ihm Land aus den amerikanischen Besitzungen der britischen Krone übereignete. Dieses Land wollte Penn zu einem Zufluchtsort für alle machen, die wegen ihrer religiösen Überzeugungen verfolgt wurden. Charles II. willigte in den Vorschlag ein und überschrieb ihm eine westlich von New Jersey gelegene, dicht bewaldete Landmasse, die im Osten vom Delaware River begrenzt war.

Penn wollte den neuerworbenen Grund und Boden wegen seines Waldreichtums »Sylvania« – also ›Waldland‹ – nennen, doch bestand der König darauf, diesen Namen noch mit der Vorsilbe »Penn« zu versehen. Damit gedachte er nicht den neuen Landeigentümer, sondern dessen Vater, den verdienten Admiral Sir William Penn, zu ehren. Den Namen der Hauptstadt dieser nunmehr »Pennsylvania« genannten Kolonie durfte der junge Penn allerdings selbst bestimmen. Im Einklang mit seinen religiösen Überzeugungen entschied er sich für eine gräzisierende Wortneubildung, die zum Ausdruck bringen sollte, daß die spirituelle Eintracht der Menschen in Pennsylvania mehr sein würde als nur ein Traum: »Philadelphia«, Stadt der »brüderlichen Liebe«, sollte das Zentrum seines neuen Gemeinwesens heißen.

Doch Philadelphia war vorerst nur erdacht, nicht erbaut. Das Territorium, auf dem die neue Hauptstadt errichtet werden sollte, war eine nahezu vollständige Wildnis. Nur wenige europäische Siedler – meist Schweden und Finnen sowie einige Niederländer und Engländer – hatten ab Mitte des 17. Jahrhunderts entlang des Delaware in einfachen Blockhütten zu siedeln gewagt. Deshalb verfaßte Penn, als er von Charles II. seinen Freibrief für Pennsylvania ausgehändigt bekam, mehrere Schriften, in denen er die Vorzüge der neuen, noch zu errichtenden Kolonie in eindringlichen Worten anpries. Diese Schriften ließ er nicht nur in Großbritannien, sondern – in Übersetzung – auch in Deutschland verteilen. Damit gewann er vor allem bei den pietistischen Sekten aus der Pfalz und den Gebieten des Oberrheins viele Anhänger, die sich in großer Zahl nach Pennsylvania aufmachten.

Im Herbst 1682 überquerte Penn dann zum erstenmal selbst den Atlantik, um sein neues Land in Augenschein zu nehmen und um vor Ort die Anweisungen zum Bau der Hauptstadt zu erteilen. Erfreut stellte er fest, daß sich innerhalb kürzester Zeit schon viele hundert Siedler eingefunden hatten, die mit ihm die Stadt Philadelphia errichten wollten. Penn wählte nicht nur den genauen Platz für die auf rechteckigem Grundriß anzulegende Siedlung aus, sondern entwarf auch ihren gitterartigen Straßenplan, der später zum Modellplan für die meisten nordamerikanischen Städte werden sollte. Außerdem teilte er die Grundstücke ein und versprach den ersten Käufern und anderen frühen Siedlern die besten Baugrundstücke der Stadt. Gleichzeitig reservierte er mehr als die Hälfte der Baufläche für zukünftige Verkäufe oder Verpachtungen. Da er mit dem benachbarten Indianerstamm der Delawaren (oder Lenni Lenape) – dem er für die Besiedlung der vom britischen Monarchen übertragenen Gebiete faire Ausgleichszahlungen leistete – in Frieden leben wollte, traf er beim Bau der Stadt auch keine Maßnahmen zur Errichtung von Stadtmauern, Befestigungen oder Militärgarnisonen: Philadelphia sollte eine friedliche und offene Stadt bleiben.

Philadelphias Offenheit für Religionsgemeinschaften der unterschiedlichsten Glaubensrichtungen wurde im *Frame of Government of the Province of Pennsylvania* – einer Art Grundgesetz, das Penn bereits vor seiner Abreise nach Amerika im April 1682 erlassen hatte – juristisch bekräftigt. Nach den Bestimmungen dieses Gesetzes sollten in Philadelphia, wie auch in den übrigen Siedlungen Pennsylvanias, »alle Einwohner« gemäß ihrer »religiösen Überzeugung« und ohne Beeinträchtigung ihrer »Gewissensfreiheit« leben können. Das bedeutete, daß sämtliche in Pennsylvania vertretenen religiösen Gruppierungen den ihnen gemäßen Gottesdienst völlig unbehelligt auch in der Öffentlichkeit feiern durften. Diese großzügige

Politik der Toleranz – sowie Penns Verkauf von scheinbar unbegrenztem fruchtbaren Land zu günstigen Preisen – lockte in den ersten vier Jahrzehnten nach der Gründung Philadelphias neben den deutschen Pietisten auch Anglikaner, Baptisten und Presbyterianer aus England, Schottland und Irland herbei. Allerdings blieb die »Gesellschaft der Freunde«, wie sich die Quäker selbst nannten, bis weit ins 18. Jahrhundert hinein die größte und bedeutendste Religionsgemeinschaft Philadelphias. Über lange Zeit prägte ihr friedfertiges und duldsames Auftreten den Charakter der Stadt am Delaware.

Von der Milde und Offenheit der Quäker wurde auch Franklin bereits im Augenblick seiner Ankunft in Philadelphia angenehm überrascht. Nachdem er sich von seinem wenigen Geld in der nächstbesten Bäckerei erst einmal ein Brot gekauft und dies zusammen mit einem »Trunk Flußwasser« aus dem Delaware zu sich genommen hatte, schloß er sich einigen Quäkern an, die gerade ihrem großen Versammlungshaus in der Nähe des Marktplatzes entgegenstrebten. Wohl um zur Ruhe zu kommen, sich zu sammeln und seine Gedanken zu ordnen, begab er sich mit ihnen in den Gemeindesaal. Doch da er noch immer von den Anstrengungen der vorausgegangenen Nacht ermüdet war, fiel er, kaum daß er Platz genommen hatte, in einen tiefen Schlaf. Die gutmütigen Quäker gönnten dem zerlumpten Burschen sein Ruhebedürfnis und stellten ihm auch keine neugierigen Fragen. Erst Stunden später, als die Versammelten wieder aufbrachen, war ein Mitglied der Gemeinde »so freundlich«, wie sich Franklin später erinnerte, »mich zu wecken«. Anschließend führte ihn ein junger Quäker sogar noch zu einer guten Herberge, in welcher der Flüchtling aus Boston eine Nacht lang friedlich und in einem anständigen Bett schlafen konnte.

Am Morgen seines zweiten Tages in Philadelphia, als er die Unterkunft wieder verlassen hatte, strich er sich, so gut es eben ging, seine arg strapazierten Kleider glatt und suchte zielstrebig das Haus des Druckers Andrew Bradford auf. Als er die

Druckerei betrat, fand er im Laden zu seinem großen Erstaunen den Vater des Druckers vor, der ihm ja erst vor wenigen Tagen in New York zur Reise nach Pennsylvania geraten hatte. Wie sich bald herausstellte, hatte der ältere Bradford den gesamten Weg nach Philadelphia auf dem Rücken seines Pferdes zurückgelegt und war daher schon geraume Zeit vor Franklin eingetroffen. Von ihm erfuhr Franklin nun beim gemeinsamen Frühstück, daß Andrew Bradford schon einen neuen Mitarbeiter eingestellt hatte und keine weitere Hilfskraft mehr benötigte. Doch William Bradford, dem der vergebens angereiste junge Mann offensichtlich sehr leid tat, schlug ihm vor, ihn zu einem anderen Buchdrucker Philadelphias zu begleiten, der sein Geschäft erst vor kurzer Zeit eröffnet hatte. Bei diesem Neuling, einem gewissen Samuel Keimer, wollte er für Franklin ein gutes Wort einlegen und sehen, ob sich dort nicht Arbeit finden mochte.

Allerdings ließ sich der alte und erfahrene Drucker nicht nur von uneigennützigen Motiven leiten, als er seinen jungen Schützling beim neuen Konkurrenten des Sohnes vorstellte. Nachdem Keimer sich nämlich von Franklins Fähigkeiten überzeugt und ihm eine baldige Einstellung zugesichert hatte, begann der alte Bradford mit dem Druckerkollegen eine längere Unterhaltung, ohne dabei zu erkennen zu geben, wessen Vater er war. Auf diese Weise brachte er in Erfahrung, was Keimer zu tun beabsichtigte, um Andrew Bradford seine Kunden auszuspannen. Franklin, der dieses Gespräch aufmerksam verfolgte, »erkannte alsbald in dem einen den alten verschlagenen Fuchs und in dem anderen den gänzlichen Neuling«. Erst als Bradford wieder aus Keimers Laden fortgegangen war, klärte Franklin seinen zukünftigen Arbeitgeber darüber auf, wem er da soeben seine kostbaren Geschäftsgeheimnisse preisgegeben hatte.

Doch Franklin bot sich schon bald Gelegenheit, nun auch zu Keimers Gunsten Kenntnisse über Andrew Bradford einzuholen. Bevor Keimer ihn nämlich als Mitarbeiter aufnahm, leistete er noch einige Tage lang unentgeltliche Arbeit für Bradford, wofür dieser ihn im Gegenzug kostenlos bei sich wohnen ließ. Dabei stellte Franklin fest, daß Bradford sein Handwerk gar nicht gründlich gelernt hatte und auch wenig belesen war. Als er dann zu Keimer überwechselte und auch dessen Arbeitsweise genauer kennenlernte, fiel sein Urteil über die Fähigkeiten seines neuen Arbeitgebers allerdings kaum günstiger aus. So kam er zu dem Schluß, daß die einzigen beiden Buchdrucker in Philadelphia »jeder der zu ihrem Gewerbe nötigen Befähigung« vollständig ermangelten. Da er aber nun einmal bei Keimer eine feste Anstellung gefunden hatte, gab er sein Bestes, um mit ihm im Wettbewerb gegen Bradford bestehen zu können.

Während er nun durch seinen Fleiß ein regelmäßiges Einkommen erwarb, dank seiner anspruchslosen Lebensweise auch sehr zufrieden lebte und in der neuen Umgebung Fuß zu fassen begann, vergaß er Boston, wie er später einräumte, »fast ganz«. Doch ein Schwager Franklins namens Robert Holmes, der ganz in der Nähe Philadelphias in geschäftlichen Angelegenheiten unterwegs war, erfuhr durch Zufall vom neuen Aufenthaltsort des Ausreißers und bat ihn in einem Brief inständig, nach Massachusetts zurückzukehren. Alle Verwandten, so Holmes, seien über das plötzliche Verschwinden Franklins zutiefst betrübt.

Der Zurückgerufene ließ sich durch diese sentimentalen Worte nicht erweichen. Er hatte nicht vergessen, unter welchen Umständen er aus Boston fortgegangen war. Außerdem genoß er mehr und mehr die neuen Freiheiten, die ihm Philadelphia bot. So beantwortete er den Brief des Schwagers kurzerhand in einem sehr nüchternen Schreiben, in dem er ihm und der restlichen Familie die Gründe seiner Flucht »so triftig und deutlich« auseinandersetzte, daß Holmes »sich überzeugte, daß ich weniger zu tadeln sei, als er sich gedacht hatte«. Dieses so rational daherkommende (und wohl in bester *Spectator*-Manier argumentierende) Schreiben an den Schwager fiel nun einem Mann in die Hände, der Franklins weiteres Schicksal erheblich beeinflussen sollte.

Es war kein Geringerer als der Gouverneur von Pennsylvania, Sir William Keith, der bei der Auslieferung von Franklins Brief an den Kaufmann Holmes zugegen war und sich das Schreiben aushändigen ließ. Holmes hatte diesen hochstehenden Herrn, mit dem er wohl gerade ein Geschäftsgespräch führte, nämlich um dessen gewogene Beurteilung des Briefs gebeten. Der Gouverneur hielt sich mit einem ausdrücklichen Ratschlag zwar zurück, zeigte sich aber von der Reife und Wortgewandtheit des doch erst siebzehnjährigen Absenders zutiefst beeindruckt. So ließ er sich Franklins Adresse geben, in der Absicht, ihn schon bald selbst aufzusuchen.

Als der Gouverneur bereits am nächsten Tag »in feiner Kleidung« Keimers Laden betrat und nicht den Eigentümer zu sprechen wünschte, sondern den jungen Franklin zum gemeinsamen Mittagsmahl »in eine Schenke« einlud, geschah dies zum grenzenlosen Erstaunen des Druckers: »Keimer sah drein wie ein vergiftetes Schwein«, erinnerte sich Franklin noch im nachhinein mit großer Belustigung; doch auch er war vom Auftritt Sir William Keiths nicht wenig überrascht. Franklins Verblüffung steigerte sich noch weiter, als der Gouverneur ihn beim Essen dazu ermunterte, eine eigene Druckerei einzurichten, der es, wie Keith durchblicken ließ, an Aufträgen seitens der Regierung gewiß nicht mangeln werde. Ganz offensichtlich wußte der Gouverneur um die bescheidenen Fähigkeiten Bradfords und Keimers und hoffte, mit Franklin nun endlich einen tüchtigen Drucker in Philadelphia etablieren zu können. Als dieser zu bedenken gab, daß sein Vater ihn bei diesem Vorhaben wohl kaum finanziell unterstützen werde, bot Keith ihm an, sich selbst in einem persönlichen Brief an Josiah Franklin für die Interessen des entlaufenen Sohnes einzusetzen.

So machte sich Franklin, dem dieses Angebot sehr schmeichelte, im April 1724 nach Boston auf, wo er – mit Ausnahme seines Bruders James – nach siebenmonatiger Abwesenheit von allen Familienmitgliedern erleichtert und erfreut empfangen wurde. Obgleich Josiah Franklin durchaus stolz darauf war, daß sein siebzehnjähriger Sohn die Aufmerksamkeit des Gouverneurs von Pennsylvania erlangt hatte, wollte er ihm das zur Selbständigkeit benötigte Startkapital erst an seinem 21. Geburtstag – also mit Beginn der Volljährigkeit – vorschießen. Bis dahin, fand er, sollte Benjamin erst einmal weiter bei Keimer arbeiten und selbst größere Ersparnisse ansammeln. Franklin mußte also unverrichteter Dinge nach Philadelphia zurückkehren, wenn auch diesmal (was für ihn sicher nichts Geringes war) »mit meiner Eltern Zustimmung und Segen«.

Keith war jedoch nicht der Mann, der sich seine hochfliegenden Pläne durch die Sturheit des allzu vorsichtigen Josiah Franklin durchkreuzen ließ. Als Franklin ihm vom Mißerfolg seiner Reise erzählte, hielt der Gouverneur ihm daher trotzig entgegen: »Da Ihr Vater Sie nicht selbständig machen will, so werde ich es selbst tun.« Schließlich, so Keith weiter, wolle er in Philadelphia »einen ordentlichen Buchdrucker haben«. Er bat Franklin daher, eine Liste anzufertigen, auf der er »das Inventar zu einer kleinen Druckerei« sowie die zu dieser Anschaffung benötigten Gelder zusammenstellen sollte. Als Franklin das Verzeichnis erstellt hatte, zeigte sich Keith hocherfreut und forderte ihn auf, sich die zur Geschäftsgründung benötigten Artikel in London selbst zusammenzukaufen. Das Geld für die Seereise nach England sowie für den Ankauf der Presse und der Typen, so versprach der Gouverneur, werde er ihm in Form von Kreditbriefen vorstrecken.

Die Aussicht, in der Hauptstadt des britischen Weltreiches die komplette Ausrüstung für eine eigene Werkstatt zu kaufen – noch dazu auf Kosten eines hochmögenden Gönners –, versetzte Franklin in freudige Erregung. Ohne zu zögern ging er auf das Angebot ein. Daß Keiths Vorschlag möglicherweise nicht ganz ernst gemeint war und mehr versprach, als der Gouverneur halten würde, hielt er für ausgeschlossen. Patronage, das wußte Franklin, war im frühen 18. Jahrhundert ein übliches Mittel, um vielversprechenden jungen Männern ein rasches Fortkommen zu ermöglichen. Schließlich handelte Keith ja auch im eigenen Interesse, da er erwarten durfte, daß sich der junge Drucker für die Regierung von Pennsylvania dereinst als sehr nützlich erweisen werde.

Noch im Herbst 1724 setzte Franklin zu seiner ersten Atlantiküberquerung an. Er verließ Philadelphia in dem Bewußtsein, dort eine neue Heimat gefunden zu haben, die ihm viele Möglichkeiten eröffnete und in die er schon bald zurückkehren würde. Einer seiner neuen Freunde, James Ralph, mit dem er (wie schon zuvor mit Collins in Boston) einen lebhaften Gedanken- und Bücheraustausch pflegte, entschloß sich sogar, ihn nach London zu begleiten, weil er dort sein Glück als Theaterschriftsteller, Schauspieler oder Journalist versuchen wollte.

Die einzige Person, die Franklin eher ungern in Philadelphia zurückließ, war Deborah Read, die Tochter des Zimmermanns John Read, in dessen Haus er seit längerem ein Zimmer gemietet hatte. Durch den gemeinsamen Alltag, den Franklin und Deborah im Haushalt der Familie Read erlebt hatten, war zwischen den beiden allmählich ein großes Vertrauensverhältnis entstanden: »Ich hegte die größte Achtung und Zuneigung für sie und hatte Grund zu glauben, daß diese Gefühle erwidert wurden«, schrieb er im Rückblick. Eine Heirat schien sowohl ihm als auch der gleichaltrigen Deborah wünschenswert und nur noch eine Frage der Zeit zu sein. So wechselten die beiden, unmittelbar vor Franklins Abreise, noch einmal und ganz ausdrücklich »das Versprechen der Treue« und hofften auf ein Wiedersehen in nicht allzu ferner Zukunft.

Die am 5. November 1724 beginnende Seereise nach England war stürmisch und unangenehm; anhaltende Schnee- und Regenschauer zwangen Franklin und die anderen Passagiere dazu, die siebenwöchige Überfahrt fast ausschließlich unter Deck zu verbringen. Als das Schiff dann am Vorabend des Weihnachtsfestes endlich sicher und wohlbehalten in London ankam, verspürte Franklin verständlicherweise eine unbeschreibliche Erleichterung. Seine einsetzende Entspannung wurde jedoch von jäher Ernüchterung abgelöst, als er sich vom Kapitän des Schiffes den Postsack aushändigen ließ, der die

Wanderjahre: 1723–1728

Kreditbriefe des Gouverneurs enthalten sollte: Kein einziger solcher Brief war darin aufzufinden.

Der mitgereiste Kaufmann Thomas Denham, ein Quäker aus Philadelphia, mit dem sich Franklin auf der Überfahrt angefreundet hatte, wußte sofort, daß dies kein Versehen war. Er lachte laut auf, als er von dem Kredit hörte, den der Gouverneur Franklin angeblich gewährt hatte. Keith sei zwar im Grunde kein übler Gouverneur, klärte Denham seinen jungen Freund auf, und habe in Pennsylvania viele wichtige Projekte und Gesetze auf den Weg gebracht. Doch weil er sich »allgemein beliebt machen« wollte, hatte er im großen und ganzen »nur wenig zu verschenken« und war daher »desto freigebiger mit Versprechungen«, die er nicht halten konnte.

Franklin war schockiert und ratlos. Was sollte er »von einem Gouverneur denken, der sich einen so niedrigen Streich erlaubte und einen armen, unerfahrenen Jungen so arg hintergehen konnte?« Und vor allem: Was sollte er jetzt anfangen, in einem Moment, da eine sofortige Rückkehr nach Philadelphia allein schon aus finanziellen Gründen ausgeschlossen war? An wen und wohin sollte er sich in London wenden? Denham riet ihm, sich um eine Anstellung als Buchdrucker zu bemühen, um aus der Not eine Tugend zu machen: »Sie können sich hier bei den Druckern weiterbilden«, schlug er Franklin vor, »und bei Ihrer Rückkehr nach Amerika sich als tüchtig und zu ihrem Vorteil verändert erweisen«.

Der düpierte junge Drucker aus Philadelphia beherzigte den Ratschlag des wohlmeinenden Kaufmanns und hatte bei seiner Suche nach Arbeit und einer festen Bleibe denn auch unerwartet schnellen Erfolg: Eine der renommiertesten Buchdruckereien Londons, der Betrieb des Verlegers Samuel Palmer, stellte ihn umgehend und zu sehr vorteilhaften Konditionen als Mitarbeiter ein. Mit seinem Freund Ralph bezog er eine Wohnung in Little Britain, einem nördlich der St. Pauls-Kathedrale in der Nähe des Smithfield Market gelegenen Straßenzug, Mittelpunkt eines dicht bevölkerten und äußerst lebendigen Stadtviertels.

Daß Franklin sich in der für seine Begriffe gigantischen Metropole London so schnell zurechtfand, beweist, wie ungebrochen sein Selbstvertrauen noch immer war – trotz der großen Enttäuschung, die Keith ihm bereitet hatte. Immerhin wohnten in den 1720er Jahren über eine halbe Million Menschen in dieser Weltstadt, deren ungeheure Ausmaße für einen Amerikaner (dem die nicht einmal 10000 Einwohner beherbergenden Siedlungen Boston, New York und Philadelphia als große Städte galten) kaum faßbar waren. London sprengte jedoch nicht nur in räumlicher Hinsicht alle Dimensionen eines eher biederen amerikanischen Stadtlebens, das Franklin bislang kennengelernt hatte. Mit ihren zahlreichen Amüsiermeilen und Vergnügungsvierteln bot die britische Hauptstadt unternehmungslustigen jungen Männern derart viele Möglichkeiten zur Zerstreuung und zu raffinierten Ausschweifungen, wie sie zu dieser Zeit nur in wenigen europäischen Städten zu haben waren.

Franklin kostete das Londoner Nachtleben bis zur Neige aus. Während er tagsüber hart arbeitete, sich bei einem Buchhändler in Little Britain auch »gegen eine mäßige Entschädigung« antiquarische Bücher für sein fortgesetztes Selbststudium auslieh, verpraßte er in den Abend- und Nachtstunden mit seinem Freund Ralph nahezu seinen gesamten Verdienst beim »gemeinsamen Besuch von Schauspielhäusern und anderen Vergnügungsstätten«. Sein Treueversprechen, das er Deborah Read vor der Abreise nach England noch ausdrücklich geleistet hatte, schien ihm zunehmend bedeutungslos zu werden. Jedenfalls stellte er die Korrespondenz mit Deborah vollständig ein, nachdem er ihr in seinem ersten und einzigen Brief nach Philadelphia ohnehin nur lakonisch mitgeteilt hatte, daß er »wohl nicht so bald zurückkehren« werde. Zusehends wichtiger als der briefliche Austausch mit seiner zurückgelassenen Freundin wurden ihm statt dessen »Vertraulichkeiten« mit sogenannten »gemeinen Frauen«, also mit Prostituierten, die ihm, wie er später knapp anmerkte, bei seinen abendlichen Unternehmungen »in den Weg kamen«.

Wanderjahre: 1723–1728

Moralische Skrupel kamen ihm beim Besuch der Londoner Bordelle, die unweit seiner Wohnung am südlichen Ende der London Bridge gelegen waren, nicht. Erst viele Jahre später kritisierte er sein zügelloses Sexualleben in der *Autobiographie* als Fehler, den er nicht mehr begehen würde, wenn er seine »Laufbahn nochmals von vorn beginnen könnte«. In diesem Zusammenhang führte er vor allem zwei Gründe an, die erklären sollten, weshalb er als Neunzehnjähriger keine Hemmungen im Umgang mit Prostituierten verspürte. Zum einen, so Franklin, hatte ihn seine Libido, »jene schwer zu zügelnde Leidenschaft der Jugend«, angetrieben, ein körperlicher Drang, den er nicht hatte einhegen können. Hinzu kam, daß er sich in London von einem Deisten zu einem regelrechten Libertin fortentwickelt hatte, der sich von »religiösen Beschränkungen« auch in ethischer Hinsicht fast vollständig entbunden glaubte.

Welch laxe Moralvorstellungen Franklin als junger Mann in London kultivierte – und noch dazu vor einem größeren Publikum zu rechtfertigen suchte –, verdeutlicht der Argumentationsgang seiner kleineren Abhandlung *A Dissertation on Liberty and Necessity, Pleasure and Pain,* die er im Jahr 1725 auf eigene Kosten bei Samuel Palmer in Druck gehen ließ. In dieser Schrift hielt er zwar einerseits an den Lehren der englischen Deisten fest, die Gott als »ersten Beweger« und »Schöpfer des Universums« anerkannten und ihn noch dazu als »all-weise«, »all-gütig« und »allmächtig« verehrten. Sogar eine der Kernaussagen seiner vom Vater übernommenen calvinistischen Glaubensrichtung schien ihm gänzlich unstrittig zu sein, daß nämlich der Mensch unter dem Regiment dieses allmächtigen Schöpfergottes »in seinen Handlungen beschränkt ist, weil er nur solche Taten verrichten kann, die Gott ihn verrichten lassen möchte«. Daher verfügte ein durch Gottes allmächtige Wirkkraft gelenkter Mensch auch nicht »über so etwas wie Freiheit oder einen freien Willen«. Doch deduzierte Franklin aus diesen religiösen »Propositionen« keine christliche Moral, sondern eine geradezu fatalistische Ethik der Beliebigkeit und Gleichgültigkeit.

Die Vorstellung, daß »unsere Handlungen« ohne Ausnahme durch das Wirken einer »all-weisen Vorsehung« in Gang gesetzt und »gesteuert« wurden, bedeutete für Franklin nämlich in letzter Konsequenz, daß auch solche Taten, die von den Menschen als lasterhaft bezeichnet wurden, »in Wirklichkeit keine Übel« waren, weil sie doch zur göttlichen »Ordnung des Universums« unbedingt dazugehörten. Von einer höheren Warte aus betrachtet war demnach alles, was sich »in dieser großen Maschine, dem Universum«, zutrug, als »gleich gut« und vom Schöpfer gewollt zu verstehen. Als Folge dieses Räsonnements gelangte Franklin dann zu der moralisch äußerst fragwürdigen Einsicht, »daß Tugend und Laster nur leere Unterscheidungen seien und es gar keine solchen Dinge gebe«. Einem zügellosen Lebensstil war mit dieser Begründung Tür und Tor geöffnet.

Franklins Arbeitgeber Palmer, der wohl erkannte, daß der junge Amerikaner seine Abhandlung mit viel sophistischem Geschick formuliert hatte, hielt deren Grundsätze nichtsdestoweniger für »abscheulich«. Gegen eine Drucklegung der Schrift hatte er dennoch keine Einwände. Als gewiefter Geschäftsmann wußte er zu gut, daß derartige Flugschriften in London großen Absatz finden würden. Schließlich war Franklins kühne Gleichsetzung von Laster und Tugend alles andere als originell. Nur ein Jahr vor der Veröffentlichung von Franklins Abhandlung hatte der Londoner Arzt Bernard Mandeville seine berüchtigte *Bienenfabel*, die erstmals 1705 erschienen war, in einer deutlich erweiterten Fassung neu aufgelegt. In dieser Schrift suchte Mandeville den provokativen Nachweis zu führen, daß die Laster, welche den Menschen »unabhängig von seinem Willen« beherrschten, letztlich die Quelle des Gemeinwohls seien und geradezu zwangsläufig zu »öffentlichen Vorteilen« ausschlügen.

Selbst Diebe und Einbrecher arbeiteten – so Mandeville (in sicherlich sarkastischer Zuspitzung) – zum Wohle der Allgemeinheit. Denn ohne ihr heimliches Treiben müßten die Schmiede im Land beschäftigungslos bleiben, weil dann ja

---

Wanderjahre: 1723–1728

keine vor Einbrüchen schützenden Schlösser mehr gebraucht würden. Was Wunder, daß sich der Verfasser der *Bienenfabel* gern bereit fand, mit dem geistesverwandten Franklin auf dessen Wunsch hin zusammenzukommen. Die beiden Libertins trafen sich unweit von Franklins Wohnung in einem Bierlokal in Cheapside, wo Mandeville »einen Klub gestiftet hatte, dessen Seele er bildete«. Dort lernte der junge Amerikaner den philosophierenden Arzt als einen Mann kennen, der sein Gegenüber auf eine »höchst witzige« Art zu unterhalten wußte.

Ironischerweise hielt Franklins freizügige Moralphilosophie ihn nicht davon ab, sich unter seinen Arbeitskollegen in fast schon missionarischem Eifer für eine möglichst anspruchslose und gesunde Diät einzusetzen. Denn nachdem er mit Beginn des Jahres 1726 in eine Großdruckerei in der Nähe von Lincoln's Inn Fields übergewechselt war und nun mit etwa 50 anderen Angestellten seinem Handwerk nachging, konnte er es an seinem neuen Arbeitsplatz nicht gut mitansehen, daß die meisten seiner neuen Kollegen »unersättliche Biertrinker« waren. So versuchte er sie davon zu überzeugen, daß ihnen durch den Genuß von Wasser weit mehr Kräfte zuwachsen würden als durch das Trinken des schädlichen Starkbieres.

Um seinen Kollegen vorzuführen, wie stark und athletisch man auch ohne den Genuß von Bier sein konnte, verrichtete er vorsätzlich die schwersten Arbeiten. Über die Wirkung, die sein Gebaren als Kraftmeier auf die anderen Arbeiter hatte, berichtete er in seiner *Autobiographie*. Sie staunten, schrieb er, »daß der ›Wasser-Amerikaner‹, wie sie mich zu nennen pflegten, *stärker* als sie war, die doch *starkes* Bier tranken«. Einige Drucker ließen sich denn auch von Franklin überreden, »ihr benebelndes Frühstück von Bier, Brot und Käse aufzugeben«, um statt dessen Wasser und »eine tüchtige Schüssel Hafergrützbrei mit etwas Butter, geröstetem Brot und etwas Pfeffer darauf« zu sich zu nehmen. Viele Kollegen verharrten jedoch bei ihrer alten Lebensweise, was Franklin bekümmerte, weil sich »diese armen Teufel«, wie er glaubte, durch ihren reichlichen Bierkonsum »immer unten« halten würden.

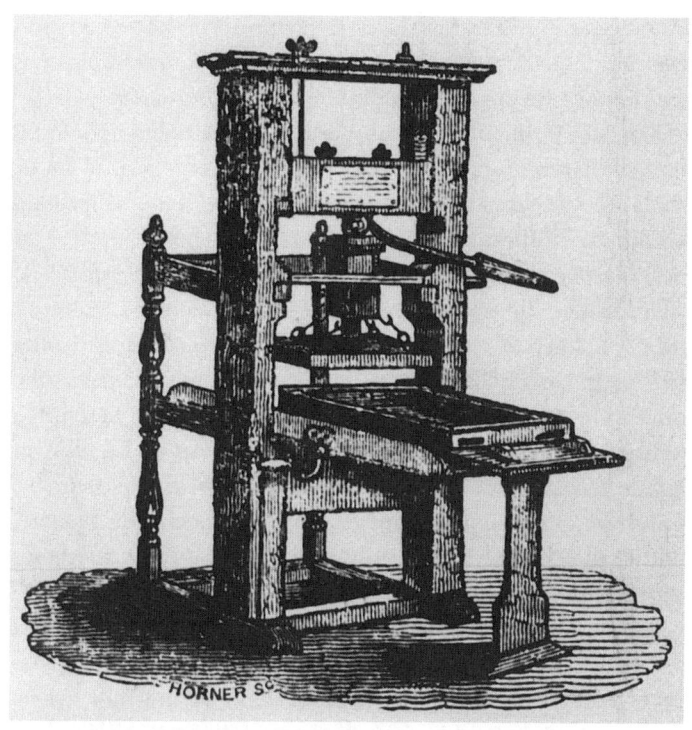

Abb. 3 Mit einer solchen Druckerpresse arbeitete Franklin im Jahr 1726 in London.

Als Franklin sich dann im Sommer des Jahres 1726 klarmachte, daß er nun schon 18 Monate lang in einem extremen Spannungsverhältnis von äußerst nüchterner, harter Arbeit und sehr losem Amüsement zugebracht hatte, wurde er seines aufreibenden und ziellosen Lebenswandels in London allmählich überdrüssig. Er begann umzudenken. Auch hatte ihm der wenig erfolgreiche Werdegang seines Freundes Ralph schonungslos vor Augen geführt, daß ein noch so lustiges Treiben am Ende mit hohen Risiken behaftet war. Ralph war nämlich, statt sich in London als Schauspieler oder Journalist hervorzutun, mit seinen hochfliegenden Plänen auf der ganzen Linie gescheitert. So hatte er gegen Ende des Jahres 1725 als bescheidener Dorfschullehrer in Berkshire, weit außerhalb von London, eine Schreibschule gründen müssen, um wenigstens auf diese Weise ein sicheres Einkommen zu beziehen.

Franklin wollte nicht Gefahr laufen, sich einem ähnlich unspektakulären und provinziellen Dasein zu ergeben. Wenn er auch zwischendurch selbst erwogen hatte, eine Schwimmschule zu eröffnen (was ihm Freunde nahegelegt hatten, zu deren großer Verblüffung er einmal von Chelsea bis zur Blackfriars Bridge die Themse hinabgeschwommen war), nahm er nun von solchen unausgegorenen Plänen Abstand. Er wollte sich nicht länger verzetteln. Seine Beziehungen zu Mandeville und anderen Libertins der Stadt hatten ihn nicht wesentlich weitergebracht; auch als Drucker war für ihn in London in naher Zukunft kein bedeutender Karrieresprung in Sicht. So erinnerte er sich immer häufiger an die »glücklichen Monate, die ich in Pennsylvania verlebt hatte«, und »wünschte dieses wiederzusehen«.

Als ihn nun der Kaufmann Thomas Denham – mit dem er seit seiner Ankunft in England Kontakt gehalten hatte – fragte, ob er nicht sein Geschäftsführer werden und mit ihm zusammen nach Philadelphia zurückkehren wolle, willigte Franklin rasch und umstandslos ein. Der befreundete Quäker konnte ihm zwar nur ein Jahresgehalt von 50 pennsylvanischen Pfund anbieten, was weniger war als der Verdienst in der Londoner Großdruckerei. Doch viel entscheidender war für Franklin, daß die neue Anstellung ihm auf Dauer weitaus »bessere Aussichten« bot als ein weiterer Verbleib in der britischen Hauptstadt.

Auf der elfwöchigen Schiffsreise nach Amerika hatte Franklin genügend Zeit, seinen Londoner Lebensstil zu überdenken. Einerseits hatte er viele unschätzbare Erfahrungen gesammelt, »hatte manche geistvolle Bekanntschaft gemacht« und auch »sehr viel gelesen«. Andererseits mußte er sich eingestehen, daß er insgesamt sehr planlos vor sich hin gelebt hatte, was ihm jetzt als unsinnige Zeitverschwendung vorkam. Vor allem aber bekümmerte ihn, daß er Deborah Read so schnell untreu geworden war. Er wußte, daß sein leichtfertiges Verhalten zu einem guten Teil das Resultat seiner fatalistischen Moralphilosophie gewesen war, die er »nun nicht mehr als eine so geschickte Leistung« des Denkens einschätzte. Selbst wenn diese Lehre wahr sein mochte, hielt er es doch in jedem Fall für erwiesen, daß sie »nicht sehr von Nutzen« sei. Vielmehr schienen ihm nun » *Wahrheit, Ehrlichkeit* und *Aufrichtigkeit* im Verkehr zwischen Mensch und Mensch von höchster Wichtigkeit für unser Lebensglück« zu sein, weshalb er sich entschloß, diese Tugenden nunmehr ein »Leben lang zu üben«.

Franklin plante einen gründlichen Neuanfang. Dazu paßte, daß er seinem Bordtagebuch angesichts der Einsamkeit und Weite des Atlantischen Ozeans anvertraute, er fühle sich »wie Noah in der Arche«. Von der »göttlichen Vorsehung oder einem schützenden Engel« gnädig bewahrt, hatte er nun die Chance, nach Betreten des amerikanischen Festlandes besseren Grundsätzen zu folgen als den »konfusen« Prinzipien, die er in seiner Londoner Abhandlung verkündet hatte. In seinem noch während der Reise entstandenen *Plan of Conduct* entwarf er nach eingehender Überlegung vier Maximen, welche seines Erachtens die unverzichtbare Basis für eine gute Lebensführung darstellten: So wollte er fortan mit seinem Geld besser haushalten, noch fleißiger arbeiten, Aufrichtigkeit in Wort und Tat anstreben und über seine Mitmenschen stets nur gute Worte verlieren.

Schon bald nach seiner Ankunft in Philadelphia mußte er allerdings erkennen, daß sein Schicksal nicht vollständig planbar war, so sehr er sich jetzt auch um einen vernunftgeleiteten Lebenswandel bemühte. Deborah Read hatte sich, wie er bald herausfand, in ihrer Verzweiflung über seine Untreue überreden lassen, »einen Töpfer namens Rogers zu heiraten«. Eine reuige Wiederaufnahme der Liebesbeziehung zur ihr war damit ausgeschlossen. Anfang 1727 erkrankte zudem sein Freund und Arbeitgeber Denham so schwer, daß er gezwungen war, sein Geschäft für immer aufzugeben; er hatte nur noch ein Jahr zu leben. Durch diesen plötzlich und unerwartet eingetretenen Unglücksfall war Franklin sich in beruflicher Hinsicht wieder einmal »selbst überlassen« und sah sich genötigt, als einfacher Angestellter zu Keimer zurückzukehren, obwohl er dies nur ungern tat. Er fürchtete, daß sich Keimer ihm gegenüber als nachtragend erweisen werde, weil er dem Drucker ja zwei Jahre zuvor so sang- und klanglos den Dienst aufgekündigt hatte. Doch das Gegenteil war der Fall. Keimer, der zwar mittlerweile über eine gute Auftragslage verfügte, aber, wie Franklin schnell feststellte, keinen einzigen fähigen Angestellten hatte, war froh, seinen ehemaligen Mitarbeiter wieder für sich arbeiten zu sehen. Er zahlte Franklin ein sehr ansehnliches Gehalt und übertrug ihm noch dazu die Leitung der Druckerei.

Schon wenige Wochen nach seiner Wiedereinstellung hatte sich Franklin für Keimer geradezu unentbehrlich gemacht. Weil er den fünf anderen Mitarbeitern der Druckerei täglich neue Kenntnisse beibrachte und sich überdies nicht zu schade war, Druckerschwärze oder fehlende Gießformen selbst herzustellen, empfand er sich selbst – wohl völlig zu Recht – als »Faktotum« des Betriebs. Doch nicht nur Keimer war über Franklins Arbeitseinsatz erfreut. Auch die Angestellten waren dankbar, daß sie von dem aus London zurückgekehrten Kollegen in ihrem Metier endlich einmal gründlich angeleitet wurden. Sie alle brachten Franklin daher ein hohes Maß an Achtung und Respekt entgegen.

Einer seiner Kollegen, der um zehn Jahre ältere Hugh Meredith, hielt besonders große Stücke auf Franklin. Ihm imponierte, mit welcher handwerklichen Versiertheit der erst Einundzwanzigjährige auch die schwierigsten Arbeitsvorhaben anging und meisterte. Als die Regierung von New Jersey im Jahr 1728 mit der Bitte an Keimer herantrat, für die Nachbarkolonie Pennsylvanias eine Partie Banknoten zu drucken, war es Franklin, der fast im Alleingang dafür sorgte, daß die hochrangigen Auftraggeber nicht enttäuscht wurden: Er baute die erste Kupferdruckpresse Amerikas und stach selbst »mehrere

Verzierungen und Vignetten zu den Noten«, die es ihm erlaubten, qualitativ hochwertige und nahezu fälschungssichere Geldscheine zu drucken.

So begeistert Meredith von diesen herausragenden Fähigkeiten Franklins war, so sehr bedauerte er es, daß sein ingeniöser und fleißiger Freund nicht in die eigene Tasche wirtschaftete und statt dessen Keimer der Nutznießer seiner Talente war. Meredith ermunterte Franklin deswegen nachdrücklich, eine eigene Druckerei aufzumachen. Weil er im Wettbewerb gegen Keimer und Bradford leicht bestehen könne, sei eine Geschäftsgründung seines Erachtens ein kalkulierbares Wagnis. Als Franklin ihm entgegenhielt, daß ihm zur Selbständigkeit die nötigen Mittel fehlten, gab Meredith zurück, sein Vater werde die nötige Geldsumme vorstrecken. Voraussetzung dafür sei allerdings, daß er, Meredith, Franklins Teilhaber werde.

Meredith's Vorschlag war durchaus ernst gemeint. Tatsächlich hatte sein Vater eine außerordentlich hohe Meinung von Franklin, und zwar nicht nur wegen seiner beruflichen Qualitäten, von denen er genaue Kenntnis hatte. Wie Franklin später in seiner *Autobiographie* einräumte, war Merediths Vater allein schon deswegen gut auf ihn zu sprechen, weil er seinen Sohn dahin gebracht hatte, »sich eine lange Zeit des Branntweintrinkens zu enthalten«. Offensichtlich hatte sich diese Angewohnheit bei Hugh Meredith schon zu einem regelrechten Alkoholproblem ausgeweitet. Weil der Vater hoffte, daß Franklin einen bleibend günstigen Einfluß auf seinen Sohn ausüben werde, bot er den beiden jungen Unternehmern seine sofortige und uneingeschränkte Unterstützung an, als er von ihrer geplanten Geschäftsgründung erfuhr. Er nahm von Franklin ein Verzeichnis dessen entgegen, was zur Einrichtung einer Druckerei aus London bezogen werden mußte, und gab diese Liste an einen Kaufmann weiter, der die gewünschten Gegenstände dann in England akquirierte.

Im Juni 1728, als die von Franklin und Meredith bestellte Presse samt Lettern und weiterem Zubehör in Philadelphia eintraf, kündigten die beiden Freunde ihr Arbeitsverhältnis bei Keimer auf und eröffneten ihr eigenes Geschäft auf der Market Street, unterhalb der Second Street, ganz in der Nähe des Quais. Mit der Eröffnung seiner eigenen Druckerei endeten Franklins Wanderjahre, in denen er zweifellos viel gelernt hatte, aber auch unentwegt auf der Suche nach dem ihm angemessenen Wohnort und nach seiner beruflichen Bestimmung gewesen war. Mit seinem endgültigen Eintritt in das öffentliche Geschäftsleben war er an einem wichtigen Etappenziel seiner Lebensreise angekommen. Er war jetzt, wie er noch Jahrzehnte später in seinem Testament hervorheben würde, »Benjamin Franklin aus Philadelphia, Drucker«.

4. KAPITEL

BÜRGER UND ENTREPRENEUR
1728–1748

Trotz des unternehmerischen Risikos, das Franklin und Meredith mit der Gründung einer dritten Druckerei in Philadelphia eingingen, überwog bei den beiden Freunden im Augenblick der Geschäftseröffnung doch ein gesunder Optimismus und ein unbändiger Tatendrang. Vor allem Franklin beflügelte die Aussicht, seinen Fleiß und seine Talente im freien Wettbewerb für jedermann sichtbar zur Schau zu stellen. Er brannte darauf, den Marktwert seiner in vielen Jahren und unter vielen Mühen erworbenen Fertigkeiten als Drucker zu ermitteln. Endlich konnte er auf eigene Rechnung arbeiten, nach eigenem Gutdünken planen und die Werkstatt so leiten, wie er es für richtig hielt. Gespannt wartete er mit Meredith auf den ersten Kunden: Wie würde sich ihr Geschäft entwickeln?

»Wir hatten kaum unsere Typen ausgepackt und die Presse aufgestellt«, erinnerte sich Franklin in seiner *Autobiographie*, »als ein Bekannter von mir, George House, uns einen Landmann zuführte, den er auf der Straße getroffen hatte, als er sich nach einem Buchdrucker erkundigte«. Dieser erste Kunde des neueröffneten Betriebs ließ sich sofort vom Angebot der jungen Männer überzeugen und erteilte ihnen ihren ersten Auftrag. Obgleich dieser fulminante Auftakt ihres gemeinsamen Geschäftslebens noch keine Rückschlüsse auf einen dauerhaften Erfolg der neuen Druckerei zuließ, waren die beiden Geschäftspartner doch hocherfreut darüber, daß ein guter Anfang nunmehr gemacht war. Franklin drückte seine Genugtuung über den gelungenen Start in die Selbständigkeit in Worten aus, die – so oder ähnlich – auch von anderen erfolgreichen Jungunternehmern formuliert worden sind, weshalb sie wohl eine die Zeiten überdauernde psychologische Gültigkeit beanspruchen dürften: »Die erste Frucht unseres Verdienstes«, so Franklin über die vom ersten Kunden erhaltenen fünf Shilling, »macht[e] mir mehr Freude als irgendeine andere größere Summe, die ich seitdem einnahm.«

Andere Freunde und Bekannte vermittelten Franklin und Meredith weitere Kundschaft. Joseph Breitnall, Quäker und Kaufmann mit vielen einflußreichen Kontakten in Philadelphia, verschaffte den beiden Freunden einen besonders lukrativen Auftrag: Für die Gemeinde der Quäker sollten sie vierzig Bogen (von insgesamt 160 Seiten) des Buches *The rise, increase, and progress of the Christian people called the Quakers* von Willem Sewel nachdrucken, eines bereits 1717 in Amsterdam veröffentlichten Werkes, das als autorisierte Geschichte dieser wichtigsten Religionsgemeinschaft Pennsylvanias galt. Die restlichen 550 Seiten des Buches ließen die Quäker bei Keimer drucken. Für Franklin war diese zweigeteilte Auftragsvergabe ein willkommener Ansporn, um im direkten Vergleich mit seinem früheren Arbeitgeber – und unter den Augen eines besonders großen Publikums – den Beweis zu erbringen, daß er schneller und besser arbeiten konnte als jeder andere Drucker in der Stadt.

Franklin faßte daher den festen Vorsatz, täglich mindestens einen Bogen des umfangreichen Geschichtswerkes zu setzen, den Meredith dann zu drucken hatte. Trotz der zugleich anfallenden Nebenarbeiten, die ihm seine Freunde nun in immer größerer Zahl zukommen ließen, setzte er alles daran, um mit der Bearbeitung seines Hauptauftrags nicht in Verzug zu geraten. Dies hatte zur Folge, daß er regelmäßig bis spätabends, oft sogar bis weit nach Mitternacht mit dem Ablegen des Satzes für den folgenden Tag beschäftigt war. Das Kerzenlicht, das noch bis tief in die Nacht aus den Fenstern von Franklins Werkstatt schimmerte, machte dann so manchen Anwohner der Market Street auf den Arbeitseifer des jungen Mannes aufmerksam.

Dieser unverhohlen dargebotene Fleiß, den, wie Franklin später schrieb, »unsere Nachbarn bemerkten«, verschaffte ihm schon bald »Ruf und Kredit«. Einer der führenden Ärzte Philadelphias – Dr. Patrick Baird – erzählte seinen Freunden: »Der Fleiß dieses Franklins übersteigt alles, was ich je in dieser Art gesehen habe. Ich sehe ihn oft noch bei der Arbeit, wenn ich nachts aus dem Klub komme, und morgens früh ist er schon längst wieder am Geschäft, ehe seine Nachbarn aus dem Bette steigen.« Daß der sichtbar zur Schau gestellte Fleiß für die Verbesserung der Geschäftslage genauso wichtig war wie die tatsächlich ausgeführte Arbeit in der Werkstatt, wußte Franklin sehr genau. Wenn er beispielsweise seinen Vorrat an Papier aufstocken wollte, beförderte er die beim Kaufmann erstandenen schweren Papierrollen mittels einer einfachen Schubkarre in seine Werkstatt, ohne sich dabei von jemandem helfen zu lassen. Auf diese Weise wurde die ganze Stadt Zeuge, daß er sich auch als Druckereibesitzer für harte Arbeit oder schiere Plackerei nicht zu schade dünkte.

Der von Franklin betriebene Aufwand war somit genauestens geplant und im höchsten Maße zielorientiert: Ganz unzweifelhaft strebte der junge Drucker in seinem Gewerbe die Marktführerschaft in Philadelphia an, die allein ihm den größtmöglichen finanziellen Erfolg bescheren konnte, auf den er langfristig aus war. Denn daß er, wie alle ernsthaft wirtschaftenden Menschen, als Unternehmer sein eigenes Interesse verfolgte, um im Wettlauf nach Wohlstand und Reichtum seinen privaten Nutzen stetig zu mehren, lag in Anbetracht seiner kühl kalkulierenden Vorgehensweise auf der Hand.

Doch wenn Franklin auch unermüdlich tätig war, um einen möglichst großen Profit zu erwirtschaften, so hatte sein weit überdurchschnittlicher Arbeitseifer gewiß nichts mit jenem zwanghaften Verhalten zu tun, das einen habgierigen oder geizigen Menschen dazu anhält, auf eine geradezu manische Weise Geld zu scheffeln. Die Beweggründe für Franklins öko-

Bürger und Entrepreneur: 1728–1748

nomisches Erfolgsstreben waren anderer Natur. Der Gelderwerb schien ihm keinesfalls Selbstzweck, sondern die unabdingbare Voraussetzung für ein weitgehend sorgenfreies und erfülltes Leben nach selbstgewähltem Zuschnitt zu sein. Daß der Wunsch, ein solches Wohlleben zu führen, nicht Ausdruck eines vermessenen Verlangens nach übertriebenem Lebensgenuß war, stand für Franklin dabei außer Frage. In seinen Augen befand sich der Anspruch, das eigene Glück zu suchen und in möglichst umfassender Form zu verwirklichen, sogar im vollen Einklang mit den entsprechenden Geboten und Verheißungen Gottes.

In einer Art persönlichem Glaubensbekenntnis, den *Articles of Belief and Acts of Religion*, die er unmittelbar nach seiner Geschäftseröffnung im Herbst 1728 niederschrieb, legte er vor sich selbst dar, inwiefern er sich von seinem Schöpfer dazu eingeladen fühlte, sein individuelles Glück mit aller Kraft anzustreben und in seiner ganzen Fülle auszukosten. »Ich glaube«, so Franklin, daß der »weise und gütige Gott, der Urheber und Eigner unserer Welt«, viele »Dinge geschaffen hat, die ausschließlich zum Vergnügen des Menschen bestimmt [sind]«. Wenn nun aber die Erde vornehmlich zum Ergötzen ihrer Bewohner eingerichtet sei, dann, so Franklin weiter, nehme Gott bestimmt »keinen Anstoß daran, wenn er sieht, daß seine Kinder auf den unterschiedlichsten Betätigungsfeldern ihre eigenen Freuden suchen« und ihren vergnüglichen Vorteil.

Nun ähnelten diese theologischen Prämissen – mit denen er seinen nach Lebensgenuß und materiellem Wohlstand strebenden Unternehmergeist rechtfertigte – zwar in mancher Hinsicht noch immer den grundlegenden Thesen jener freizügigen und nur auf den eigenen Lustgewinn bedachten Moralphilosophie, der er in London das Wort geredet hatte; doch enthielt seine neue Bekenntnisschrift daneben auch mehrere Glaubensartikel, die ganz dezidiert einen selbstlosen Einsatz für das Gemeinwohl einforderten: Es war Franklins Dankbarkeit über die Güte des Schöpfergottes – der ihn dazu ermuntert hatte, sich seines Lebens zu erfreuen –, die ihm zugleich die Pflicht auferlegte, auch seinen Nächsten, vor allem »den Armen« und »den Unglücklichen«, zu einem besseren und freudvolleren Dasein zu verhelfen. Da Franklin glaubte, daß man dieser Pflicht am ehesten dann genügen konnte, wenn man die Gesellschaft insgesamt verbesserte, nahm er auch die aktive Sorge um das Wohlergehen »meines eigenen Landes« als ein religiöses Gebot in sein Glaubensbekenntnis auf.

In gewisser Weise besann sich Franklin also mit seinen *Articles of Belief and Acts of Religion* – die aufs Ganze gesehen dann doch einer deutlichen Absage an die Inhalte seines Londoner Traktats gleichkamen – seit langer Zeit wieder ganz ausdrücklich auf das Ethos der Gemeinnützigkeit, das ihm schon als Junge in Boston durch die Lektüre der puritanischen Autoren Bunyan und Mather vermittelt worden war. Und tatsächlich: Wie er gegen Ende seines Lebens in einem Brief an Samuel Mather bekannte, war ihm schon bald nach seiner Rückkehr aus London aufgegangen, wie bedeutsam doch eigentlich Cotton Mathers *Essays to Do Good* waren, da sie so beredt und überzeugend vor Augen zu führen wußten, in welch hohem Maße ein ausgeprägtes Engagement fürs Gemeinwohl letztlich auch die Lebensfreude des gemeinnützig tätigen Menschen steigerte. Bei der Wiederentdeckung von Mathers *Essays* war es nun insbesondere der darin enthaltene Rat an »junge Männer«, sich zu sogenannten »Reformgesellschaften« zusammenzuschließen, den Franklin jetzt beherzt und zielstrebig aufgriff.

Schon Ende des Jahres 1727 hatte er seine besten Freunde dazu eingeladen, mit ihm allwöchentlich zusammenzukommen, um ausführlich über politische und gemeinnützige Gegenstände zu debattieren. Zunächst traf er sich mit Meredith und anderen Druckerkollegen jeden Freitagabend nach Arbeitsende in einem kleinen Wirtshaus, wo ihnen ein Stammtisch freigehalten wurde. Im Verlauf des Jahres 1728, als der Gesprächszirkel auf zwölf Mitglieder angewachsen war, begab sich Franklin auf die Suche nach geeigneteren Räumlichkeiten, wo sich die Freunde ungestörter und in einer intimeren

Atmosphäre miteinander unterhalten konnten. Schließlich bezog der kleine Klub ein Zimmer im Haus eines wohlhabenden und gebildeten jungen Mannes namens Robert Grace, der sich Franklins politischem Stammtisch schon früh angeschlossen hatte.

Während Grace über ein ererbtes Familienvermögen verfügte und somit das Leben eines Gentlemans führen konnte, handelte es sich bei den anderen Mitgliedern des Gesprächskreises um einfache Handwerker oder Kleinunternehmer, die sich durch harte Arbeit ihr tägliches Einkommen sichern mußten. Um auch nach außen hin zu verdeutlichen, daß es sich bei ihrem Debattierzirkel eben nicht um einen jener feinen Klubs handelte, in denen sich Mitglieder der gesellschaftlichen Elite zum entspannten Plausch trafen, bezeichneten die Freunde ihre Vereinigung als »Klub der Lederschürzen«. Doch schon bald wurde diese Benennung gegen einen neuen Namen eingetauscht, der das eigentliche Anliegen des Klubs viel klarer zum Ausdruck brachte und sich deswegen auch dauerhaft durchsetzte: »Junto« nannte sich der Gesprächskreis, was zu Beginn des 18. Jahrhunderts eine durchaus gebräuchliche Nebenform des Wortes »Junta« war, jener aus dem Spanischen übernommenen Bezeichnung für eine politische Clique, die sich ohne verfassungsrechtliche Legitimation an die Macht geputscht hatte.

Daß sich die Mitglieder des Junto mit einer illegalen Nebenregierung verglichen, die durch unlautere Kabale, Ränke und schwer durchschaubare Intrigen das politische Geschehen im Lande zu beeinflussen, wenn nicht zu steuern suchte, war zwar einerseits als ironischer Spaß gemeint, zeugte jedoch auch von einem großen elitären Selbstbewußtsein der zwölf Freunde. Denn offensichtlich kokettierten sie mit der Vorstellung, daß in ihrem Klub mehr politischer Sachverstand walte als in den verschiedenen Regierungsbehörden Pennsylvanias. Weil die Mitglieder des Junto belesene junge Männer waren, die sich mit Hilfe von sehr spezieller Lektüre auf Fragen vorbereiteten, die im Klub Woche für Woche zur Debatte standen, hielt

Franklin seinen politischen Gesprächskreis denn auch für »die beste Schule für Philosophie, Moral und Politik, die damals in der Provinz existierte«.

Bei den Zusammenkünften des Junto wurden die einzelnen Mitglieder dazu angehalten, sich einem ganz genau ausgearbeiteten Verhaltenskodex zu unterwerfen. Die Debatten fanden unter der Leitung eines von allen Klubmitgliedern gewählten »Präsidenten« statt, der darauf achtete, wie Franklin in seiner *Autobiographie* betonte, daß die Diskussion allein »durch den aufrichtigen Wunsch nach Wahrheit« geleitet wurde und nicht durch »Freude am Streit oder Verlangen nach dem Sieg«. Die Fähigkeit des ruhigen Zuhörens wurde im Junto höher eingeschätzt als die Gabe der Überredungskunst. Diskursiv-fragend sollten die Gespräche geführt werden, wie es ja auch schon Addison im von Franklin so hoch geschätzten *Spectator* unter Verweis auf den vorbildlichen Disputierstil des Sokrates empfohlen hatte. Um jede unnötige Erhitzung der Gemüter zu vermeiden, so Franklin, »waren alle Ausdrücke hartnäckigen Festhaltens an Meinungen und direkte Widersprüche nach einiger Zeit für unpassend erklärt und bei kleinen Geldstrafen untersagt«. Außerdem verlangte die Satzung des Junto noch von den einzelnen Mitgliedern, daß sie sich zur »allgemeinen Menschenliebe« bekannten und gelobten, keinen Menschen »wegen seines Glaubens oder seiner Religion« zu diskriminieren.

Überdies arbeitete Franklin noch eine Liste von Fragen aus, die bei jeder Sitzung des Junto zu beantworten waren. Wiewohl manche dieser »feststehenden Fragen« auch schon in Defoes Essay *Friendly Societies* und in Lockes *Rules of a Society which met once a Week for the Improvement of useful Knowledge* zu finden waren – also in zwei Texten, die Franklin sehr gut kannte –, hatten sie ihr eigentliches Vorbild doch in den entsprechenden Fragestellungen von Mathers *Essay to Do Good*. Um zu verdeutlichen, wie weitgehend Franklins Fragen denen aus Mathers Essay verpflichtet waren, mögen zwei einschlägige Beispiele genügen:

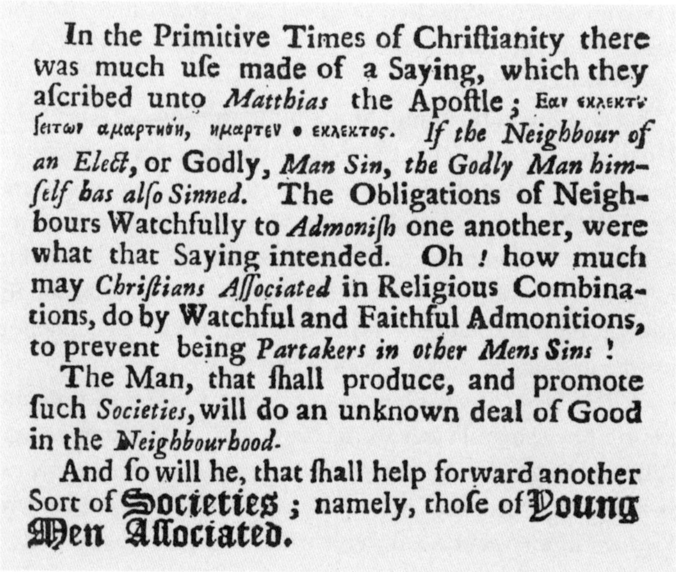

> In the Primitive Times of Chriſtianity there was much uſe made of a Saying, which they aſcribed unto *Matthias* the Apoſtle; Εαν εκλεκτυ ſειτων αμαρτηοη, ημαρτεν • εκλεκτος. *If the Neighbour of an Elect, or Godly, Man Sin, the Godly Man himſelf has alſo Sinned.* The Obligations of Neighbours Watchfully to *Admoniſh* one another, were what that Saying intended. Oh! how much may *Chriſtians Aſſociated* in Religious Combinations, do by Watchful and Faithful Admonitions, to prevent being *Partakers in other Mens Sins*!
>
> The Man, that ſhall produce, and promote ſuch *Societies*, will do an unknown deal of Good in the *Neighbourhood.*
>
> And ſo will he, that ſhall help forward another Sort of 𝔖𝔬𝔠𝔦𝔢𝔱𝔦𝔢𝔰; namely, thoſe of 𝔜𝔬𝔲𝔫𝔤 𝔐𝔢𝔫 𝔄𝔰𝔰𝔬𝔠𝔦𝔞𝔱𝔢𝔡.

Abb. 4 Auszug aus Cotton Mathers »Essays To Do Good« von 1710. Diese Schrift war für Franklins Debattierclub »The Junto« ein wichtiger Leitfaden.

»Ist Euch eine bestimmte Person bekannt, deren ungebührliches Betragen so skandalös ist, daß wir gut daran tun, dieser besagten Person unsere liebevollen Ermahnungen zu übersenden?« lautete eine jener Fragen, die Mather von gemeinnützigen Reformgesellschaften beantwortet wissen wollte. Bei Franklin klang die Frage gleichen Inhaltes so: »Wißt Ihr von einem Mitbürger, der jüngst [...] einen Irrtum begangen hat, vor dem wir gewarnt werden und den wir korrigieren sollten?« Eine andere Frage, die nicht nur das Wohl eines einzelnen Menschen, sondern die Wohlfahrt der gesamten Gesellschaft im Blick hatte, faßte Mather in folgende Worte: »Gibt es eine Angelegenheit, die der gesetzgebenden Gewalt demütig angezeigt werden sollte, mit dem Ziel, ein diesbezügliches Gesetz zum Wohle der Öffentlichkeit zu erlassen?« Dieselbe Frage dann bei Franklin: »Habt Ihr jüngst in den Gesetzen Eures

Landes einen Mangel bemerkt, der dem Gesetzgeber zwecks seiner Beseitigung angezeigt werden sollte? Oder kennt Ihr ein nützliches Gesetz, das wir noch nicht haben?«

Franklin und seine Diskussionspartner im Junto interessierten sich bei ihren wöchentlichen Zusammenkünften also sowohl für auffällige Handlungen oder Verhaltensweisen bestimmter Bürger Philadelphias als auch für die Qualität gesetzlicher Verordnungen und behördlicher Erlasse. Die sittliche Vervollkommnung des einzelnen Menschen war für die Klubmitglieder demnach von genauso großer politischer Bedeutung wie die Verbesserung der Gesetze ihres Landes. Allerdings war es nicht ihr Bemühen um das Wohl einzelner Mitbürger, sondern ihre gezielte Einmischung in ein ganz konkretes Gesetzesvorhaben, mit der die im Junto vereinten Freunde eindrucksvoll unter Beweis stellten, zu welch einflußreichem Klub sie bereits ein Jahr nach ihrer ersten gemeinsamen Sitzung herangereift waren.

Bei dem in Rede stehenden Gesetzesentwurf handelte es sich um das in der Assembly von Pennsylvania verhandelte Vorhaben, mittels einer Kolonialparlamentsakte wieder einmal eine größere Summe von Papiergeld in Umlauf zu bringen. Bereits 1723 hatte ein Erlaß der Assembly in Philadelphia dafür gesorgt, daß in Pennsylvania erstmals Papiergeld ausgegeben wurde, um die in der Kolonie vorhandene Geldmenge zu vermehren. Seither konnten Privatleute von der Regierung Pennsylvanias zu einem Zinssatz von 5% Kreditbriefe leihen, mit denen sie – genau wie mit den bis dahin gebräuchlichen Gold- und Silbermünzen – ihre Geschäfte tätigen konnten. Nach der Rückzahlung des gewährten Kredits wurde das Papiergeld dann wieder eingezogen und vernichtet. Um dem erneuten Rückgang der Geldmenge entgegenzuwirken, hatten die Regierungsbehörden bereits 1726 eine zweite Ausgabe von Papiergeld verfügt, doch lag es in der Natur der Sache, daß auch die Zahl dieser neuen Kreditbriefe rasch abnahm. Als im Herbst des Jahres 1728 nur noch 15000 Pfund von den ursprünglich ausgegebenen 45000 Pfund kursierten, wurde in der Assembly die Frage erörtert, ob es nicht angebracht sei, in Kürze zum dritten Mal Papiergeld zu drucken. Da aber inzwischen Massachusetts von einer größeren Inflation heimgesucht worden war, die von Teilen der dortigen Bevölkerung mit dem auch in Neuengland kursierenden Papiergeld in ursächliche Verbindung gebracht wurde, hatte die neue Währungsform Ende der 1720er Jahre längst nicht mehr so viele Fürsprecher wie noch zu Beginn des Jahrzehnts. Auch in Pennsylvania wurde nun über das Für und Wider einer Papierwährung heftig gestritten. Es war diese mit großer Leidenschaft ausgetragene Auseinandersetzung über Nutzen und Nachteil des Papiergeldes, an der sich mit Beginn des Jahres 1729 auch Franklin und die anderen Mitglieder des Junto beteiligten.

Wie gewohnt bereiteten sich die Freunde auf ihren zur Sache gehörigen Meinungsaustausch durch die gründliche Lektüre einschlägiger Schriften vor. Franklin studierte besonders eingehend Sir William Pettys *Treatise of Taxes and Contributions,* ein bereits 1662 veröffentlichter Traktat, der einem aufmerksamen Leser auch noch zu Beginn des 18. Jahrhunderts ein solides ökonomisches Grundwissen vermittelte. Als der Junto dann seine klubinterne Debatte zum Thema Papierwährung aufnahm, sprach sich Franklin ohne zu zögern für eine »abermalige Ausgabe« des Papiergeldes aus, »in der Überzeugung«, wie er später schrieb, »daß die erste kleine, im Jahr 1723 ausgegebene Summe der Provinz durch Förderung von Handel und Industrie und Zunahme der Bevölkerung manchen Nutzen gebracht habe«.

Franklins Ansichten fanden im Junto schon bald allgemeine Zustimmung. Als sich die einzelnen Klubmitglieder dann gegenseitig so weit in die verhandelte Thematik eingeweiht hatten, daß sie glaubten, sich nun auch öffentlich kompetent zur Sache äußern zu können, oblag es Franklin als dem talentiertesten Autor des Junto, das Ergebnis der gemeinsamen Debatten in Worte zu fassen und im eigenen Betrieb zu drucken. Die sehr zügig verfaßte Schrift erschien dann am 3. April 1729 in

Form eines kleinen Pamphlets in der »neuen Druckerei in der Nähe des Marktes«, wie Franklin die von ihm und Meredith geführte Firma in der ersten Zeit ihres Bestehens nannte. Der Titel, den Franklin für seine kleine Streitschrift gewählt hatte, lautete: *A modest Enquiry into the Nature and Necessity of a Paper-Currency.* Zu Beginn seines nur wenige Seiten umfassenden Pamphlets hob Franklin erst einmal hervor, daß ihn sein Interesse am Wohlergehen des eigenen Landes dazu veranlaßt habe, sich in die aktuelle Debatte über Sinn und Zweck einer Papierwährung einzuschalten. Ihm liege nämlich schon seit geraumer Zeit am Herzen, »was im wahren Interesse Pennsylvanias ist«. Doch schon im zweiten Paragraphen der Schrift kam er ohne Umschweife zur Sache: Höflich, sachlich und kenntnisreich führte er die Gründe an, die seines Erachtens eine erneute Ausgabe von Papiergeld dringend erforderlich machten. In Umlauf gebrachtes Papiergeld, so Franklin, trage wie keine andere politische Maßnahme dazu bei, die Geldmenge eines Landes entscheidend zu erhöhen. Eine hohe Geldmenge sei aber der beste Garant für einen niedrigen Zinssatz, der wiederum einem Land wie Pennsylvania, das stark vom Handel abhänge, sehr zugute komme. Die von manchen gehegte Befürchtung, daß »eine weitere Ausgabe von Papiergeld den Wert der bereits kursierenden Papierwährung stark absenke«, teile er nicht. Denn die Inflation in Massachusetts habe sich nur deswegen ereignen können, weil das Papiergeld in Neuengland nicht mit »derselben Umsicht und guten Absicherung« verteilt worden sei »wie das unsrige« in Pennsylvania.

Als dann in Philadelphia am 10. Mai 1729 ein Gesetz erlassen wurde, das eine abermalige Ausgabe von Papiergeld in Pennsylvania anordnete, war Franklin überzeugt davon, daß sein Pamphlet die Legislative der Kolonie im Prozeß der Entscheidungsfindung substantiell beeinflußt hatte. Tatsächlich versicherten ihm auch einige Mitglieder der Assembly, daß die von ihm verfaßte Streitschrift »dem Lande« einen »wesentlichen Dienst geleistet habe«, weil viele Parlamentarier, die ursprünglich gegen die Papierwährung eingestellt waren, der glänzenden Argumentationsführung des Pamphlets nichts entgegenzusetzen hatten. Tatsächlich war es wohl in erster Linie Franklins rhetorisches Geschick, dem die kleine Streitschrift ihre große Wirkung verdankte, denn die meisten der darin enthaltenen ökonomischen Lehrsätze waren schon länger bekannt und zum Teil ganz eindeutig aus Pettys *Treatise of Taxes and Contributions* entlehnt. Da es aber nun einmal eine beachtliche schriftstellerische Leistung war, altbekannte Lehrmeinungen in so originelle Worte zu kleiden, daß diese von neuem zu überzeugen wußten, hatte Franklin mit seinem Pamphlet eine durchaus eigenständige und wegweisende Streitschrift zu ökonomischen Grundsatzfragen vorgelegt.

Belohnt wurde er für seine pointiert vorgetragene politische Stellungnahme dadurch, daß ihm die Regierung von Pennsylvania den Druck eines Großteils der neuen Banknoten übertrug. Ganz ohne Zweifel war er für diese Aufgabe ja auch bestens qualifiziert. Schließlich hatte er bereits 1728, als er noch bei Keimer angestellt war, für die Kolonie New Jersey außerordentlich hochwertiges Papiergeld angefertigt. Daß sich seine vielfältigen Bemühungen um das Wohl Pennsylvanias somit auch für ihn privat bezahlt machten, bereitete Franklin kein Kopfzerbrechen. Wie er in den *Articles of Belief and Acts of Religion* ausgeführt hatte, war es nach seinem Dafürhalten kein Widerspruch, wenn man ein Engagement für das öffentliche Wohl mit dem Verfolgen privater Interessen verband, solange sichergestellt war, daß man ehrlich und fair zu Werke ging.

Der Erfolg, der Franklins kleiner Streitschrift in Philadelphia beschieden war, bestärkte ihren Verfasser in seinem Bestreben, nun möglichst rasch ein weiteres Projekt zu beginnen, mit dem er sowohl seinen eigenen Geschäftsinteressen als auch der Öffentlichkeit dienen konnte: Er wollte jetzt ganz ernsthaft eine eigene Zeitung verlegen. Schon Ende des Jahres 1728 hatte Franklin vor seinen Freunden laut überlegt, ob er nicht versuchen solle, dem von Bradford herausgegebenen

American Weekly Mercury mit einem neuen Blatt Konkurrenz zu machen. Immer noch erinnerte sich Franklin lebhaft daran, welch erstaunliche politische Wirkung sein Bruder mit dem *New England Courant* in Boston entfaltet hatte. Auch seine eigenen journalistischen Einlassungen hatten ihm ja schon früh gezeigt, daß geistreiche und amüsante Texte gerne gelesen wurden und für Aufsehen sorgten. Als Miteigentümer einer Druckerei glaubte er sich nunmehr in die Lage versetzt, den vielversprechenden Plan einer Zeitungsgründung in nicht allzuferner Zukunft und ohne größere Risiken in die Tat umsetzen zu können.

Unglücklicherweise setzte sein enger Freund George Webb, der sogar ein Mitglied des Junto war, in einem unbedachten Moment den Drucker Samuel Keimer von Franklins Absichten in Kenntnis. Keimer hatte daraufhin nichts Besseres zu tun, als hastig eine eigene Zeitung aus dem Boden zu stampfen, der er den umständlichen Titel *Universal Instructor in all Arts and Sciences: and Pennsylvania Gazette* gab. Die erste Nummer des *Universal Instructor* erschien am 24. Dezember 1728. Franklin, der wohl zu gleichen Teilen über Webbs Unachtsamkeit und Keimers Dreistigkeit erzürnt war, wollte aber einem solchen *Fait accompli* nicht tatenlos zusehen und beeilte sich, dem von seinem früheren Arbeitgeber begonnenen Unternehmen auf der Stelle entgegenzuwirken.

Da er auf die sofortige Herausgabe einer eigenen Zeitung noch nicht genügend vorbereitet war, machte er Bradford, der ja ebenfalls auf das neugegründete Blatt reagieren mußte, zunächst den Vorschlag, für dessen *Mercury* mehrere unterhaltsame kleine Kolumnen zu schreiben. Diese Beiträge sollten helfen, die Aufmerksamkeit des Publikums von Keimers Zeitungsprojekt abzulenken. Bradford kam dieses Ansinnen sehr entgegen. Im Februar 1729 begann er mit der Veröffentlichung von Franklins Artikeln, die schnell dazu beitrugen, daß die Auflage des *Mercury* merklich anstieg. Befriedigt durften Bradford und Franklin feststellen, daß sie Keimer erfolgreich die Schau gestohlen hatten.

Bürger und Entrepreneur: 1728–1748

Wie schon bei seinen ersten journalistischen Versuchen in Boston war Franklin auch als Autor der für Bradford verfertigten Artikel in die Rolle eines fiktiven Verfassers geschlüpft: Der Name, den er für sich ausgesucht hatte, lautete »Busybody«, womit üblicherweise eine neugierige Person bezeichnet wurde, die ständig darauf aus war, sich in die Belange anderer Leute einzumischen. Schließlich sollte es ja das Anliegen eines jeden anständigen Menschen sein, »einen anderen Menschen zu bessern«, wie Busybody alias Franklin seine journalistische Neigung zur Überwachung der Sitten seiner Mitbürger mit gespieltem Ernst zu rechtfertigen suchte. Wie Silence Dogood gerierte sich also auch Busybody als selbstgefälliger Beobachter der Unzulänglichkeiten seiner Mitmenschen. Der erste Bürger Philadelphias, dessen unredliches Treiben Franklin alias Busybody in satirischer Form aufdeckte, war, wie nicht anders zu erwarten, Keimer: Seine neue Zeitung überhäufte er mit Spott, ihn selbst nannte er einen »sauertöpfischen Philosophen«. Keimer wehrte sich zwar gegen Franklins leichtfüßige Attacken mit Hilfe einiger ausführlicher Gegendarstellungen, die er in seinem eigenen Blatt veröffentlichte, aber Franklins Busybody blieb ihm rhetorisch und in der Gunst des Publikums weit überlegen.

Als Franklin sich nun im März 1729 der Problematik der Papierwährung zuzuwenden begann und im April dann auch sein eigenes Pamphlet zur Sache veröffentlichte, beendete er seine Tätigkeit als Kolumnist für Bradford. Er glaubte nun, daß Keimers Zeitung kein Erfolg beschieden war. Außer Frage stand, daß Franklins satirische Spitzen gegen den unliebsamen Konkurrenten einen Anteil daran hatten, daß dessen Geschäfte nicht gut liefen. Doch vor allem war es Keimers eigener Phantasielosigkeit und Inkompetenz zuzuschreiben, daß der *Universal Instructor* über einen viel zu kleinen Abonnentenkreis von 90 Personen nicht hinausgelangte. Keimer hatte sich mit seiner spontanen Zeitungsgründung finanziell überhoben. Schon im Juni war er so verschuldet, daß er für eine Woche ins Gefängnis gehen mußte. Danach verschlechterte sich seine Situation rapide. Am 18. September kündigte er seiner Leserschaft an, daß er Pennsylvania verlassen werde. Kurze Zeit später setzte er sich auf die seit 1652 fest in britischer Hand befindliche Karibikinsel Barbados ab, wo er dann ab 1730 mit weitaus mehr Erfolg eine neue Zeitung, die *Barbados Gazette*, herausgab.

Bevor Keimer Philadelphia verließ, bot er den mit wenig Fortüne geleiteten *Universal Instructor* seinen Konkurrenten Franklin und Meredith zum Kauf an. Die beiden Freunde waren, wie Franklin in seiner *Autobiographie* berichtete, »auf einen solchen Antrag schon längst vorbereitet« und gingen deshalb auch sogleich darauf ein. Für Franklin dürfte es eine besondere Genugtuung gewesen sein, Keimers immerhin schon seit einigen Monaten in Philadelphia eingeführtes Blatt lediglich »für eine Kleinigkeit« erstanden zu haben. Allerdings kam es nach Übergabe der Zeitung an ihre neuen Eigentümer darauf an, das Niveau des Blattes möglichst rasch zu heben, um deutlich mehr Subskribenten zu gewinnen.

Franklin und Meredith entschieden sich zunächst dafür, den Untertitel des *Universal Instructor* zum alleinigen Titel der Zeitung zu erheben: Schlicht und einfach *Pennsylvania Gazette* hieß das Blatt daher seit dem 2. Oktober 1729, als es erstmals unter neuer Leitung und zudem auch in völlig neuem Gewand erschien. »Unsere ersten Nummern«, so Franklin, »zeichneten sich vor jeder anderen älteren Zeitung der Provinz durch bessere Schrift und besseren Druck aus«, wobei auch die Erweiterung des Lokalteils, der viele Anzeigen und Werbetexte enthielt, das Blatt sehr viel interessanter machte als die von Keimer geführte Zeitung. In einer Mitteilung an die Leser, in der Franklin die journalistischen Qualitäten eines idealen Zeitungsverlegers beschrieb, lud er überdies alle interessierten Bürger zur Mitarbeit am neuen Blatt ein:

> Der Autor einer Gazette (nach Meinung der Gelehrten) sollte sich durch eine exzellente Kenntnis der Sprachen auszeichnen, durch große Leichtigkeit und Meisterschaft im Formulieren und im klaren, verständlichen und bündigen Darstellen der zu behandelnden Themen; er sollte den Krieg zu Lande und zu Wasser besprechen kön-

Bürger und Entrepreneur: 1728–1748

nen; sollte mit der Geographie, der Zeitgeschichte, den diversen Interessen von Fürsten und Staaten, den Geheimnissen der Höfe und den Sitten und Gebräuchen aller Völker gut vertraut sein. Menschen, die diese Eigenschaft besitzen, sind in diesem entlegenen Weltteil sehr rar gesät; und es wäre daher gut, wenn der Herausgeber dieser Zeitung von seinen Freunden das erhalten könnte, woran es ihm selbst mangelt.

Die große Sorgfalt, die Franklin bei der Erstellung der *Pennsylvania Gazette* walten ließ, führte der Zeitung nicht nur viele neue Abonnenten zu, sondern machte die Mitglieder des Kolonialparlaments in Philadelphia wieder einmal auf die herausragenden Fähigkeiten dieses jungen und ambitionierten Verlegers aufmerksam. »Als die leitenden Männer der Stadt eine Zeitung nun in den Händen eines ziemlich federgewandten Mannes sahen«, so Franklin in seiner *Autobiographie*, erachteten sie es für passend, »mich zu fördern und zu ermuntern: Schon am 30. Januar 1730, also nur vier Monate nach Übernahme der *Pennsylvania Gazette*, wurde Franklin von der Assembly neben Bradford zum zweiten offiziellen Buchdrucker des Kolonialparlaments gewählt. Als solcher hatte er Wahlzettel, Gesetze und andere öffentliche Verordnungen zu drucken, was ihm nicht nur gutes Geld, sondern – wie schon sein Pamphlet zur Papiergelddebatte – wachsenden politischen Einfluß eintrug.

Trotz seiner nun immer enger werdenden Kontakte zu einigen der führenden Politiker Pennsylvanias war Franklin peinlich darauf bedacht, sich als Drucker und Zeitungsverleger ein Höchstmaß an journalistischer Freiheit zu bewahren. Wie bedeutsam kritischer Journalismus für die Aufrechterhaltung einer freiheitlichen Gesellschaftsordnung war, hatte er ja bereits in Boston in seinen Dogood-Essays sehr offen angesprochen. In seiner *Apology for Printers,* die er im 2. Jahrgang der *Pennsylvania Gazette* als eine Art Editorial veröffentlichte, brachte er seine Überzeugung von der Unabdingbarkeit eines freien, öffentlichen Meinungsaustauschs nochmals und in geradezu programmatischen Worten zum Ausdruck:

Da »die Meinungen der Menschen fast so verschiedenartig wie ihre Gesichter« seien, müsse es die vornehmste Aufgabe eines Druckers sein, diese Meinungsvielfalt vor einem möglichst großen Publikum auszubreiten. Er glaube nämlich, »daß, wenn Menschen sich in ihren Meinungen voneinander unterscheiden, beide Seiten zu gleichen Teilen den Vorzug genießen sollten, in der Öffentlichkeit Gehör zu finden«. Nur in einem »fairen Wettstreit von Wahrheit und Irrtum« könne ermittelt werden, welcher der zahlreichen, miteinander konkurrierenden Ansichten die größte Plausibilität zukomme. Selbstverständlich hätten Drucker und Zeitungsverleger daher auch die Pflicht, Meinungen zu veröffentlichen, die nicht mit ihren eigenen Auffassungen übereinstimmten; denn andernfalls »würde nur sehr wenig gedruckt werden«.

Auch wenn Buchdrucker hin und wieder »alberne, kaum lesenswerte« Texte publizierten, bedeute dies nicht, daß sie von der Qualität dieser Schriften überzeugt seien. Denn die Veröffentlichung eines derartigen Materials werde in der Regel nicht deswegen vorgenommen, weil die Drucker »solche Sachen selbst gutheißen, sondern weil die Leute so ungenügend und schlecht erzogen« seien, daß sich gehobene Literatur nicht leicht verkaufen lasse: »Ich weiß«, so Franklin,

> daß in dieser Provinz eine sehr hohe Auflage von Robin Hoods Balladen zu einem Preis von 2 Shilling pro Buch in weniger als einem Jahr verkauft worden ist, wohingegen ich eine doppelt so lange Zeit benötigt habe, um eine sehr kleine Auflage der Psalmen Davids (in einer exzellenten Bearbeitung) an den Mann zu bringen.

Hin und wieder mußte man also als Verleger – zumindest nach Franklins Dafürhalten – Konzessionen an den schlechten Publikumsgeschmack machen, um finanziell gut über die Runden zu kommen. Keine Kompromisse eingehen wollte Franklin allerdings, wenn er Texte veröffentlichen sollte, die in seinen Augen einen ethischen Mindeststandard unterboten: »Ich habe mich immer geweigert«, so Franklin in *Apology for Printers,* »etwas in Druck gehen zu lassen, das der Unterstützung des Lasters und der Beförderung eines unmoralischen Verhaltens hätte dienlich sein können.«

Diese klaren journalistischen Richtlinien waren neben Franklins schriftstellerischem Talent ein ganz wesentlicher Grund dafür, daß die *Pennsylvania Gazette* innerhalb kürzester Zeit zur meistgelesenen Zeitung der britischen Kolonien Nordamerikas wurde. Franklins geschäftlicher Erfolg war also bereits zu Beginn der 1730er Jahre mehr als beachtlich. Sorgen bereitete ihm allerdings zunehmend sein Geschäftspartner Meredith, der trotz des florierenden Unternehmens einen Rückfall in alte, längst abgelegt geglaubte Gewohnheiten erlitten hatte, weil man ihn, wie Franklin in seiner *Autobiographie* berichtet, mit Beginn des Jahres 1730 wieder »häufig betrunken auf der Straße und bei gemeinen Spielen in Bierhäusern« sehen konnte.

Als Franklin seinen Teilhaber auf die unvorteilhafte Erscheinung, die dieser in der Öffentlichkeit abgab, aufmerksam machte und sich zudem über dessen Gesundheitszustand zutiefst besorgt zeigte, gestand ihm Meredith, daß er in der Tat nur noch wenig Lust verspüre, in Philadelphia als Drukker zu arbeiten. Viel lieber wolle er in North Carolina, wo der Boden noch erschwinglich sei, Ackerland kaufen, um seinen Lebensunterhalt als Landmann zu verdienen. Wenn Franklin ihm dreißig Pfund geben, die bestehenden Verbindlichkeiten der gemeinsamen Firma übernehmen und seinem Vater Simon Meredith das einst vorgeschossene Geld zurückzahlen wolle, versprach Meredith, werde er sich aus dem gemeinsamen Geschäft zurückziehen. Franklin dürfe die Druckerei dann zukünftig gerne als alleiniger Eigentümer leiten.

Da zwei der wohlhabenderen Mitglieder des Junto, Robert Grace und William Coleman, Franklin umgehend den Kredit gewährten, den er zur Auszahlung der von Meredith verlangten Gelder dringend benötigte, konnte er ohne längeres Zögern auf den Vorschlag seines bisherigen Kompagnons eingehen. Schiedlich und friedlich beendeten die beiden Freunde am 14. Juli 1730 ihre Geschäftspartnerschaft, um fortan getrennte Wege zu gehen, ohne sich jedoch völlig aus den Augen zu verlieren. Noch lange Jahre hielten sie miteinander brieflichen Kontakt und berichteten einander von der jeweiligen Entwicklung Pennsylvanias und North Carolinas. Zwei längere Schreiben des ehemaligen Partners ließ Franklin sogar in der *Pennsylvania Gazette* abdrucken, weil sie – wie der nunmehr alleinige Zeitungsbesitzer ausdrücklich hervorhob – die »für damals genauesten Nachrichten« über North Carolina »in bezug auf Klima, Boden, Ackerbau etc.« enthielten, »in welchen Dingen [Meredith] ein scharfsichtiges Urteil hatte«.

Daß Franklin die Geschäfte seiner Druckerei nun auch ohne einen offiziellen Mitinhaber führte, brachte für seinen Arbeitsalltag keine allzugroßen Veränderungen mit sich. Eigentlich hatte er den Betrieb ja von Anfang an wie ein alleiniger Eigentümer geleitet, weil Meredith mit Franklins Entscheidungen stets einverstanden gewesen war und ohnehin keinen Ehrgeiz besessen hatte, sich als Unternehmer in besonderer Weise hervorzutun. Einen Geschäftspartner vermißte Franklin also nicht. Allerdings sehnte er sich nun nach einer ganz anders gearteten Partnerschaft, da er seine »Gedanken«, wie er sich in der *Autobiographie* erinnerte, seit Anfang des Jahres 1730 mit großer Entschlossenheit »aufs Heiraten gebracht hatte«.
Äußerer Anlaß seiner Brautschau war, wie Franklin einräumte, das Vorhaben einer Bekannten, »mich mit der Tochter eines ihrer Verwandten zu verheiraten«. Die als Heiratsvermittlerin auftretende Dame war die Gattin von Thomas Godfrey, eines mit Franklin befreundeten Mathematikers, der ein Mitglied des Junto war. Mrs. Godfrey, die mit der übergroßen Mehrheit der amerikanischen Kolonisten die Meinung teilte, daß ein 24jähriger erfolgreicher Junggeselle für eine Eheschließung mehr als reif war, gelang es denn auch, Franklin für ihre junge Verwandte zu interessieren, zumal diese, wie er selber eingestehen mußte, »sehr begehrenswert war«. Doch das von Mrs. Godfrey eingefädelte Heiratsprojekt

scheiterte schließlich daran, daß die Eltern der präsumtiven Braut sich weigerten, die vorgesehene Mitgift zu zahlen. Da Keimer erst vor wenigen Monaten Bankrott gemacht hatte, argwöhnten sie, daß auch Franklins Geschäft nicht lange Bestand hätte. Gekränkt und verärgert beschloß dieser daraufhin, weder mit dem umworbenen Mädchen noch mit dessen Eltern jemals mehr etwas zu tun haben zu wollen.

Aber an seinem grundsätzlichen Heiratswunsch hielt Franklin trotz des Korbs, den er sich eingehandelt hatte, fest. Da er nun seit seiner Rückkehr aus London beständig Kontakt zur Familie Read gehalten hatte, war ihm nicht entgangen, daß die Ehe seiner früheren Geliebten Deborah bereits im Jahr 1728 gescheitert war: Ihr Mann, der Töpfer John Rogers, hatte sich in Philadelphia hoch verschuldet und war, um den Nachstellungen seiner Gläubiger zu entkommen, über Nacht auf eine der britischen Karibikinseln geflohen. Dort hatte er, wie ein seit Ende 1729 umgehendes Gerücht besagte, den Tod gefunden. Weil Deborah seither als Witwe betrachtet wurde, glaubte Franklin sich ihr von neuem nähern zu dürfen, was zur Folge hatte, daß ihre »gegenseitige Zuneigung«, wie er später schrieb, »wieder erwachte«.

Vollständige Gewißheit über das Ableben ihres Mannes hatte Deborah allerdings nicht erlangen können, weshalb sie sich im Sommer des Jahres 1730 nicht so ohne weiteres wiederverheiraten durfte: Bigamie galt auch in Pennsylvania als schweres Vergehen, das mit 39 Hieben auf den entblößten Rücken und lebenslänglichem Freiheitsentzug geahndet werden konnte. Überdies wurde eine erneute Eheschließung durch die unangenehme Tatsache erschwert, daß jeder zukünftige Ehemann Deborahs die Möglichkeit in Betracht ziehen mußte, wegen der Schulden, die Rogers hinterlassen hatte, belangt zu werden. Trotz dieser beachtlichen Schwierigkeiten wagte es Franklin im Herbst 1730, mit Deborah eine dauerhafte Lebensgemeinschaft einzugehen, auch wenn den beiden Brautleuten eine christliche Trauung und der damit verbundene kirchliche Segen versagt blieb: Weil das Schicksal

Abb. 5   Deborah Franklin. Ölgemälde von Benjamin Wilson, um 1759

des ersten Ehemannes nicht eindeutig geklärt werden konnte, wurde die Hochzeit am 1. September 1730 nur in Gestalt einer *Common law marriage* gemäß den Grundsätzen des bürgerlichen Gewohnheitsrechts durchgeführt.

Diese Heirat zweiter Klasse tat dem Glück und der Zufriedenheit der jungen Eheleute jedoch keinen Abbruch, zumal die gefürchteten Unannehmlichkeiten nicht eintrafen.

Deborah wurde ihrem Mann, wie er sich noch Jahrzehnte nach der Eheschließung gern erinnerte, »eine gute und treue Gefährtin«, die ihm auch »durch Besorgung des Ladens bedeutend vorwärts half«. »Wir gediehen sichtlich«, so Franklin, »und waren immer bemüht, einander glücklich zu machen«. Trotz dieser guten Vorsätze wurde die Ehe aber schon Ende des Jahres 1730 auf eine harte Probe gestellt, als Franklin seiner Deborah die Mitteilung machen mußte, daß er mit einer anderen Frau ein Kind gezeugt hatte, dessen Geburt unmittelbar bevorstand: Eine stürmische, wenn auch kurze Liaison, auf die er sich noch wenige Monate vor seiner Hochzeit eingelassen hatte, war nicht folgenlos geblieben.

Wer die Frau war, die sein erstes Kind austrug, hat Franklin niemals verraten. Auch Deborah, der die Identität dieser Person bekannt gewesen sein muß, hütete das delikate Geheimnis lebenslang. Nur George Roberts, ein enger Vertrauter der Familie Franklin, deutete in einem (allerdings erst drei Jahrzehnte nach der Geburt des Kindes verfaßten) Brief an, daß die Mutter von Franklins Erstgeborenem »in keinen guten Umständen« gelebt habe. Daher habe sich Franklin auch verpflichtet gefühlt, ihr noch lange Zeit nach seiner Eheschließung mit Deborah »eine kleine finanzielle Zuwendung« zukommen zu lassen. Das gemeinsame Kind, das wohl gegen Ende des Jahres 1730 oder zu Beginn des Jahres 1731 zur Welt kam, nahm Franklin in den eigenen Haushalt auf: Es war ein Junge, dem er den Namen William gab.

Was er seiner Frau Deborah zumutete, als er ihr ein fremdes Kind zuführte, war Franklin sehr wohl bewußt. In einem am 8. Oktober 1730 in der *Pennsylvania Gazette* publizierten Artikel, den er *Rules and Maxims for Promoting Matrimonial Happiness* nannte, bat er seine Gattin gewissermaßen öffentlich um Vergebung und plädierte dafür, ihn mit Nachsicht zu behandeln:

> Bedenke, daß die Person, mit der Du Deine Tage verleben wirst, ein Mensch ist, und kein Engel; und falls Du [...] entdecken solltest, daß seine Laune und sein Benehmen nicht so angenehm ist, wie Du es

erwartet hast, übergehe es als eine menschliche Schwäche: Glätte Deine Stirn, bezähme Deine Wut, und versuche ihn durch Deine Heiterkeit und Gutmütigkeit zu bessern.

Daß es Deborah tatsächlich gelang, dem Ehegatten seinen Fehltritt nicht übermäßig lange zu verargen, lag gewiß auch daran, daß sie selbst schon ein Jahr nach der Hochzeit schwanger wurde und ebenfalls einen gesunden Sohn gebar. Man darf wohl davon ausgehen, daß Deborahs Liebe zu ihrem leiblichen Kind, das sie Francis nannte, auch William zugute kam, dem sie nun sehr viel leichter mütterliche Gefühle entgegenbringen konnte.

Franklin war als Vater von Anfang an rührend um seine Kinder besorgt und kümmerte sich gemeinsam mit seiner Frau sehr gewissenhaft um die Erziehung; häusliche Zufriedenheit bedeutete ihm sehr viel. Dennoch vernachlässigte er über Eheschließung und Familiengründung keinesfalls sein Engagement fürs Gemeinwohl. So betrieb er im Sommer des Jahres 1731 mit dem Junto die Errichtung der ersten Leihbibliothek Amerikas. Weil er selbst – der nur ein Jahr auf eine Lateinschule gegangen war – seine Bildung fast ausschließlich der intensiven Lektüre von Büchern und Zeitschriften verdankte, wollte er auch anderen wissensdurstigen jungen Männern die Chance bieten, sich im Selbststudium weiterzubilden. Schon in seiner Kindheit in Boston hatte er davon profitiert, daß er aus Privatbibliotheken Bücher entleihen durfte; nun wollte er auch in Philadelphia dafür Sorge tragen, daß allen interessierten Bürgern ein verläßlicher Zugang zu guten Büchern ermöglicht würde. Gemeinsam mit den anderen Mitgliedern des Junto trieb er zunächst, wie er später stolz erzählte, »fünfzig Subskribenten auf, mit je vierzig Shilling zum Anfang und mit einem jährlichen Beitrag von zehn Shilling auf fünfzig Jahre«, deren zusammengelegte Gelder den Ankauf von guten Büchern aus London gestatteten. Die auf diese Weise bestückte Bibliothek war einen Tag in der Woche geöffnet, um, wie Franklin erläuterte, »Bücher an die Unterzeichner auszuleihen gegen die schriftliche Verpflichtung, den doppelten Wert

---

Bürger und Entrepreneur: 1728–1748

eines Buches zu bezahlen, falls es nicht ordnungsgemäß zurückgegeben würde«. Später, als die Gemeinschaft der Subskribenten auf über 100 Mitglieder angewachsen war, erhielt die Bibliothek dann auch finanzielle Zuwendungen seitens der staatlichen Behörden von Pennsylvania. Zudem machte ihr Modell in ganz Amerika Schule: Gegen Ende seines Lebens berichtete Franklin voller Genugtuung, daß die von ihm mitbegründete Leihbibliothek von Philadelphia »die Mutter aller nordamerikanischen Subskriptionsbibliotheken« geworden sei, die einen ganz wesentlichen Beitrag zur »Allgemeinbildung der Amerikaner« geleistet hätten.

Übrigens brachte Franklin mit dem von ihm selbst erdachten Motto der Bibliothek noch einmal zum Ausdruck, daß er es als seine religiöse Pflicht betrachtete, dem Gemeinwohl zu dienen: Communiter bona profundere Deum est (Der Gemeinschaft Wohltaten zu erweisen ist etwas Göttliches). Aus diesem Geist heraus, aber auch aus Dankbarkeit über wichtige Hilfestellungen, die ihm die unterschiedlichsten Menschen in diversen Krisensituationen seines Lebens geleistet hatten, trat er im Jahr der Bibliotheksgründung auch erstmals selbst als Sponsor und Kreditgeber eines jungen Unternehmers auf: Seinem begabten Gesellen Thomas Whitmarsh, der seit 1729 für ihn arbeitete, lieh er eine größere Geldsumme, die dieser zur Einrichtung einer eigenen Druckerei in South Carolina benötigte. Obwohl Franklin noch immer Schulden auf seinem Betrieb hatte, ging es ihm, wie er bekannte, »jedoch täglich besser«, weshalb er das Wagnis eingehen konnte, in das neue Unternehmen seines jungen Mitarbeiters zu investieren. In einem Vertrag, der ihre sogenannte »Kopartnerschaft« genau regelte, versprach Whitmarsh dann als Gegenleistung, sechs Jahre lang den jeweils dritten Teil seines in South Carolina erzielten Gewinns an Franklin abzuführen.

Wiewohl Franklin sich nun zunehmend als privater Investor betätigte blieb der Junto doch ein durch nichts zu ersetzender Ausgangspunkt für viele seiner Reformprojekte. Allerdings wandte er sich im Jahr 1731 noch einer anderen Bruderschaft zu, die sich ebenfalls der Beförderung des Gemeinwohls und der religiösen Toleranz verschrieben hatte: Franklin wurde Mitglied der Freimaurerloge von Philadelphia, einem Ableger der 1717 in London gegründeten »Grand Lodge of Free and Accepted Masons«, die auch die Stammutter aller europäischen Logen des 18. Jahrhunderts war. Was ihn an den Geheimgesellschaften der Freimaurer besonders faszinierte, war die in den Logen vollzogene Auflösung jeglicher Standesgrenzen: Ob ein Freimaurer nun ein Handwerker war oder ein Gentleman, der sich zur Elite der Gesellschaft zählte, war für die Mitglieder einer Loge nicht von Belang. Franklin identifizierte sich sehr schnell und vorbehaltlos mit den Zielen der Freimaurer: Ein Jahr nach seinem Beitritt entwarf er bereits die neuen Satzungen der Loge in Philadelphia, und nach dreijähriger Zugehörigkeit wurde er sogar ihr Großmeister.

Doch auch wenn Franklin es offensichtlich für nötig befand, seine gesellschaftlichen Reformvorhaben zunächst im Verborgenen und im Kreise von überschaubaren Sozietäten zu entwickeln, waren ihm öffentliche Auftritte nicht minder wichtig, weil er nur durch die Hinwendung an ein großes Publikum auf eine möglichst breite Unterstützung für seine Projekte hoffen durfte. Ein wichtiges Sprachrohr, mit dem er seit 1729 weite Kreise der Einwohnerschaft Pennsylvanias erreichen konnte, war seine Zeitung, die *Pennsylvania Gazette*. Da allerdings zu Anfang der 1730er Jahre mehr als ein Drittel der Bevölkerung Pennsylvanias deutschstämmig war und kaum englischsprachige Zeitungen las, gründete er im Mai 1732 auch noch die deutschsprachige *Philadelphische Zeitung*, um künftig auch die deutschen Kolonisten direkt ansprechen zu können. Da er selbst die deutsche Sprache nicht gut genug beherrschte, betraute er seinen aus Holland stammenden Gesellen Louis Timothée – der zugleich Leiter der neuen Leihbibliothek war – mit der Aufgabe, als sein »Sprachmeister« die *Philadelphische Zeitung* zu redigieren. Trotz Timothées flammendem Aufruf »an alle teutsche Einwohner der Provintz Pennsylvanien«, dem

❧(No. I.)❧
Philadelphische Zeitung.

SAMBSTAG, den 6 Mey. 1732.

An alle teutſche Einwohner der Provintz Pennſylvanien.

NACHDEM ich von verſchiedenen teutſchen Einwohnern dieſes Landes bin erſuchet worden, eine teutſche Zeitung ausgehen zu laſſen, und ihnen darinnen das vornehmſte und merckwürdigſte neues, ſo hier und in Europa vorfallen möchte, zu communiciren; doch aber hierzu viele mühe, groſſe correſpondentz und auch Unkoſten erfordert werden; Als habe mich entſchloſſen, denen teutſchen zu lieb gegenwärtiges Specimen davon heraus zu geben, und ihnen dabey die Conditiones welche nothwendig zu der continuation derſelben erfordert werden, bekent zu machen.

Erſtlich, müſten zum wenigſten, um die unkoſten die darauf lauffen, gut zu machen, 300 ſtücks können gedruckt und debitiret werden, und müſte in jeder Townſhip dazu ein mann ausgemachet werden, welcher mir wiſſen lieſſe, wie viel Zeitungen jedes mahl an ihn müſten geſandt werden, und der ſie dan weiters einen jeglichen zuſtellen und die bezahlung davor einfordern müſte.

Vor jede Zeitung muſs jährlich 10 Shillinge erleget, und davon alle quartal 2 ſh. 6 d. bezahlet werden.

Dagegen verſpreche ich auf meiner ſeite, durch gute Correſpondentz die ich in Holland und England habe allezeit das merkwürdigſte und neueſte ſo in Europa und auch hier paſſiret, alle wocne einmahl, nemlich Sonnabends in gegenwärtiger form einer Zeitung, nebſt denen ſchiffen ſo hier abgehen und ankommen, oder auch das ſteigen oder fallen des Preiſſes der Güter, und was ſonſt zu wiſſen dienlich bekandt zu machen.

Advertiſſemente oder Bekant machungen, welche man an mich ſchicken möchte, ſollen das erſte mahl vor 3 ſhill. 3 mahl aber vor 5 ſhil: hinein geſetzet werden.

Und weil ich nützlich erachte die gantze beſchreibung der aufrichtung dieſer provintz, mit allen derſelben privilegien, rechten und geſetzen, bey ermangelung genugſamer Neuigkeiten, darinen bekandt zu machen; ſolte nicht undienlich ſeyn, daſs ein jeder, zumahl wer kinder hat, dieſe Zeitungen wohl bewahre, und am ende des jahres an einander heffte; zumahl da ſolche dann gleichſam als eine Chronica dienen können, die vorigen Geſchichte daraus zu erſehen, und die folgende deſto beſſer zu verſtehen.

Auch wird anbey zu bedencken gegeben, ob es nicht rahtſam wäre, in jeder groſſen Townſhip einen reitenden Boten zu beſtellen, welcher alle woche einmahl nach der ſtadt reiten und was ein jeder da zu beſtellen hat, mit nehmen könne

So bald nun die obgemeldte zahl der Unterſchreiber vorhanden, welche ſo bald als möglich erſuche in Philadelphia

Abb. 6 Titelseite der »Philadelphischen Zeitung«, eines von Franklin herausgegebenen deutschsprachigen Blattes, dem allerdings kein anhaltender Erfolg beschieden war.

neuen Blatt durch großzügige Subskription zu einem guten Start zu verhelfen und es somit zu »befördern«, scheiterte das Zeitungsprojekt. Franklin mußte die *Philadelphische Zeitung* schon nach einem Monat wieder einstellen, weil sich, wie Timothée bedauerte, »vor jetzo nicht über 50« Subskribenten gefunden hatten, die das Blatt unterstützen wollten. Mindestens 300 Abonnenten hätte Franklin jedoch für seine Zeitung interessieren müssen, »um die unkosten«, wie Timothée erläuterte, »die darauf lauffen, gut zu machen«. Diese Zahl entsprang keinesfalls einem unrealistischen Kalkül, denn nur wenige Jahre nach Einstellung der *Philadelphischen Zeitung* gelang dem deutschstämmigen Drucker Christoph Saur in der nordwestlich von Philadelphia gelegenen Stadt Germantown die Gründung eines neuen deutschsprachigen Blattes, das er *Pensylvanische Berichte* nannte und das von vielen hundert deutschen Subskribenten gelesen und hoch geschätzt wurde. Gut möglich, daß Saur die deutschen Bürger Pennsylvanias in seinen *Pensylvanischen Berichten* auf eine einladendere und überzeugendere Art anzusprechen wußte als Timothée; wahrscheinlich hatte ihnen an der *Philadelphischen Zeitung* aber in erster Linie mißfallen, daß Franklin keine Frakturtype besaß, in welcher deutschsprachige Texte ja üblicherweise gesetzt und gedruckt wurden.

Während sich die Herausgabe der *Philadelphischen Zeitung* also als wirtschaftlicher Fehlschlag entpuppte, startete Franklin noch im selben Jahr ein anderes verlegerisches Unternehmen, das zu einem seiner größten finanziellen Erfolge überhaupt werden sollte: Im Dezember 1732 veröffentlichte er erstmals seinen *Poor Richard's Almanack*, eine Kalenderschrift, die er 25 Jahre lang fortführte und von der er jährlich an die 10000 Exemplare absetzen konnte. Almanache, die über astronomische Daten des jeweils bevorstehenden Jahres informierten, waren in Europa schon seit dem Hohen Mittelalter in Gebrauch; nach der Erfindung des Buchdrucks und besonders seit dem 17. Jahrhundert wurden in zunehmenden Maß auch belehrende und unterhaltende Themen in diese Almanache aufgenommen. Zu Beginn des 18. Jahrhunderts erfreuten sich literarische Almanache so großer Beliebtheit, daß selbst ein Andrew Bradford in Philadelphia keine Schwierigkeiten hatte, vier verschiedene solcher Kalender zu drucken und mit Gewinn zu verkaufen. Zu Bradfords Kalenderschriften trat Franklins *Poor Richard's Almanack* seit 1733 als fünfter Almanach der Stadt in unmittelbare Konkurrenz.

Da Kalender, die mit Sprüchen und kleinen Geschichten versehen waren, so weite Verbreitung fanden wie sonst nur noch die Bibel, betrachtete Franklin seinen neuen Almanach, wie er später schrieb, »als das geeignete Mittel zur Belehrung der einfachen Leute, die kaum irgendwelche anderen Bücher kauften«. Die Botschaft, die Franklin gerade bei schlichten Handwerkern und Landleuten verkünden wollte, bestand nun im wesentlichen in der Aufforderung, daß man mit »Fleiß und Sparsamkeit« versuchen solle, »zum Wohlstand zu gelangen«, um mit dessen Hilfe »Tugend zu sichern« und gemeinnützige Taten zu verrichten. Dazu füllte er in seinem Almanach »alle Zwischenräume, die zwischen den Gedenktagen im Kalender vorkamen, mit Sprichwörtern und kurzen Sätzen aus«, die das von ihm befürwortete Ideal einer arbeitsamen und dem Gemeinwohl zugutekommenden Lebensführung zum Inhalt hatten.

In diesen Maximen und Sentenzen spornte er seine Leser immer wieder an, kostbare Arbeitszeit nicht ungenutzt verstreichen zu lassen: »Wer nutzlos Zeit im Wert von 5 Shilling verliert, verliert nicht nur die Summe, sondern alles, was damit bei Verwendung im Gewerbe hätte verdient werden können, – was, wenn ein junger Mann ein höheres Alter erreicht, zu einer ganz bedeutenden Summe aufläuft«. Deshalb mahnte Franklin auch: »Verlorene Zeit kann niemals wiedergefunden werden«, »Genug Zeit ist immer noch zu wenig« und »Liebst Du das Leben? Dann verschwende keine Zeit; denn das ist der Stoff, aus dem das Leben gemacht ist«. Weil ihm das tätige Auskosten der zur Verfügung stehenden Lebenszeit so wichtig war, veröffentlichte er die eingängigsten Sprüche zu dieser Thematik später auch noch in zwei selbständigen Abhandlungen, die ebenfalls Bestseller wurden: Franklins *Advice to a young tradesman* – eine Schrift, die mit den prägnanten Worten »Bedenke, daß Zeit Geld ist« einsetzt – erschien 1748, *Way to Wealth* (auch *Father Abraham's Speech* genannt) erstmals 1757.

Daß er ein rastloses Arbeiten allerdings nicht als Selbstzweck verstand, unterstrich Franklin in seinem Almanach ebenfalls an vielen Stellen, am deutlichsten jedoch mit folgenden Worten: »Die nobelste Frage der Welt lautet: Welche guten Taten kann ich in ihr verrichten?« Schließlich sollte das in unermüdlicher Tätigkeit erworbene Geld nicht nur zum eigenen Vergnügen, sondern auch zur freiwilligen Beförderung der öffentlichen Wohlfahrt ausgegeben werden.

Daß Franklin mit seinem *Poor Richard's Almanack* ein exzeptioneller Erfolg beschieden war, hatte wohl nicht zuletzt damit zu tun, daß er sich als Herausgeber des Kalenders voll und ganz mit den darin propagierten Idealen zu identifizieren wußte, weshalb er auf seine Leser auch so außerordentlich glaubwürdig wirkte – und dies trotz eines von ihm (wieder einmal) angenommenen Pseudonyms: Franklin nannte sich in seinen Jahr für Jahr wechselnden Ansprachen »an den höflichen Leser« nämlich stets »Richard Saunders«, ein Name, den er von einem der bekannteren Kalenderschriftsteller des ausgehenden 17. Jahrhunderts umstandslos übernommen hatte. Daß der neue Richard Saunders in Wirklichkeit der Drucker Benjamin Franklin war, wurde von den Lesern des Almanachs sofort durchschaut und wohlwollend goutiert: Schmunzelnd nahmen sie zur Kenntnis, daß Franklin sich im Vorwort des ersten Almanachs als »übermäßig arm« – eben als »poor« Richard – bezeichnete und zugab, den Kalender nicht nur zur Beförderung des »öffentlichen Wohls«, sondern auch zur Steigerung des eigenen »Profits« verfaßt zu haben. Dem Ziel der Profitmaximierung war es im übrigen äußerst dienlich, daß Franklin in seinem Almanach nicht nur zu Fleiß und Sparsamkeit aufrief, sondern hin und wieder auch ganz allgemein gehaltene Lebensweisheiten abdruckte, die er in außerordentlich witzige Formulierungen zu kleiden wußte: Pointierte und originelle Sprüche wie »Fische und Gäste stinken nach drei Tagen«, »Drei Menschen können ein Geheimnis bewahren, wenn zwei von ihnen tot sind«, »Wo eine Ehe ohne Liebe ist, ist bald auch eine Liebe ohne Ehe« oder »Liebe deine Feinde, denn sie sagen dir

Bürger und Entrepreneur: 1728–1748

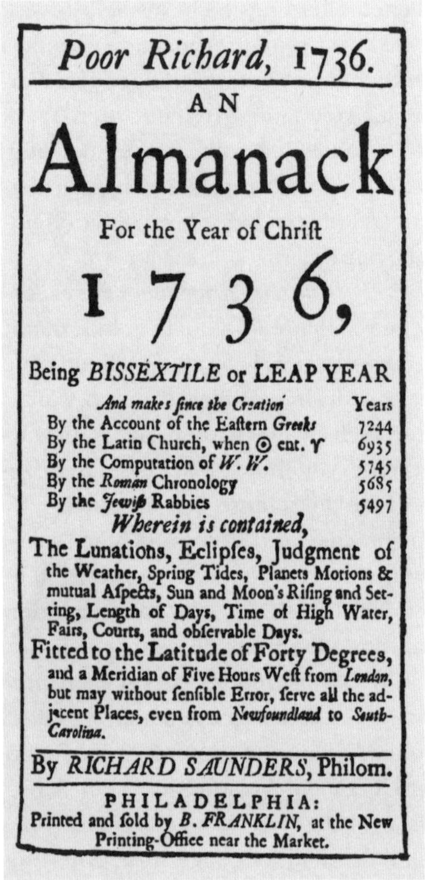

> *Poor Richard*, 1736.
> AN
> # Almanack
> For the Year of Chrift
> # 1 7 3 6,
> Being *BISSEXTILE* or LEAP YEAR
>
> *And makes fince the Creation* Years
> By the Account of the Eaftern *Greeks* 7244
> By the Latin Church, when ☉ ent. ♈ 6935
> By the Computation of *W. W.* 5745
> By the *Roman* Chronology 5685
> By the *Jewiſh* Rabbies 5497
>
> *Wherein is contained,*
> The Lunations, Eclipfes, Judgment of the Weather, Spring Tides, Planets Motions & mutual Afpects, Sun and Moon's Rifing and Setting, Length of Days, Time of High Water, Fairs, Courts, and obfervable Days.
> Fitted to the Latitude of Forty Degrees, and a Meridian of Five Hours Weft from *London*, but may without fenfible Error, ferve all the adjacent Places, even from *Newfoundland* to *South-Carolina*.
>
> By *RICHARD SAUNDERS*, Philom.
> ────────────
> PHILADELPHIA:
> Printed and fold by *B. FRANKLIN*, at the New Printing-Office near the Market.

*Abb. 7
Titelseite zu Franklins
»Poor Richard's
Almanack« für das
Jahr 1736. In dieser
Ausgabe veröffentlichte
Franklin den auch
heute noch häufig
zitierten Spruch
»Fische und Gäste
stinken nach drei
Tagen.«*

deine Fehler« wurden gern gelesen und hatten an der großen Popularität des *Poor Richard's Almanack* entscheidenden Anteil.

Indem nun die erste Ausgabe seines Kalenders reißenden Absatz fand und die Einwohner Pennsylvanias durch ein aufmerksames Studium des *Poor Richard's Almanack* lernen konnten, wie sich ihr Streben nach Reichtum mit gemeinnützigem Handeln in Einklang bringen ließ, faßte Franklin »den kühnen und ernsten Vorsatz«, sich seinerseits noch stärker der eigenen »sittlichen Vervollkommnung« zu widmen. Tatsächlich glaubte er – der mit Disziplin, Fleiß und Willensstärke seit seiner Rückkehr aus London schon so vieles erreicht hatte –, nahezu fehlerlos leben zu können, wenn er nur mit genügend großer Entschlossenheit in den aufreibenden Kampf gegen »natürliche Neigung« oder »Gewohnheit« eintrat. Um üble Angewohnheiten zu unterlassen und falsche Verhaltensweisen möglichst vollständig aufzugeben, entwarf Franklin zunächst eine Liste der 13 wichtigsten Tugenden samt ihrer skizzenhaften Beschreibung, die er aus der aufmerksamen Lektüre verschiedener Schriften zur Ethik und Moral herausdestilliert hatte und die er zukünftig gewissenhaft zu befolgen suchte:

1. Mäßigkeit
   Iß nicht bis zum Stumpfsinn, trink nicht bis zur Berauschung.
2. Schweigen
   Sprich nur, was anderen oder dir selbst nützen kann; vermeide unbedeutende Unterhaltung.
3. Ordnung
   Laß jedes Ding seine Stelle und jeden Teil deines Geschäfts seine Zeit haben.
4. Entschlossenheit
   Nimm dir vor, durchzuführen, was du mußt; vollende unfehlbar, was du dir vornimmst.
5. Sparsamkeit
   Mache keine Ausgabe, als um anderen oder dir selbst Gutes zu tun; das heißt, vergeude nichts.
6. Fleiß
   Verliere keine Zeit; sei immer mit etwas Nützlichem beschäftigt; entsage aller unnützen Tätigkeit.
7. Aufrichtigkeit
   Bediene dich keiner schädlichen Täuschung; denke unschuldig und gerecht, und wenn du sprichst, sprich dem gemäß.
8. Gerechtigkeit
   Schade niemandem, indem du ihm Unrecht tust oder die Wohltaten unterläßt, die deine Pflicht sind.
9. Mäßigung
   Vermeide Extreme; hüte dich, Beleidigungen so übel aufzunehmen, wie sie es nach deinem Dafürhalten verdienen.

Bürger und Entrepreneur: 1728–1748

10. Reinlichkeit
   Dulde keine Unsauberkeit am Körper, an Kleidern oder in der Wohnung!
11. Gemütsruhe
   Laß dich nicht von Kleinigkeiten oder durch gewöhnliche oder unvermeidliche Vorfälle aus der Ruhe bringen.
12. Keuschheit
   Übe geschlechtlichen Umgang selten, nur um der Gesundheit oder der Nachkommen willen; nie bis zur Ermattung oder Schwächung oder zur Schädigung deines eigenen oder fremden Friedens oder guten Rufes.
13. Demut
   Ahme Jesus und Sokrates nach.

Um zu überprüfen, gegen welche Tugenden er trotz aller guten Vorsätze am ehesten verstieß, legte er im Juli 1733 ein kleines Büchlein an, in welches er Abend für Abend die moralischen Versäumnisse und Fehltritte aufschrieb, derer er sich im Tagesverlauf schuldig gemacht hatte. Dabei stellte er fest, daß er sehr viel mehr Fehler beging als erwartet; insbesondere das Vorhaben, stets eine gute und verläßliche Ordnung zu halten, konnte er kaum einmal zu seiner vollen Zufriedenheit verwirklichen. Wenn Franklin sich daher auch nach einigen Monaten eingestehen mußte, daß er die gewünschte Fehlerlosigkeit niemals in allen Punkten erreichen werde, war er dennoch vom großen Nutzen des selbsterdachten »Kurses« zur Verbesserung der eigenen Sitten überzeugt, weshalb er ihn noch mehrmals in seinem Leben wiederholte. Denn nach seinem Dafürhalten war er allein schon durch das ehrliche »Streben« nach Vollkommenheit ein »besserer und glücklicherer Mensch« geworden, als er es »sonst und ohne derartigen Versuch gewesen wäre«. Dabei verglich er sich selbst mit jenen Schülern,

> die durch Nachahmung der in Kupfer gestochenen Vorlageblätter sich im Schreiben vervollkommnen wollen, zwar niemals die erstrebte Vortrefflichkeit jener Vorlageblätter erreichen, aber durch den Versuch doch ihre Handschrift verbessern, die so wenigstens leidlich wird und hübsch und leserlich bleibt.

Franklins im Selbstversuch gewonnene Einsicht in die immer nur relative Besserungsfähigkeit des Menschen war gepaart mit dem Wissen um die – wie er fand – unverrückbar feststehende Tatsache, daß alles menschliche Wollen letzlich auf Gottes gnädigen Beistand angewiesen blieb, wenn es gelingen sollte. In den prägnanten Worten des *Poor Richard's Almanack* hieß dies für ihn: »Gott hilft denen, die sich selbst helfen«; aber eben auch: »Des Menschen Hand alleine kann ihm, ohne Gottes Hilfe, nichts Gutes tun«.

In einer sehr ausführlichen theologischen Abhandlung *On the Providence of God in the Government of the World*, die er wohl schon zu Beginn des Jahres 1733 im Junto vorlas, legte er dann im Detail dar, wie sich menschliches Streben und göttliche Vorsehung zusammendenken ließen. Einerseits hielt Franklin es für unbestreitbar, daß Gottes Vorsehung den Weltlauf lenkte und auch die Handlungen des Menschen in beträchtlichem Maße beeinflußte. Andererseits war ihm jetzt aber die orthodox-calvinistische Lehre von der Unfreiheit des menschlichen Willens – zu der er sich ja selbst in London noch offen bekannt hatte – zutiefst suspekt geworden. Seine früheren Auffassungen revidierend behauptete Franklin nun, daß Gott dem Menschen »in einem gewissen Grade« einen freien Willen zugestanden habe, weshalb er ihn auch dereinst für seine »Taten zur Rechenschaft ziehen« werde. Jeder, der Gottes Wohlgefallen zu erlangen trachte, sei also dazu aufgerufen, sich unablässig, nach bestem Wissen und Gewissen und nach allen ihm zur Verfügung stehenden Kräften für den Nächsten und für das Gemeinwohl einzusetzen. All denen, die sich auf diese Weise redlich mühten und aus freien Stücken Gutes zu bewirken suchten, werde Gott dann ganz gewiß »seine Gunst und seinen Schutz« gewähren. Dieser Glaube an die von Gott zugeteilte Belohnung guter Werke verleihe nicht nur »Ruhe und Seelenfrieden«, sondern ermögliche es uns auch, »anderen gegenüber« stets »wohlwollend, nützlich und wohltätig« aufzutreten.

Daß Franklin seine theologische Position im Junto klärte und nicht im Kreis einer Kirchengemeinde, lag daran, daß er ja seit seiner Jugend nur sehr selten an Gottesdiensten teilnahm; nach wie vor trug die intensive Lektüre einschlägiger Bücher mehr zu seiner religiösen Belehrung oder Erbauung bei als die Teilnahme an einem geregelten Gemeindeleben. Erst als gegen Ende des Jahres 1734 der irische Prediger Samuel Hemphill nach Philadelphia kam und seine Zuhörer in den Gottesdiensten der Presbyterianer – die in Pennsylvania die Stelle der Kongregationalisten einnahmen – durch mitreißende Ansprachen begeisterte, begann sich auch Franklin wieder für den Kirchgang zu interessieren. Anfang des Jahres 1735 besuchte er einen von Hemphill abgehaltenen Gottesdienst und stimmte sofort in den Chor der allgemeinen Bewunderung für dessen Rednertalente ein. Sonntag für Sonntag lauschte er nun Hemphills Predigten, die ihm vor allem deswegen so sehr gefielen, wie er in seiner *Autobiographie* gestand, »weil sie wenig von der dogmatischen Art hatten, sondern streng die Ausübung der Tugend oder, wie man es im religiösen Stile nennt, der guten Werke einschärften«.

Als einige Gemeindemitglieder Hemphill den Vorwurf machten, er predige zuviel über Moral und zuwenig über die orthodox-calvinistische Lehre von der Erlösung des Menschen durch den Glauben an Gottes Gnade, schlug sich Franklin ostentativ auf die Seite des Predigers: Im April 1735 stellte er in einem Artikel für seine *Pennsylvania Gazette* klar, daß das Herzstück des Neuen Testaments – »Christi Bergpredigt« – nichts anderes sei als ein

> exzellenter Diskurs über Moral, gegen dessen Ende [Christus] seinen Zuhörern deutlich sagt (weil er vorhersieht, daß sich die Leute mit der Zeit mehr auf ihren Glauben an ihn als auf Gute Werke zu ihrer Erlösung verlassen möchten), daß ihre Rede Herr, Herr (mit der sie sich als seine Jünger oder Christen zu erkennen geben) ihnen keinen Anspruch auf Erlösung einbringt, sondern nur das Tun nach dem Willen seines himmlischen Vaters.

Weil Hemphills Gegner ihm trotz seines anhaltenden Erfolgs in den Gottesdiensten das Leben weiter schwer machten und ein Disziplinarverfahren gegen ihn anstrengten, gab er schließlich sein Predigeramt in Philadelphia entnervt auf und verließ im Herbst 1735 die Stadt. Franklin war über die Engstirnigkeit der Kirchgänger, die Hemphill vertrieben hatten, so erbost, daß er den Gottesdiensten der Presbyterianer von nun an wieder fernblieb. Er zahlte zwar nach wie vor seinen Beitrag zum Unterhalt ihrer Geistlichen, doch nahm er nicht mehr aktiv am Leben und an Gottesdiensten der Presbyterianergemeinde teil.

Seine liebste Gemeinschaft, in der der Aufruf zu guten Werken immer noch von allen Mitgliedern geschätzt und unterstützt wurde, blieb also weiterhin der Junto. Daher verwundert es auch nicht, daß die wichtigsten gemeinnützigen Projekte, die Franklin im Jahr 1735 auf den Weg brachte, in eben diesem politischen Klub entwickelt wurden. Schon im Januar hatte er im Junto einen Aufsatz vorgelesen, in welchem er die oft unzureichenden Brandschutzmaßnahmen der Stadt Philadelphia einer scharfen Kritik unterzog. Seine eigenen Verbesserungsvorschläge zur Behebung dieses gefährlichen Mißstandes stellte er nur wenige Wochen später einem weitaus größeren Publikum in der *Pennsylvania Gazette* vor: In seinem Artikel *On Protection of Towns from Fire* verlangte er, daß die in Philadelphia eingesetzten Schornsteinfeger zukünftig eine bessere berufliche Ausbildung erhalten und alle Stadtteile mit öffentlichen Pumpen ausgestattet werden sollten. Zudem setzte er sich für die Gründung einer Feuerbrigade ein, die sich durch regelmäßige Löschübungen gewissenhaft auf ihre Einsätze bei Stadtbränden vorzubereiten hatte. Tatsächlich wurde die *Union Fire Company* von Philadelphia nur wenige Monate nach der Veröffentlichung seines Zeitungsartikels ins Leben gerufen, und es war Franklin, der die Satzung dieser neu eingerichteten Feuerwehr verfassen durfte.

Kurz vor Ablauf des Jahres 1735 legte er dem Junto dann noch einen Aufsatz vor, in dem er forderte, die Dienste der nächtliche Stadtwache von gut bezahlten und »achtbaren Hausvätern« versehen zu lassen und nicht von wenig verläßlichen und schlecht entlohnten »Bengeln«, was seiner Meinung nach nur durch Einführung einer Spezialsteuer möglich gemacht werden konnte. Obwohl dieser Plan zur Gründung einer Bürgerpolizei erst viele Jahre später verwirklicht wurde, »bereitete er doch«, wie Franklin in seiner *Autobiographie* betonte, »die öffentliche Meinung auf diese Änderung vor und bahnte den Weg für das Gesetz«, das erst dann durchging, »als die Mitglieder unseres Klubs zu größerem Einfluß gelangt waren.«

Franklins eigene Möglichkeiten zur Einflußnahme auf die politische Entwicklung Pennsylvanias nahmen allerdings schon im Herbst des Jahres 1736 ganz erheblich zu, als er zum Schriftführer *(clerk)* der Assembly in Philadelphia gewählt wurde. Zu verdanken hatte er die Wahl der Fürsprache des Parlamentssprechers Andrew Hamilton, dessen Wunschkandidat er war. Hamilton hatte sich deswegen für Franklin ausgesprochen, weil dieser ihn einige Jahre zuvor in einer Auseinandersetzung mit dem Gouverneur von Pennsylvania bestärkt und in seiner Zeitung als mutigen Parlamentarier bezeichnet hatte, der sich nicht scheute, gegen die Interessen der Mächtigen Politik zu machen. Nun erhoffte sich Hamilton von Franklin eine ebenso eindeutige Unterstützung im Rahmen der Assembly.

Mit seiner Wahl ins Kolonialparlament begann für Franklin ein ganz neuer, höchst wichtiger Lebensabschnitt: Ohne seine außerparlamentarische politische Arbeit als kreativer Vordenker, Initiator von Bürgerinitiativen und Publizist aufzugeben, war er jetzt auch Teil der gesetzgebenden und die Regierungsbehörden kontrollierenden Volksvertretung Pennsylvanias. Er hatte somit einen entscheidenden Schritt auf dem Weg zum professionellen Politiker getan. Bevor er jedoch unter Beweis stellen konnte, was er als solcher zu leisten imstande war, mußte er, nur fünf Wochen nach seiner Wahl in die Assembly, mit einem Schicksalsschlag fertig werden, der ihn wie kein anderes Unglück seines Lebens tief ins Herz traf: Am 21. Oktober 1736 starb sein erst vier Jahre alter Sohn Francis an den Pocken.

Zwar hatte sich Franklin seit den frühen 1720er Jahren – als sein Bruder James die Pockenimpfung im *New England Courant* noch mit zahlreichen polemischen Spitzen gegen Cotton Mather bekämpfte – zu einem leidenschaftlichen Befürworter dieser medizinischen Schutzmaßnahme entwickelt, aber er hatte die geplante Impfung bei Francis immer wieder verschieben lassen, weil der Junge zu oft an schweren Erkältungen litt. In seinem im Dezember 1736 für die *Pennsylvania Gazette* verfaßten Beitrag *On the Death of His Son* beteuerte Franklin denn auch öffentlich, daß er fest vorgehabt hatte, sein Kind »impfen zu lassen, sobald es sich von seinem chronischen Schnupfen, der es seit längerem belästigte, hinreichend erholt haben würde«. Tragischerweise war es dem Vater aber nicht vergönnt, dieses Vorhaben noch rechtzeitig in die Tat umzusetzen.

Auf die ihn bedrängende Frage, wie es sein konnte, daß »ein guter und barmherziger Schöpfer« kleine Kinder »zu keinem anderen Ziel oder Zweck« ins Leben gerufen habe, als sie schon frühzeitig wieder »in die dunklen Kammern des Grabes« legen zu lassen, wußte er nur zu antworten, daß die Auflösung dieses schmerzlichen Lebensrätsels allenfalls »jenseits unseres sterblichen Wissens« zu finden war. Lakonisch folgerte er deshalb: »Als die Natur uns Tränen gab, gab sie uns die Erlaubnis zu weinen.« Für den Grabstein des Kindes wählte er den schlichten und anrührenden Spruch: »Die Freude aller, die ihn kannten«. Noch Jahrzehnte nach dem Tod seines jüngsten Sohnes bekannte er, daß ihn der Anblick kleiner Jungen regelmäßig genug »das Bild meines Sohnes Franky« vor Augen führe, an den er, obwohl er nun schon viele Jahre tot war, selten denken könne, »ohne einen Seufzer zu tun«.

Welch niederschmetternde Wirkung Frankys Tod auf seine Mutter Deborah gehabt haben muß, läßt sich kaum ermessen. Zum Schmerz über den Verlust ihres Sohnes trat sicher auch die Angst hinzu, vielleicht nie mehr ein weiteres Kind haben zu können: Denn in einer Zeit, in der in den nordamerikanischen Kolonien Großbritanniens die Frauen im Schnitt acht Kinder zur Welt brachten, hatte Deborah in sechs Ehejahren

Bürger und Entrepreneur: 1728–1748

erst eine Schwangerschaft erlebt, obwohl sie und ihr Mann sich viele Kinder wünschten. Zudem war sie, als Franky starb, schon über 30 Jahre alt. So wird sie es wohl als ein wirkliches Wunder empfunden haben, daß sie sieben Jahre nach dem Ableben des kleinen Francis dann doch noch ein Mädchen gebar: Sarah, die von ihren Eltern zumeist Sally gerufen wurde, blieb gesund, wuchs zu einer hübschen jungen Frau heran und wohnte mit ihrem Ehemann Richard Bache zur großen Freude ihrer Mutter bis an deren Lebensende in ihrer unmittelbaren Nähe in Philadelphia.

Bevor Sally geboren wurde, mußten die Eltern allerdings erst mühsam lernen, sich auf ein Leben ohne Franky einzustellen. Für Franklin, der nun einerseits ein noch engeres Band zu seinem erstgeborenen Sohn William knüpfte, war gewiß auch die neue und noch ungewohnte Arbeit in der Assembly eine willkommene Gelegenheit, sich von seiner häuslichen Trauer abzulenken. Auch wenn er die wichtigsten politischen Ereignisse und Entwicklungen Pennsylvanias im zurückliegenden Jahrzehnt genauestens mitverfolgt hatte, mußte er sich mit den parlamentarischen Gepflogenheiten der Assembly, mit den Wortgefechten der Abgeordneten und den ihnen zugrundeliegenden politischen Strategien erst noch hinreichend vertraut machen.

Als Franklin Schriftführer der Assembly wurde – deren 30 Mitglieder von den wenigen männlichen Bürgern Pennsylvanias gewählt worden waren, die 50 Morgen Land oder ein auf 50 Pfund taxiertes Vermögen besaßen –, erwiesen sich in den Debatten des Kolonialparlaments zwei konkurrierende Gruppierungen von Abgeordneten als tonangebend: Die »Eigentümerpartei« und die »Volkspartei«. Erstere vertrat die Interessen jener Wähler, die mit den politischen Plänen von John, Thomas und Richard Penn – den Söhnen des 1718 verstorbenen Koloniegründers William Penn – sympathisierten. Die drei Brüder, die von ihrem Vater gemeinsam die Rechte eines »wahren und absoluten Eigentümers« der Kolonie geerbt hatten, versuchten seit den 1730er Jahren ihren steuerfreien Privatbesitz stetig zu mehren, wobei sie den wohlhabenden und alteingesessenen Kolonisten, die ihre Politik unterstützten, weitreichende Vergünstigungen bei der Erschließung neuer Anbauflächen gewährten.

Die »Volkspartei« hingegen beharrte darauf, neuerschlossenen Grund und Boden zu günstigen Preisen an möglichst viele der weiterhin ins Land strömenden Neusiedler zu vergeben. Vor allem aber forderte sie, daß künftig auch die riesigen Ländereien der Familie Penn besteuert werden sollten. Franklin, der sich wie sein Förderer Hamilton der »Volkspartei« zurechnete, mußte nun in jahrelangen und erbittert geführten Auseinandersetzungen erleben, wie es der »Eigentümerpartei« ein ums andere Mal gelang, eine neue Steuergesetzgebung mit viel Geschick zu hintertreiben. Manchmal langweilten Franklin die fruchtlosen und sich wiederholt totlaufenden Debatten so sehr, daß er sich veranlaßt sah, »um die Ermüdung zu vermeiden«, die verschiedenartigsten »magischen Vierecke oder Kreise zu zeichnen«. Ein besonders faszinierendes magisches Viereck, das er während einer ungemein langatmigen Auseinandersetzung im Kolonialparlament angefertigt hatte, schickte er später einem Freund als »arithmetische Kuriosität« zur Ansicht: Auf dem Grundriß eines Quadrates hatte Franklin 256 verschiedene Zahlen so angeordnet, daß sie in vertikaler, horizontaler oder diagonaler Aneinanderreihung immer die Summe 2056 ergaben.

Trotz des teilweise frustrierenden Streits in der Assembly, der oft genug ohne greifbare Ergebnisse blieb, stellte Franklin das Kolonialparlament als bedeutsame politische Institution nie in Frage: Die aus freien Wahlen hervorgegangene Volksvertretung war die wichtige Institution, in der die Bürger ihre politischen Mitspracherechte wahrnehmen konnten, wo ein friedlicher politischer Schlagabtausch gepflegt, wo Kritik am Kurs des von den Eigentümern eingesetzten Gouverneurs geübt und wo die Kunst des politischen Kompromisses praktiziert werden konnte und mußte. Gelegentliche Enttäuschungen über den schleppenden Verlauf vieler Parlamentsdebat-

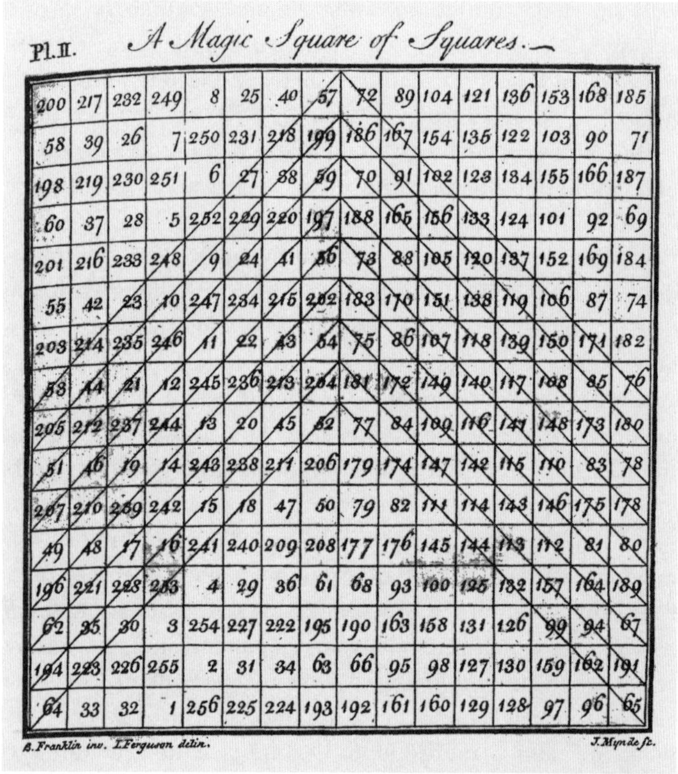
Pl. II. A Magic Square of Squares.

200	217	232	249	8	25	40	57	72	89	104	121	136	153	168	185
58	39	26	7	250	231	218	199	186	167	154	135	122	103	90	71
198	219	230	251	6	27	38	59	70	91	102	123	134	155	166	187
60	37	28	5	252	229	220	197	188	165	156	133	124	101	92	69
201	216	233	248	9	24	41	56	73	88	105	120	137	152	169	184
55	42	23	10	247	234	215	202	183	170	151	138	119	106	87	74
203	214	235	246	11	22	43	54	75	86	107	118	139	150	171	182
53	44	21	12	245	236	213	204	181	172	149	140	117	108	85	76
205	212	237	244	13	20	45	52	77	84	109	116	141	148	173	180
51	46	19	14	243	238	211	206	179	174	147	142	115	110	83	78
207	210	239	242	15	18	47	50	79	82	111	114	143	146	175	178
49	48	17	16	241	240	209	208	177	176	145	144	113	112	81	80
196	221	228	253	4	29	36	61	68	93	100	125	132	157	164	189
62	35	30	3	254	227	222	195	190	163	158	131	126	99	94	67
194	223	226	255	2	31	34	63	66	95	98	127	130	159	162	191
64	33	32	1	256	225	224	193	192	161	160	129	128	97	96	65

B. Franklin inv. J. Ferguson delin. J. Mynde sc.

Abb. 8 Ein von Franklin um 1740 entworfenes magisches Viereck: Die im Viereck angeordneten Zahlen ergeben in vertikaler, horizontaler und diagonaler Aneinanderreihung immer die Summe 2056.

ten veranlaßten Franklin also keineswegs dazu, über einen Rückzug aus seinem wichtigen parlamentarischen Amt auch nur nachzudenken. Zudem trug ihm sein politisches Engagement beträchtliche geschäftliche Vorteile ein, zumal er im Jahr 1737 auch noch mit dem außerordentlich einträglichen Amt eines Postmeisters von Pennsylvania betraut wurde. Als oberster Beamter des Postwesens bezog er nämlich nicht nur ein zusätzliches Gehalt, sondern erteilte den von ihm instruierten Postreitern auch die Anweisung, seine *Pennsylvania*

Gazette über neue Postrouten in Gegenden zu tragen, wo sie noch unbekannt war. Auf diese Weise erschloß er seiner Zeitung neue Märkte, was, wie er später schrieb, dazu führte, »daß sie mir im Laufe der Zeit ein bedeutendes Einkommen abwarf«.

Ungeachtet seiner verantwortungsvollen Tätigkeit als Parlamentsschreiber und der ihn nach wie vor viel Zeit kostenden Arbeit als Drucker unterstützte Franklin weiterhin mit großer Leidenschaft und viel Enthusiasmus alle Bürgerinitiativen, die ihm zur Beförderung der öffentlichen Wohlfahrt von besonderem Nutzen zu sein schienen. Auch wenn er sehr stolz darauf war, daß gerade sein Junto schon manche Verbesserung der gesellschaftlichen Verhältnisse in Pennsylvania in die Wege geleitet hatte, setzte er sich genauso für gemeinnützige Projekte ein, die von anderen Bürgern Philadelphias initiiert worden waren. So befürwortete er Ende des Jahres 1739 den Bau eines Hauses für öffentliche Versammlungen aller Art, das nach seiner Fertigstellung mit einer Länge von 100 Fuß und einer Breite von 70 Fuß für lange Zeit eines der größten Gebäude der britischen Kolonien in Nordamerika bleiben sollte.

Anlaß für die Errichtung dieses allen Bürgern zugänglichen Neubaus war das Wirken des anglikanischen Wander- und Erweckungspredigers George Whitefield, der seit November 1739 bei seinen flammenden Ansprachen unter freiem Himmel viele tausend Menschen aus allen in Philadelphia vorhandenen Sekten und Bekenntnissen um sich scharte. Anders als der Prediger Hemphill mahnte Whitefield nicht so sehr die Bedeutung guter Werke an wie vielmehr die Wiederentdeckung einer tiefen, individuellen Frömmigkeit, die durch ein häufigeres Versenken ins Gebet oder durch die Einführung ernsthafter, schlichter Hausandachten herbeigeführt werden konnte. Damit vertrat er theologische Ansichten, die auch von deutschen pietistischen Zirkeln oder den englischen Methodisten um Charles und John Wesley, mit denen er sich seit den 1720er Jahren intensiv auseinandergesetzt hatte, vertreten wurden. Whitefields Predigten in Philadelphia waren derart erfolgreich, daß man, wie Franklin schrieb, schon bald nach seinen ersten Auftritten »am Abend nicht durch die Stadt gehen konnte, ohne in verschiedenen Familien jeder Straße Psalmen singen zu hören«.

Wenngleich Whitefields Erweckungstheologie bei Franklin keine vergleichbare Resonanz fand – da er ja vor allem das Verrichten guter Taten als Ausdruck einer echten religiösen Gesinnung betrachtete –, schloß er sich dennoch der Ansicht einiger Bürger der Stadt an, die für den anglikanischen Geistlichen (und auch für andere Wanderprediger, die künftig nach Philadelphia kommen mochten) ein großes Versammlungshaus bauen wollten: Von vielen wurde es nämlich als unpassend empfunden, sich mitten im Winter und »aller Unbill der Witterung ausgesetzt, unter freiem Himmel zu versammeln«. Als das Haus mit Hilfe zahlreicher Geldspenden endlich erbaut war, wurde es von einem konfessionell gemischten Kuratorium verwaltet, in das man nach einiger Zeit auch Franklin berief. Die Kuratoren hatten dafür Sorge zu tragen, daß das Gebäude einem jeden Prediger »von irgendeiner religiösen Konfession, der zu der Bevölkerung von Philadelphia zu sprechen wünschte«, zum Gebrauch überlassen werden sollte. Denn schließlich sei der Zweck bei der Erbauung des neuen Versammlungshauses nicht gewesen, wie Franklin noch Jahre später in seiner *Autobiographie* hervorhob,

> daß es irgendeiner besonderen Sekte, sondern der Einwohnerschaft im allgemeinen zugute kommen sollte, so daß, selbst wenn es dem Mufti von Konstantinopel eingefallen wäre, einen Missionar herüberzuschicken, um uns den Mohammedanismus zu predigen, derselbe eine Kanzel zu seiner Verfügung gefunden haben würde.

Während Franklin als Kurator eines überkonfessionellen Versammlungshauses ein Projekt unterstützte, das eben jenen Geist der religiösen Toleranz atmete, der in Pennsylvania schon seit den Zeiten der Koloniegründung – und ganz im Sinne William Penns – weite und segensreiche Verbreitung gefunden hatte, begann er mit Beginn der 1740er Jahre für eine Politik der Selbstverteidigung zu werben, die dem Selbstverständnis einer von pazifistischen Quäkern dominierten Gesellschaft weit weniger entsprach. Seit mit dem Angriff Preußens auf Schlesien am 16. Dezember 1740 in Europa der Österreichische Erbfolgekrieg vom Zaun gebrochen worden war und Frankreich und Großbritannien (als jeweilige Verbündete der verfeindeten Mächte Preußen und Österreich) sich auf dem direkten Weg in eine umfassende kriegerische Auseinandersetzung befanden, befürchtete Franklin nämlich, daß es schon bald auch auf dem nordamerikanischen Kontinent zu einem Waffengang zwischen britischen und französischen Truppen kommen könnte.

Franklins Argwohn war keinesfalls unbegründet. Immerhin hatten Frankreich und England (oder, seit der Unionsakte von 1707, Großbritannien) seit dem Pfälzer Erbfolgekrieg der 1690er Jahre und dem zwischen 1701 und 1713 ausgetragenen Spanischen Erbfolgekrieg schon zwei größere Kriege geführt, die nicht nur in Europa, sondern auch auf nordamerikanischen Schlachtfeldern ausgefochten wurden. Diese nordamerikanischen Nebenschauplätze der europäischen Kriege lagen zumeist entlang der Grenzen der traditionellen Siedlungsgebiete englischer und französischer Kolonisten, also vor allem im Grenzland von Neuengland und Kanada, das schon seit dem frühen 17. Jahrhundert von Frankreich aus besiedelt worden war.

Daß es zwischen englischen und französischen Kolonisten nach wie vor und jederzeit zu bewaffneten Konflikten kommen konnte, hatte Franklin schon Mitte der 1730er Jahre öffentlich zu bedenken gegeben: In seinem für die *Pennsylvania Gazette* geschriebenen Artikel *Queries on a Pennsylvania Militia* legte er dar, daß es »ein großer Nachteil für die Franzosen, und ein großes Hemmnis für die Entwicklung ihrer Kolonien auf diesem Kontinent« sei, daß sie trotz ihrer riesigen Siedlungsgebiete in Kanada – und entlang des Mississippi in Louisiana – über keinen guten und den Handel begünstigenden Seehafen verfügten.

Schließlich befand sich die gesamte, über 1500 Meilen lange Ostküste Nordamerikas »in den Händen der Engländer«. Wäre es für die Franzosen nun nicht äußerst ratsam, so Franklins Mutmaßung, das unbefestigte Philadelphia anzugreifen, um Land in Atlantiknähe zu gewinnen? Angesichts der niemals vollständig abebbenden Spannungen zwischen Engländern und Franzosen hielt er es für zunehmend unverantwortlich, daß man das ohne Befestigungswälle erbaute Philadelphia den möglichen Angriffen französischer Truppen schutzlos ausgesetzt lassen wollte. An die Adresse der Quäker – die von Maßnahmen zur Selbstverteidigung nichts wissen wollten – richtete Franklin daher mit leichtem Spott die Frage, »ob diejenigen, die ihr Land nicht gegen einen Feind verteidigen wollen, nicht auch aus den gleichen Gründen darauf verzichten sollten, des Nachts die Türen ihrer Häuser zu verschließen?«

Zwar konnte er sich mit diesen Einwürfen in den 1730er Jahren noch kein Gehör verschaffen, doch als der Österreichische Erbfolgekrieg durch Großbritanniens 1742/3 erfolgten Kriegseintritt die von Franklin befürchteten Dimensionen annahm, begann sich die Haltung seiner Mitbürger allmählich zu ändern. So erklärte sich im Sommer des Jahres 1744 die mehrheitlich aus Quäkern bestehende Assembly von Pennsylvania zumindest dazu bereit, aus dem Haushalt der Kolonie die stattliche Summe von 4000 Pfund zur Unterstützung britischer Truppenteile in Neuengland zur Verfügung zu stellen. Das Kolonialparlament versah zwar diesen Beschluß mit dem einschränkenden Zusatz, daß das Geld nur zum Einkauf von »Rindfleisch, Schweinefleisch, Weizen und anderem Korn« ausgegeben werden dürfe, aber da der Gouverneur von Pennsylvania – George Thomas – schlichtweg behauptete, daß unter »anderem Korn« auch feinkörniges Schießpulver zu verstehen sei, wurde von den bewilligten Haushaltsmitteln schließlich doch Munition gekauft.

Wie Franklin als Schriftführer der Assembly notierte, fand die von Thomas beschaffte Munition schon im Folgejahr in der Schlacht um Louisburg Verwendung. Louisburg war eine zu

Beginn des Krieges fertiggestellte französische Hafenfestung auf der Insel Cape Breton, die der Halbinsel von Nova Scotia vorgelagert war. Sie sollte den Seezugang nach Kanada so unangreifbar sichern, wie das seit 1704 an Großbritannien gefallene Gibraltar den Eingang ins Mittelmeer bewachte. Im Sommer des Jahres 1745 gelang es einer kleinen Flotte der Royal Navy jedoch – mit tatkräftiger Unterstützung der neuenglischen Kolonisten –, diesen strategisch wichtigen französischen Stützpunkt einzunehmen. Franklin freute sich über den bedeutsamen Sieg außerordentlich und erklärte in der *Pennsylvania Gazette,* daß »die Leute von Neuengland die Expedition [nach Louisburg]« nicht nur »aus Gründen der eigenen Selbstverteidigung unternommen« hätten, sondern auch zur Verteidigung »aller anderen britischen Kolonien« Nordamerikas.

Als britische Truppen ein weiteres Jahr später planten, auch ins kanadische Landesinnere vorzustoßen, war die Assembly von Pennsylvania allerdings nicht mehr bereit, zur Verpflegung dieser nicht mehr nur defensiv agierenden, sondern ausschließlich auf Eroberungen bedachten Soldaten noch irgendwelche Gelder zu bewilligen. Die Zahlungsverweigerung wog zunächst nicht allzu schwer, weil der Kanadafeldzug ohnehin wieder abgeblasen wurde, noch bevor er eigentlich angefangen hatte: Da französische Kaperschiffe sich seit Ende des Jahres 1746 darauf verlegt hatten, britische Siedlungen entlang der neuenglischen Atlantikküste anzugreifen, sollten zunächst die dortigen Besitzungen verteidigt werden, bevor weitere Gebietsgewinne gemacht werden konnten. Doch als im Frühjahr 1747 französische Freibeuter auch in der Delaware Bay auftauchten und den Delaware River in Richtung Philadelphia genauestens auszukundschaften begannen, mußten sich die Abgeordneten der Assembly von Pennsylvania wieder der unangenehmen Frage stellen, ob es nun nicht doch an der Zeit sei, Gelder zu Kriegszwecken bereitzustellen.

Der Präsident des Gouverneursrats von Philadelphia, Anthony Palmer, beschrieb dem Kolonialparlament im Sommer 1747 denn auch mit beredten Worten das Schreckensszenario, das unweigerlich eintreten werde, wenn nicht in Kürze Maßnahmen zur Verteidigung der Stadt ergriffen würden: »Panische Angst und Verwirrung, der Ruin ein großen Anzahl von Familien, die Vernichtung des Handels, Blutvergießen, Grausamkeiten«, so Palmer, wären die »fatalen Folgen« einer »Plünderung« der Stadt durch französische Freibeuter. Nach eingehenden Beratungen des Kolonialparlaments mußte der konsternierte Ratspräsident jedoch zur Kenntnis nehmen, daß die meisten Abgeordneten der Assembly noch immer keine Gelder zur Verteidigung Philadelphias bereitstellen wollten und einen möglichen Angriff auf die Stadt im Grunde auch für wenig wahrscheinlich hielten: »Wir hoffen«, so der etwas eigenwillige Mehrheitsbeschluß des Kolonialparlaments, »daß es keine solche Gefahr geben wird«.

Wie Palmer war auch Franklin von der Haltung der Assembly maßlos enttäuscht. Als langjähriger Schriftführer des Kolonialparlaments hatte er zwar – wie er später schrieb – schon »häufig Gelegenheit« gehabt, »die Verlegenheit mitanzusehen, in die ihre grundsätzliche Ablehnung des Krieges die Quäker jedesmal brachte«, wenn sie »angegangen wurden, Unterstützungen für militärische Zwecke zu gewähren«; doch schien ihm eine radikalpazifistische Gesinnung – insbesondere in Zeiten einer echten äußeren Bedrohung – mit einer verantwortungsvollen Regierungsführung nicht vereinbar zu sein. Außerdem hielt er die theologischen Argumente der Quäker, mit deren Hilfe sie den Kriegsdienst als unchristlich denunzierten, nicht für stichhaltig. Wie er Ende 1747 in dem Zeitungsartikel *The Necessity of Self-Defence* erläuterte, habe Jesus Christus nämlich niemals »die Rechtmäßigkeit eines Defensivkrieges bestritten«: Denn schließlich habe er seinen Jüngern – jedenfalls gemäß den Worten des Lukasevangeliums (Kapitel 22, Vers 36) – geraten, sich Schwerter zur Selbstverteidigung zu kaufen, weil »die Verteidigung von Leben und Freiheit« zuweilen von größter Bedeutung sei.

Seiner theologischen Rechtfertigung eines defensiven Waffengebrauchs, die ganz offenkundig der calvinistischen Tradition Neuenglands verpflichtet war, stellte er die Schrift *Plain Truth* zur Seite, in der er seine Mitbürger dazu aufrief, angesichts der Untätigkeit der Assembly entschlossen zur Selbsthilfe zu greifen. Da das Kolonialparlament sich aus falsch verstandenen Gewissensnöten weigere, das eigene Land zu sichern – obschon die Abgeordneten doch »Neuengland, einer fernen Kolonie« schon einmal »4000 Pfund« zur »Einnahme von Cape Breton« bewilligt hätten –, müßten nun notgedrungen »wir selbst, die Mittelklasse, die Händler, Geschäftsleute und Bauern dieser Provinz und Stadt«, Pennsylvania schützen. Deshalb sollten sich möglichst viele Einwohner der Kolonie zu einer schlagkräftigen militärischen »Assoziation« zusammenschließen, um »ihren Besitz und ihre kostbaren Freiheiten« wirksam verteidigen zu können. Auch »die mutigen und standfesten Deutschen«, denen Franklin seinen Traktat in Übersetzung als *Die lautere Wahrheit* zugänglich machte, rief er dazu auf, sich der geplanten Freiwilligenarmee anzuschließen.

Wie Franklin sich in seiner *Autobiographie* erinnert, hatte sein Aufruf zur Bildung einer Miliz »eine plötzliche und überraschende Wirkung«. Von zahlreichen Mitbürgern wurde er gebeten, einen Vertrag über die gewünschte Assoziierung aufzusetzen, was er auch umgehend tat. Als er die zur Selbstverteidigung entschlossenen Einwohner Pennsylvanias dann im November 1747 zu einer Bürgerversammlung in das für Whitefield erbaute neue Gebäude nach Philadelphia einlud, fanden sich 1200 Männer sofort bereit, Franklins Entwurf zum Aufbau einer Miliz mit ihren Unterschriften zu unterstützen. Noch vor Ablauf des Jahres wuchs die Zahl der Unterzeichner auf 10000 Mann an, die sich wirklich aus allen Bevölkerungsgruppen und -schichten Pennsylvanias rekrutierten. Erfreut berichtet Franklin daher am 7. Dezember 1747 einem Freund, daß sich »die Deutschen« beim Aufbau der Miliz »genauso beherzt« und entschlossen gezeigt hätten »wie die Engländer«.

Aus den freiwilligen Milizionären wurden mehr als 100 Kompanien gebildet, die ihre Offiziere selbst wählten, statt sich – was ja der übliche Gang der Dinge gewesen wäre – ihre Befehlshaber vom Gouverneur oder der Krone vorsetzen zu lassen. Franklin wurde zum Obersten *(colonel)* des Philadelphia-Regiments gewählt, doch nahm er die Wahl nicht an, weil er sich für diesen Posten »für ungeeignet hielt«. Statt dessen diente er als einfacher Soldat, der sich dadurch auszuzeichnen wußte, daß er für die Fahnen der verschiedenen Kompanien Losungen wie »Wir vertrauen auf Gott« *(In God we trust)* oder »Immer bereit« *(Semper paratus)* entwarf. Außerdem veranstaltete Franklin im Dezember 1747 eine Lotterie, mit deren Erlös die Kosten für eine Batterie von Kanonen – die den Süden Philadelphias zum Delaware hin verteidigen sollten – nahezu vollständig bestritten werden konnten.

Während nun die neugeschaffene Miliz ihren Dienst versah und den Verteidigungsgürtel um Philadelphia für die gesamte Dauer des Krieges bei Tag und bei Nacht bewachte, enthielt sich das Kolonialparlament jedweder Bewertung der von Franklin geschaffenen Freiwilligenarmee. Im Rückblick vermutete Franklin daher, daß den Mitgliedern der Assembly die Landesverteidigung sogar ganz recht war, vorausgesetzt, »daß man von ihnen keine Beteiligung daran forderte«. Ganz anders nahm sich dagegen die Stellungnahme aus, die Thomas Penn in einem Brief an den Schriftführer des Gouverneursrats – Richard Peters – in deutlichen und mit Bedacht gewählten Worten abgab: In seinem Schreiben vom 30. März 1748 bemängelte der Eigentümer der Kolonie nämlich, daß die neue Miliz »unter Mißachtung der Regierungsbehörden« organisiert worden sei und somit als eine Art »Militärstaat« im Staate Pennsylvania betrachtet werden müsse, weshalb der Aufruf zur Bildung dieser Freiwilligenarmee an »Hochverrat« grenze. Franklin sei als geistiger Vater der Miliz daher ein durchaus »gefährlicher Mann«, auch wenn er es vorgezogen habe, das ihm angetragene Offiziersamt nicht zu bekleiden. »Ich wäre froh«, schloß Penn deshalb seinen Brief, »wenn er ein anderes Land bewohnte«; doch weil Franklin nunmehr so etwas wie »ein Volkstribun« sei, müsse man ihn notgedrungen »mit Respekt behandeln«.

Nun hatte Franklin beim Aufbau der Miliz alles andere im Sinn gehabt, als die neue Armee lediglich zur Befriedigung seiner eigenen Machtinteressen einzusetzen, weshalb die Vorwürfe des Eigentümers der Kolonie auch ungerecht und überzogen waren. Dennoch sah Penn ganz richtig, daß Franklins Bürgerinitiative zur Schaffung einer Freiwilligenarmee ein ganz neues politisches Kräfteverhältnis in Pennsylvania begründet hatte. Die bürgerliche Mittelschicht, die Franklin – seit seinem Eintreten für die umstrittene Papierwährung bis hin zur außer- und innerparlamentarischen Unterstützung der »Volkspartei« – schon lange nach Kräften zu stärken gesucht hatte, war als gut organisierte und disziplinierte Bevölkerungsgruppe unübersehbar in Erscheinung getreten. Einfache Handwerker, Bauern und Geschäftsleute hatten bewiesen, daß sie zum Wohl ihres Landes und auf der Grundlage demokratischer Prinzipien ganz spontan eine »Assoziation« bilden konnten. Auch wenn die Miliz von Pennsylvania nach dem Aachener Frieden – und dem damit einhergehenden Ende der Kampfhandlungen zwischen Franzosen und Briten – bereits im Sommer des Jahres 1748 wieder aufgelöst wurde, war das Selbstbewußtsein der bürgerlichen Mittelklasse des Landes durch die Erfahrung des militärischen Zusammenschlusses doch ganz erheblich angewachsen. Dauerhaft bewußt blieb den Bürgern Pennsylvanias auch, daß es Franklin war, der sie auf diese völlig neue Art und Weise zusammengeführt hatte. Dies hatte wiederum zur Folge, daß er seit Anfang des Jahres 1748 zu den ganz wenigen Persönlichkeiten Pennsylvanias gehörte, die nicht nur über die regionalen Grenzen hinaus bekannt waren, sondern auch von weiten Teilen der Bevölkerung geachtet und respektiert wurden.

5. Kapitel

WISSENSCHAFTLER
1748–1753

Zu den beeindruckenden Erfolgen, die Franklin als Politiker und Initiator zahlreicher Bürgerinitiativen erleben durfte, gesellte sich seit Mitte der 1740er Jahre auch eine unerhörte wirtschaftliche Prosperität: Mit einem Jahresverdienst von nahezu 2000 Pfund verfügte Franklin über ein Einkommen, das doppelt so hoch war wie das Gehalt des Gouverneurs von Pennsylvania. Da in der Mitte des 18. Jahrhunderts selbst gut verdienende Handwerker nur auf ein jährliches Durchschnittseinkommen von 40 Pfund kamen und auch gefragte Rechtsanwälte für gewöhnlich nicht mehr als 200 Pfund im Jahr einnahmen, hatte Franklin es in den 20 Jahren, die seit seinem Eintritt in die Selbständigkeit verstrichen waren, ganz fraglos zu einem außergewöhnlichen Wohlstand gebracht: Gewiß war er einer der wohlhabendsten Männer Pennsylvanias; wahrscheinlich zählte er aber auch zu den vermögendsten Unternehmern der nördlichen Kolonien in Nordamerika.

Seine in hoher Auflage erscheinende *Pennsylvania Gazette*, sein immer noch äußerst populärer Almanach, sein Gehalt als Postmeister von Philadelphia und natürlich auch die für die Regierungsbehörden von Pennsylvania und New Jersey ausgeführten Auftragsarbeiten waren seine verläßlichsten und ertragreichsten Einnahmequellen. Daneben flossen Franklin aber auch durch die anteiligen Gewinne, die ihm als Mitbegründer und Teilhaber vieler anderer florierender Druckereien ausgezahlt wurden, weitere bedeutende Geldbeträge in die Kassen. Seit er seinem ehemaligen Gesellen Whitmarsh mit Hilfe eines Kredits die Eröffnung eines eigenen Geschäfts in South Carolina ermöglicht hatte, war er nämlich in ähnlicher Weise auch als Partner von über 20 anderen jungen Druckern tätig geworden, die ihre Geschäfte zwischen Neuengland und der Karibikinsel Antigua betrieben. Sie alle waren mit ihrem Sponsor Franklin übereingekommen, den dritten Teil ihres jährlichen Gewinns für die Dauer von jeweils sechs Jahren an ihn abzuführen.

Da er mit seinen Geschäftspartnerschaften so gute Erfahrungen gemacht hatte und seit 1747 ohnehin darüber nachdachte, wie er sich am besten aus dem aktiven Geschäftsleben zurückziehen könne, ohne einen allzu gravierenden Verdienstausfall zu erleiden, besann er sich mit Beginn des Jahres 1748 darauf, auch den eigenen Betrieb in Philadelphia von einem Teilhaber führen zu lassen. Als ihm sein bester Mitarbeiter – David Hall – auf Anfrage zusicherte, die Druckerei in der Market Street zu beiderseitigem Nutzen und Vorteil in Form einer »Kopartnerschaft« zu leiten, unterzeichneten Franklin und Hall noch im Januar 1748 einen Vertrag, der ihre neue, auf 18 Jahre angelegte Geschäftsbeziehung im Detail regelte. Danach übertrug Franklin das Recht der alleinigen Geschäftsführung auf Hall, sicherte diesem auch zu, alle Arbeitsmaterialien oder eventuell anfallenden Reparaturen stets zur Hälfte mitzufinanzieren, forderte für sich aber auch die Hälfte des von Hall erwirtschafteten Gewinns ein, der ihm in monatlichen Raten ausgezahlt werden sollte.

Schon im ersten Jahr der Partnerschaft mit Hall zeigte sich, daß Franklin mit dem von ihm getroffenen Arrangement rundum zufrieden sein konnte: 650 Pfund zahlte ihm der neue Teilhaber im gesamten Jahresverlauf aus, eine Summe, die auch in den beiden Folgejahrzehnten als durchschnittlicher Jahresverdienst nicht mehr unterboten wurde. Wie er seinem New Yorker Freund Cadwallader Colden bereits im September 1748 vermeldete, hatte er nunmehr die beruhigende Gewißheit, der »Sorgen und Mühen des Geschäftslebens« dauerhaft enthoben zu sein und als alleiniger »Herr über seine eigene Zeit« seine Tage besser einteilen zu können als jemals zuvor. Diesen glücklichen Zustand ließ Franklin noch im selben Jahr von dem Maler Robert Feke in Öl auf Leinwand bannen, als er sich von dem beliebten Künstler in sehr selbstbewußter Pose porträtieren ließ. Das von Feke geschaffene Bildnis zeigt Franklin als stolzen, arrivierten Bürger, der den Betrachter mit ruhigem und gelassenem Blick ins Auge faßt, ohne dabei überheblich zu wirken; auch seine braune Perücke, das weiße Rüschenhemd und der samtene Rock zeugen von gediegenem, keineswegs extravagantem Lebensstil: Trotz seiner politischen und wirtschaftlichen Erfolge wollte Franklin unter keinen Umständen als eitler und selbstgefälliger Gentleman wahrgenommen werden, sondern ausschließlich als leistungs- und standesbewußter Bürger.

In einem längeren Brief an seine greise, 83jährige Mutter, den Franklin nur wenige Monate nach Beginn der Geschäftspartnerschaft mit Hall nach Boston schickte, versicherte er ihr – die, anders als sein bereits 1745 verstorbener Vater, den großen wirtschaftlichen Erfolg ihres Sohnes noch miterleben durfte –, daß er seinen Reichtum nicht nur für sich selbst, sondern vor allem auch zur Beförderung guter Zwecke zu verwenden trachte. Schließlich wolle er, daß man dereinst von ihm sage: »*Er lebte ein gemeinnütziges Leben*« und nicht: »*Er starb reich*«. Auch seinem Freund Colden gestand er in dem bereits erwähnten Brief vom 29. September 1748, daß er seine freie Zeit nicht vergeuden, sondern die gewonnenen Mußestunden »mit Lektüre und Studien« ausfüllen wolle, um zu ermitteln, ob es ihm auf der Grundlage neu erworbener Kenntnisse nicht vielleicht gelingen möchte, »etwas zum gemeinsamen Wohl der Menschheit herzustellen«. Daß er als gemeinnützig handelnder Bürger nicht nur auf politischem Gebiet tätig bleiben wollte, sondern sich künftig auch als Wissenschaftler und Erfinder nützlich zu machen suchte, ließ er Colden ebenfalls wissen: In einem Nebensatz seines Briefes erwähnte er, daß er sich nun auch verstärkt mit »wissenschaftlichen Experimenten« befasse, wobei er allerdings keine näheren Angaben über die Art dieser Versuche machte. Als Tüftler hatte sich Franklin schon häufiger betätigt, ob er nun aus purer Langeweile magische Vierecke entwarf oder aber Banknoten durch kunstvoll gestochene Verzierungen fälschungssicher zu machen suchte. Anfang der 1740er Jahre hatte er sogar einen Kamin entwickelt, der durch einen veränderten Luftabzug weniger Rauch entfaltete, auch Hitze besser speichern konnte und nur wenig Brennholz verbrauchte. Die Idee zu diesem Ofen war ihm gekommen, als er Ende der 1730er Jahre den Aufbau der Feuerwehr von Philadelphia organisierte und sich in diesem Zusammenhang auch Gedanken zur besseren Ausbildung der Schornsteinfeger und zur effektiveren Reinigung der Feuerstellen machte. 1744 wurde der von ihm konzipierte Kamin dann von seinem Jugendfreund Robert Grace in Serie gebaut und verkauft. Der Gouverneur Thomas, der von Franklins Erfindung überaus angetan war, erbot sich daraufhin, ihm ein Patent für den alleinigen Verkauf des Kamins auszustellen. Franklin ging jedoch auf dieses Angebot nicht ein. Noch Jahre später hielt er den Verzicht auf die Patentierung seiner Erfindung für richtig und begründete dies in seiner *Autobiographie* mit Respekt abnötigenden Worten: »Da wir auch aus den Erfindungen anderer große Vorteile ziehen«, heißt es dort, »sollten wir uns über eine Gelegenheit, anderen durch irgendeine Erfindung von uns zu dienen, freuen und ihnen diese freiwillig und großmütig zugute kommen lassen.«

Die Experimente, die Franklin unmittelbar nach seinem Rückzug aus dem Geschäftsleben mit großem zeitlichen und intellektuellen Aufwand durchzuführen begann, übertrafen seine vor 1748 abgegebenen Demonstrationen mathematisch-technischen Könnens allerdings an Intensität und Bedeutung um ein Vielfaches. Erstmals in seinem Leben betrieb er jetzt über einen längeren Zeitraum und ohne größere Unterbrechungen Studien, die von dem ernsthaften Interesse zeugten, einem der größten wissenschaftlichen Rätsel seiner Zeit auf die

Spur zu kommen: Wie viele führende Naturforscher wollte er das Geheimnis der Elektrizität ergründen, dieser Naturkraft, die als physikalisches Phänomen schon seit alters bekannt war, aber nur ganz unzureichend erklärt und deswegen auch kaum genutzt werden konnte. Man wußte zwar, daß einige Naturstoffe – wie das fossile Harz Bernstein, das auf Griechisch »elektron« hieß – durch Reiben dazu gebracht werden konnte, andere Körper gleichsam magnetisch anzuziehen oder abzustoßen, aber wie diese elektrostatischen Effekte wirklich erzeugt wurden, blieb den Gelehrten bis zur Mitte des 18. Jahrhunderts verborgen.

Was nun veranlaßte Franklin, sich seinerseits so intensiv mit dem Phänomen der Elektrizität zu beschäftigen, daß er, wie er einem Freund in London mitteilte, seit Ende der 1740er Jahre »nur noch wenig Muße für irgend etwas anderes« aufbringen konnte? Geweckt wurde sein Interesse an elektrischen Experimenten erstmals im Jahr 1743, als er in seiner Heimatstadt Boston zu Besuch war und den unterhaltsamen Darbietungen des aus Schottland zugewanderten Arztes Dr. Archibald Spencer beiwohnte: Spencer hatte zum eigenen Spaß und Zeitvertreib einige belustigende Kabinettstückchen einstudiert, die er allwöchentlich zur Vorführung brachte, um einem erheiterten Publikum zu zeigen, wie man kuriose Naturphänomene mit geringem Aufwand und zum allgemeinen Vergnügen nachstellen konnte. Sein wohl spektakulärster Trick, den Franklin aus nächster Nähe miterlebte, bestand darin, einen kleinen Jungen an seidenen Fäden an einer Zimmerdecke aufzuhängen, um dann an seinen Händen und Füßen »elektrisches Feuer« – also Funken – zu schlagen. Spencers Versuche, erinnerte sich Franklin später in seiner *Autobiographie*, wurden zwar »unvollkommen ausgeführt, da er nicht sehr gewandt war; da sie aber einen mir noch ganz neuen Gegenstand betrafen, so überraschten und ergötzten sie mich in gleicher Weise«. Indes vermochten Spencers elektrische Kunststücke Franklin noch nicht dauerhaft für das Phänomen der Elektrizität zu begeistern, so sehr sie ihn in Boston auch amüsiert hatten.

Erst in der zweiten Hälfte der 1740er Jahre gelang es dem Londoner Kaufmann und Gelehrten Peter Collinson, der für die öffentliche Leihbibliothek von Philadelphia schon seit vielen Jahren die neueste naturwissenschaftliche Literatur auswählte und einkaufte, bei Franklin nachhaltiges Interesse an diesem Gegenstand zu wecken. Immer wieder kam Collinson in seinen Briefen an Franklin auf die vielen verschiedenen elektrischen Experimente zu sprechen, die nun in Europa immer häufiger durchgeführt wurden. Insbesondere Collinsons Hinweise auf die Versuche deutscher Professoren, die darauf abzielten, warmen Vitrioläther mit Hilfe eines elektrostatischen Funkengenerators zu entzünden, faszinierten ihn. Zu seinen ersten eigenen elektrischen Experimenten wurde Franklin dann durch einen von Collinson übersandten Artikel aus dem Londoner *Gentleman's Magazine* angeregt, der über das Entzünden von Weingeist durch Funken berichtete, wie es 1745 vor Friedrich dem Großen anläßlich der Feierlichkeiten zur Wiedereröffnung der Berliner Akademie der Wissenschaften demonstriert wurde.

Zunächst beschränkte sich Franklin darauf, die Versuche mit Elektrizität, die in europäischen Gelehrtenkreisen zur Ausführung gekommen waren, in seinem eigenen Haus in Philadelphia zu wiederholen, um sie nicht nur in der Theorie, sondern auch in der Praxis nachvollziehen zu können. Nachdem er sich auf diese Weise den aktuellen Wissensstand der führenden europäischen Physiker angeeignet hatte, ersann er auch eigene Versuchsanordnungen, mit deren Hilfe er das Wesen der Elektrizität zu erfassen suchte. Die Ergebnisse seiner Experimente waren höchst bemerkenswert: Franklin stellte fest, daß es nicht etwa zwei verschiedene Arten der Elektrizität gab – wie viele europäische Wissenschaftler glauben machen wollten, wenn sie gläsernen und aus Harz angefertigten Reibungsstäben ein jeweils unterschiedliches elektrostatisches Verhalten zuschrieben –, sondern daß elektrische Ladung lediglich in zwei unterschiedlichen Erscheinungsformen auftrat, deren eine er als »positiv« oder »plus«, deren andere als »negativ«

Wissenschaftler: 1748–1753

oder »minus« bezeichnete. Durch diese eingängige Wortwahl bereicherte Franklin die Nomenklatur der Physik zugleich um einige Grundbegriffe.

Weiterhin führte er den Nachweis, daß es sich bei allen elektrischen Phänomenen um Spannungs- und Entladungsvorgänge handelte, weshalb elektrische Ladung durch das Mittel der Reibung auch nicht im eigentlichen Sinne produziert, sondern nur gesammelt werden konnte. Durch seinen experimentellen Nachweis des Ladungsflusses und des Ladungsausgleichs wurde er schließlich zum Bau eines Behälters angeregt, der elektrische Ladung für längere Zeit speichern konnte: Indem er diesen Apparat als »elektrische Batterie« bezeichnete, unterlegte er einem Begriff, der bis dahin zumeist in der Sprache des Militärs für eine aus mehreren Geschützen bestehende Artillerieeinheit Verwendung gefunden hatte, eine völlig neue Bedeutung.

Über alle Resultate seiner Nachforschungen setzte er Collinson so gut und so genau er konnte in Kenntnis, wobei er den englischen Briefpartner bat, die aus Philadelphia erhaltenen Informationen vertraulich zu behandeln und diese nicht etwa an Freunde oder Bekannte weiterzureichen. Nicht weil Franklin die Ergebnisse seiner Nachforschungen eifersüchtig für sich behalten wollte, bat er Collinson um Diskretion, sondern weil er sich nicht sicher war, ob seine elektrischen Experimente in den Augen englischer Gelehrter überhaupt von Belang waren. Collinson, der als ordentliches Mitglied der Royal Society in London mit den besten Wissenschaftlern seiner Zeit verkehrte, scherte sich nicht um Franklins Bitte: Viel zu bedeutsam schienen ihm Franklins Untersuchungen zu sein, als daß er auf die Unsicherheiten des Amerikaners hätte Rücksicht nehmen können. Seine Kollegen in der Royal Society, denen er Franklins Briefe zeigte, schlossen sich Collinsons Einschätzung im übrigen vorbehaltlos und uneingeschränkt an.

Am 12. April 1748 teilte Collinson Franklin daher umstandslos mit, daß er dessen Briefe mit den Berichten über »Ihre mit großer Sorgfalt durchgeführten Experimente zur Elektrizität«

selbstverständlich sogleich »an die Royal Society weitergeleitet« habe. Deren Mitglieder hätten die in den Briefen enthaltenen Thesen denn auch als »sehr annehmbar« bezeichnet, weshalb Franklin sich von den größten wissenschaftlichen Autoritäten Großbritanniens dazu aufgerufen fühlen dürfe, seine Studien fortzusetzen. Für den Autodidakten Franklin, der niemals eine Universität besucht, geschweige denn ein naturwissenschaftliches Fach studiert hatte, waren die lobenden Worte der Royal Society von ganz besonderem Gewicht, weshalb er Collinson dessen Indiskretion auch überhaupt nicht übel nahm: »Es freut mich zu hören, daß meine elektrischen Experimente für die Gesellschaft annehmbar waren«, ließ er den Londoner Gelehrten in seinem Antwortschreiben vom 18. Oktober 1748 wissen.

Trotz der Freude über die Bestätigung seiner Forschungsergebnisse durch eine der bedeutendsten Gelehrtengesellschaften seiner Zeit verdroß es Franklin jedoch zunehmend, daß seine Experimente außer dem theoretischen Erkenntnisgewinn noch immer keine Resultate vorzuweisen hatten, die er im Hinblick auf einen praktischen Nutzen hätte verwerten können. In einem Brief an Collinson vom 29. April 1749 gab sich Franklin denn auch »ein wenig verärgert, daß wir bislang nicht in der Lage gewesen sind, auf diese Weise etwas zum Nutzen der Menschheit zu entdecken«. Sicherlich fiel diese ungünstige Beurteilung seiner eigenen Studien übertrieben selbstkritisch aus, weil ja auch in Franklins Augen technischer Fortschritt ohne eine solide Grundlagenforschung kaum denkbar war. Doch zeigt sein Schreiben an Collinson mehr als deutlich, daß er den Wert jeder wissenschaftlichen Arbeit letztlich eben doch danach bemaß, ob sie, zumindest langfristig oder perspektivisch, einen praktischen Nutzen hatte.

Da er beharrlich nach einer Möglichkeit zur praktischen Verwertung seiner Forschungsresultate Ausschau hielt, verfiel er im Sommer des Jahres 1749 auf die eigenwillige Idee, eine größere Anzahl von Hühnern und Truthähnen mittels eines wohldosierten Elektroschocks zu töten: Er hegte nämlich die

Vermutung, daß elektrisch geschlachtetes Geflügel schmackhafter sei, als das nach althergebrachter Art aus dem Leben beförderte Federvieh. Bei der elektrischen Exekution eines Truthahns unterlief ihm jedoch ein schwerwiegendes Mißgeschick: Als er den großen Vogel durch einen gezielten Stromstoß töten wollte, war er einen Moment lang zu unachtsam, so daß ihn ein gewaltiger Schlag traf, der ihm durch beide Arme und durch den Oberkörper fuhr. »Für den Rest des Tages fühlten sich meine Arme und mein Nacken etwas taub an«, berichtete Franklin in einem Schreiben an Collinson über dieses unangenehme Erlebnis, »und mein Brustbein schmerzte noch eine Woche, als hätte mir dort jemand einen blauen Fleck geschlagen«. »Was geschehen wäre, wenn mich der Schlag im Kopf getroffen hätte«, rätselte Franklin, »weiß ich nicht«. Erahnen ließ sich das fragliche Resultat allerdings gut genug.

Doch unbeeindruckt von den Gefahren für Leib und Leben, die bei elektrischen Experimenten nie ganz ausgeschlossen werden konnten, setzte Franklin seine wissenschaftlichen Studien fort. Dabei brachte er jeden von ihm vorgenommenen Versuch gewissenhaft zu Protokoll; auch beschrieb er jede weiterführende Beobachtung im minuziösen Detail. So listete er im November 1749 in seinem kleinen Protokollbüchlein ausführlich auf, »in welchen Einzelheiten elektrische Funken mit Gewitterblitzen übereinstimmen«: Zu den von Franklin genannten Gemeinsamkeiten zählten die Fähigkeit, Licht zu geben, die Farbe des Lichtes, die gekrümmte Richtung des Lichtes, die schnelle Bewegung, der knisternde Lärm beim Explodieren, die Zerstörung von Lebewesen und der schwefelartige Geruch. Zwar hatten schon einige Wissenschaftler vor Franklin über die frappierende Ähnlichkeit geschrieben, die zwischen Blitzen und elektrischen Funken ganz augenscheinlich bestand; aber es war bislang noch niemandem gelungen, nachzuweisen, daß der Blitz ein elektrisches Phänomen ist.

Genau diesen Nachweis wollte Franklin aber nun erbringen. Deshalb suchte er zunächst die exakte Ursache für die Entstehung von Gewittern zu ermitteln. John Mitchell, einem Freund von Peter Collinson, der ebenfalls Mitglied der Royal Society in London war, stellte er als erstem Wissenschaftler seine nach gründlicher Überlegung aufgestellte Theorie der Gewitter vor, die trotz ihres komplexen Argumentationsganges einen leicht verständlichen Kern hatte: Die in den Gewitterwolken enthaltenen Wasserpartikel, so Franklins These, würden durch heftige Sturmwinde ständig aneinandergerieben und so lange elektrisch aufgeladen, bis sich die aufgestaute Spannung in Form von Blitzen wieder entlade, und zwar vorzugsweise dann, wenn die geladenen Wolken über hohe Berge, hohe Bäume oder spitze Türme hinwegjagten. Denn »Vorsprünge und Spitzen ziehen das elektrische Feuer« an, betonte Franklin, weshalb sich die ganze Wolke dort entlade, wo sie auf solche Spitzen stoße.

Im Februar 1750 erhielt Franklin dann ein Schreiben von Collinson, in dem dieser berichtete, daß die von dem Amerikaner übersandten, »höchst interessanten Bemerkungen« zum Zusammenhang von »Elektrizität und Gewitterstürmen vor der

Abb. 9 Modelle und Instrumente, mit denen Franklin seine Experimente zur Erforschung der Gewitterelektrizität durchführte.

[Königlichen] Gesellschaft vorgelesen« und »wegen ihres klaren, verständlichen Stils und auch wegen der Neuheit des vorgestellten Gegenstandes zu Recht bewundert« worden sei. Diese weitere, eindrucksvolle Bestätigung seiner Nachforschungen zur Elektrizität durch den führenden Londoner Gelehrtenzirkel trieb Franklin nun dazu an, seine Beschreibung der elektrischen Anziehungskraft von Spitzen und Vorsprüngen noch weiter zu präzisieren, um auf der Grundlage eines gründlichen Verständnisses dieses Naturphänomens bedeutsame praktische Schlüsse ziehen zu können. Schon am 2. März 1750 schrieb er an Collinson:

> Die Lehre von den Spitzen ist höchst bemerkenswert und deren Wirkung wirklich wunderbar; und aufgrund der bei meinen Experimenten angestellten Betrachtungen bin ich zu der Auffassung gelangt, daß Häuser, Schiffe und sogar Städte und Kirchen mit ihrer Hilfe wirkungsvoll vor dem Einschlag eines Blitzes geschützt werden können.

Statt der runden Kugeln aus Holz oder Metall, die man für gewöhnlich auf Kirchtürmen und Wetterhähnen anbringe, so Franklin weiter, solle auf hohen Gebäuden lieber »eine 8 bis 10 Fuß lange Eisenstange« installiert werden, die »nach oben hin wie eine Stecknadel zugespitzt« sei und die man durch Vergoldung vor Rost zu schützen habe. Diese Maßnahme werde vielleicht manch einer als »grillenhaft« verspotten, doch lasse sich ihre Plausibilität durch ein entsprechendes Experiment leicht überprüfen. Zudem erweise ein solcher Versuch, »ob die Wolken, die Blitze mit sich führen, elektrifiziert sind oder nicht«. In einem Nachtrag an Collinson vom 29. Juli 1750 schlug Franklin dann noch vor, die Blitzauffangvorrichtung aus Sicherheitsgründen mittels eines Ableitersystems aus Eisen zu erden, um den elektrischen Stromfluß wirklich effektiv vom gefährdeten Gebäude abzulenken.

Nach Empfang dieser Nachrichten waren sich Collinson und die meisten anderen Mitglieder der Royal Society schnell einig, daß Franklins Briefe, in denen er seine Theorie der Elektrizität und der Gewitter beschrieben hatte, auf dem schnellsten Wege zur Veröffentlichung gelangen sollten, damit seine erstaunlichen Thesen und Forschungsergebnisse einem möglichst großen Publikum bekannt gemacht würden. Als die von Collinson besorgte Briefedition dann unter dem Titel *Experiments and Observations on Electricity, made at Philadelphia in America, by Mr. Benjamin Franklin* zu Beginn des Jahres 1751 in London erschien, wuchs die Zahl der Verehrer des Amerikaners sprunghaft an: Überall in Europa wurden seine Briefe nun in die jeweiligen Landessprachen übersetzt und seine Theorien in aufwendigen Versuchsreihen überprüft, zuerst in Paris, dann auch in St. Petersburg und Berlin.

Die von nahezu allen europäischen Gelehrten akzeptierte Bestätigung, daß Blitze, wie von Franklin behauptet, in der Tat elektrischer Natur waren, lieferte der französische Wissenschaftler Thomas-François D'Alibard, dem es im Mai 1752 in dem nördlich von Paris gelegenen Dorf Marly gelang, mit einer 40 Fuß langen Blitzableiterstange Gewitterladung abzubauen und in einer an der Stange befestigten Batterie zu sammeln. Innerhalb weniger Wochen wurde D'Alibards Experiment in ganz Frankreich dutzendfach nachgestellt. Begeistert teilte D'Alibard der Königlichen Akademie der Wissenschaften in Paris mit: »Monsieur Franklins Idee hat aufgehört eine Vermutung zu sein. Hier ist sie Wirklichkeit geworden«.

Noch bevor er von D'Alibards geglücktem Versuch erfuhr, schickte sich Franklin seinerseits an, den experimentellen Nachweis für seine Thesen zur Elektrizität zu erbringen. Der spielfreudige Amerikaner, der seit seinen frühesten Kindheitstagen – wie am Mill Pond in Boston – gern Papierdrachen steigen ließ und sich schon manchesmal daran ergötzt hatte, wie diese selbstgebauten Flugobjekte sogar in höchsten Höhen starken Böen standhalten konnten, faßte im Juni 1752 den kühnen Entschluß, dieses beliebte Kinderspielzeug als Blitzableiter zu verwenden. So ging er an einem schwülen Nachmittag, als ein Gewitter im Anzug war, nur von seinem jetzt 19jährigen Sohn William begleitet, hinaus ins freie Feld, wo beide einen alten Viehunterstand aufsuchten; dort trafen sie

Wissenschaftler: 1748–1753

alle für das geplante Experiment notwendigen Vorkehrungen: Aus einem Kreuz aus Zedernholz, das er nicht mit Papier, sondern mit einem Seidentuch umspannte, baute Franklin zunächst einen ganz gewöhnlichen Drachen, den er auch mit einem Schwanz und einer Schleife ausstaffierte; auf dem Holzkreuz des Drachens fixierte er einen Metalldraht, dessen Länge ungefähr 1 Fuß betrug und dessen oberes Ende angespitzt war; am unteren Ende der reißfesten Drachenschnur aus Hanf befestigte er dann noch einen Eisenschlüssel; schließlich wurde der untere Abschnitt der Hanfschnur, der sich zwischen Schlüssel und Hand befand, noch mit einem dicken Seidenband umwickelt.

Als sich das Sommergewitter dem Unterstand unaufhaltsam näherte, ließ Franklin den präparierten Drachen mit Williams Hilfe aus der Hütte heraus steigen und wartete darauf, daß sich eine der Gewitterwolken über den hoch in den Lüften schwebenden Seidenflieger hinwegschieben würde, was auch geschah. Wie von Franklin gemutmaßt, zog der auf dem Drachen

Abb. 10 Franklins Experiment mit einem Drachen, der ihm im Juni 1752 als Blitzableiter diente. Kreidelithographie, 1876.

befestigte Metalldraht die Ladung der Gewitterwolke auf sich und leitete sie durch die regendurchnäßte Hanfschnur bis zum Schlüssel weiter, der sich rasch elektrisch auflud. Das noch immer trockene Seidenband, das Franklin nicht in den Regen hinausgelangen ließ, sorgte als Isolationsmaterial dafür, daß der Halter der Drachenschnur vor der Gefahr eines elektrischen Schlages geschützt blieb; auch hatte Franklin peinlich darauf geachtet, daß die Schnur nicht die Stallwände berührte und unter Strom setzte. Als das Gewitter wieder abzog, lud er eine eigens für diesen Zweck mitgeführte Batterie mit der elektrischen Ladung des Eisenschlüssels auf: Der Versuch war vor den Augen seines Sohnes William erfolgreich ausgeführt worden.

Franklin veröffentlichte seinen Bericht über dieses risikoreiche, verwegene und doch auch von einem fast schon kindlichen Übermut zeugende elektrische Experiment zuerst im Oktober 1752 in der *Pennsylvania Gazette*. Innerhalb weniger Wochen wurde sein aufsehenerregender Artikel dann in vielen europäischen Zeitungen nachgedruckt, was zur Folge hatte, daß Franklin sich nun endgültig einen Ruhm erwarb, der ihn als beinahe übermenschlichen Heros erscheinen ließ. Noch im Herbst des Jahres 1752 schrieb ihm Collinson aus London: »Ganz Europa befindet sich in Aufruhr und will die elektrischen Experimente mit zugespitzten Stäben überprüfen. Alle loben den Gedankengang ihres Erfinders. Mehr darf ich nicht sagen, damit ich bei keuschen Ohren keinen Anstoß errege.« Nur wenige Jahre später verglich Immanuel Kant den amerikanischen Erfinder des Blitzableiters ganz ausdrücklich mit Prometheus, der ja nach der griechischen Sage dem Himmel das Feuer entrissen hatte.

Was es für Franklins Zeitgenossen auch ganz praktisch bedeutete, daß eine der verheerendsten Naturgewalten dank der Erfindung des Blitzableiters ihren Schrecken verlor, kann man nur dann ermessen, wenn man sich vergegenwärtigt, daß allein in Deutschland in der ersten Hälfte des 18. Jahrhunderts 386 Kirchen von Blitzen getroffen wurden, was über 100 Küstern das Leben kostete. Auch im Dreißigjährigen Krieg waren in manch einer Stadt mehr Gebäude durch Blitzeinschlag zu Schaden gekommen – vor allem dann, wenn ein Munitionsdepot getroffen wurde – als durch das Kanonenfeuer feindlicher Geschütze. Seinen 1749 formulierten Anspruch, etwas zum Nutzen der gesamten Menschheit zu entdecken, hatte Franklin mit seiner Konstruktion des Blitzableiters wahrhaftig eingelöst.

Die offizielle Würdigung seiner kaum zu überschätzenden wissenschaftlichen Leistungen ließ denn auch nicht lange auf sich warten: 1753 verlieh die Royal Society zu London – deren Mitglieder die Entstehung seiner Theorien der Elektrizität und der Gewitter ja von Anfang an genauestens mitverfolgt hatten – Franklin als erstem amerikanischen Wissenschaftler ihre Copley-Medaille in Gold. Diese nach ihrem Stifter Sir Godfrey Copley benannte und seit 1731 jährlich vergebene Auszeichnung wurde zwar ohne eigentliches Preisgeld überreicht, verlieh aber ihrem Empfänger als wohl wichtigster Wissenschaftspreis des 18. Jahrhunderts ein einzigartiges Prestige. In seinen geistreichen und witzigen Dankesworten an die Königliche Gesellschaft bemerkte Franklin daher pointiert und zutreffend: »Ich weiß nicht, ob ein Mitglied Eurer Gelehrtengesellschaft die von alters her gerühmte Kunst der Gold*vermehrung* beherrscht; aber Ihr verfügt sicher über die Kunst, den *Wert* des Goldes um ein Vielfaches zu steigern«. Von mindestens genauso hohem ideellen Wert wie die Copley-Medaille waren für Franklin aber auch die beiden akademischen Grade, die ihm noch im selben Jahr von zwei amerikanischen Colleges verliehen wurden: Im Juli kreierte ihn Harvard in Anerkennung seiner »Wissensvermehrung auf dem Gebiet der Naturphilosophie, besonders in bezug auf die Elektrizität«, zum »Magister artium«; im September wurde ihm dieselbe Ehre dann auch noch vom Yale College in New Haven, Connecticut, erwiesen.

Daß er aus eigenem Antrieb und Bemühen einige der wichtigsten wissenschaftlichen Lehrsätze seiner Zeit ersonnen hatte und dafür höchste akademische Weihen empfangen durfte, erfüllte ihn zwar mit Stolz, doch fand er deswegen nicht, daß der Bildungsweg, den er als Autodidakt genommen hatte, den Vorzügen einer geregelten Schulbildung vollauf entsprochen hätte: Kindern zunächst das Lesen beizubringen, um ihnen anschließend nur noch (durch Bibliotheken) einen verläßlichen Zugang zu Büchern zu ermöglichen, aus denen sie sich dann ihr Wissen im Selbststudium aneignen konnten, war als Lehr- und Lernmethode allenfalls eine Notlösung, die ein Höchstmaß an Disziplin, einen immensen Aufwand an Zeit und einen gewaltigen inneren Kraftakt erforderlich machte. Daß er selbst als Wissenschaftler außergewöhnlichen Erfolg hatte, verdankte er, wie er nur zu gut wußte, ohnehin zu einem wesentlichen Teil seinen außergewöhnlichen Begabungen. Gerade weil er aber über solche exzeptionellen Talente verfügte, taugte sein eigener Bildungsgang nur sehr bedingt zum Vorbild für andere.

In Franklins Augen blieb eine geregelte, formale Schulbildung also für eine wissenschaftliche Karriere die beste Voraussetzung, weshalb er just in dem Augenblick, als sich sein Ruhm als Wissenschaftler weltweit auszubreiten begann, im heimatlichen Philadelphia die Gründung einer leistungsfähigen Akademie für Kinder und Jugendliche im Alter von sechs bis achtzehn Jahren betrieb. In seiner *Autobiographie* erinnerte er sich später daran, daß er zwar schon 1743 über eine solche Schule nachgedacht habe, aber wegen dringender Geschäfte von der Umsetzung dieses Planes abgehalten worden sei. Lediglich die Gründung einer Sozietät »zur Verbreitung von nützlichem Wissen in den britischen Pflanzungen in Amerika« – der nachmaligen Amerikanischen Philosophischen Gesellschaft – sei ihm damals gelungen: Doch auch diese Vereinigung der »Virtuosi oder ingeniösen Männer« Nordamerikas sei in ihren Anfangsjahren nur zu sehr unregelmäßigen Sitzungen in Philadelphia zusammengekommen, weil die zwischen Nova Scotia und Georgia ansässigen ordentlichen Mitglieder der Gesellschaft »sehr träge Herren« waren, die nicht gerade vor Reiselust sprühten, wie Franklin gegenüber Colden klagte.

Erst im Oktober des Jahres 1749, als er gerade im Begriff war, das Geheimnis der Gewitterelektrizität zu entschlüsseln, kam er wieder auf das Projekt der Schulgründung zurück. In diesem Monat ließ er unter dem Titel *Proposals Relating to the Education of Youth in Pennsylvania* ein von ihm selbst verfaßten Traktat in seinem Freundeskreis und in Philadelphia kursieren, in welchem er »das Unglück der Jugend dieser Provinz« bedauerte, über keine »Akademie, in der sie die Vorteile einer umfassenden Erziehung« genießen konnten, zu verfügen: Der »amerikanischen Jugend« ermangele es nämlich keinesfalls an »Talenten«, doch bedürften auch »die besten Talente der Pflege«, weil es sich mit ihnen so verhalte »wie mit dem besten Ackerboden, der, wenn er nicht gut bestellt und mit gewinnbringendem Samen besät wird, nur wucherndes Unkraut erzeugt«.

Es gab zwar in Philadelphia schon seit 1683 eine von den Quäkern unterhaltene höhere Schule, die auch ein durchaus annehmbares Niveau aufwies, doch unterschied sich deren ganz auf die alten Sprachen und religiösen Lehrsätze der Quäker ausgerichteter Lehrplan deutlich von jenem modernisierten Kurrikulum, das nach Franklin eine wahrhaft zeitgemäße Lehranstalt charakterisierte und auszeichnete: Nicht das althergebrachte Lateinische (oder Griechische) sollte demnach an der neu zu gründenen Akademie in allen Fächern Unterrichtssprache sein, sondern die im alltäglichen Leben verwendete und bewährte englische Sprache; nicht die klassische Antike sollte den Bezugsrahmen bilden, der die Schüler auf die Lebenswirklichkeit vorbereitete, sondern die moderne Welt des Handels und der Wissenschaften; nicht Grammatik, Dialektik und Rhetorik sollten als die klassischen Studienfächer des mittelalterlichen Triviums den Kern des Lehrplans ausmachen, sondern naturwissenschaftlich-technische Fachgebiete wie Mathematik, Geometrie, Astronomie, Naturphilosophie, Naturgeschichte und Mechanik.

Der praktische Nutzen eines Faches war für Franklin ein eminent wichtiges Kriterium bei der Entscheidung über die Zusammensetzung des idealen Fächerkanons: »Es wäre gut, wenn den Schülern *alles* beigebracht würde, was nützlich ist«, forderte er, wobei er dem Fach »Naturgeschichte« unter allen von ihm aufgelisteteten Fächern einen besonderen Platz einräumte. Denn die Lektüre der besten Lehrbücher zur Naturgeschichte sei »für die Jugend nicht allein ergötzlich«, sondern auch »von großem Nutzen, ob sie nun Kaufleute, Handwerker oder Geistliche werden«, da die ersteren durch die auf diese Weise vermittelten Kenntnisse »die Zusammensetzung vieler Rohstoffe und Waren besser verstehen; die zweiten ihr Gewerbe oder Handwerk durch den Gebrauch neuer Mixturen und Stoffe verbessern können und die letzteren ihre Predigten durch schöne Vergleiche schmücken und unter Verweis auf die in der Natur waltende göttliche Vorsehung sogar besser belegen können«. Um die Fähigkeiten der Schüler bei der so wichtigen »Naturbeobachtung« zu trainieren, schlug Franklin dann noch vor, ihnen reichlich Gelegenheit zur Gartenarbeit zu geben und mit ihnen auch regelmäßig auf Exkursionen zu gehen:

> Während sie Naturgeschichte lesen, könnte ihnen ein wenig das Gärtnern, Pflanzen, Pfropfen, Okulieren &c. beigebracht werden; dann und wann könnten auch Exkursionen zu benachbarten Pflanzungen der besten Bauern unternommen werden, wobei deren Methoden beobachtet und zur Belehrung der Jugend erörtert werden müßten. Die Verbesserung des Ackerbaus ist für alle nützlich, und ein darin erworbenes Geschick setzt niemanden herab.

Bereits die ersten Rückmeldungen, die ihm seine Freunde nach der Lektüre der *Proposals* zukommen ließen, ermutigten Franklin, seinen ambitionierten Plan einer Schulgründung entschlossen weiterzuverfolgen. Aus New York schrieb ihm Cadwallader Colden im November 1749:

> Da Du stets das große Ziel der Erziehung im Auge behältst, nämlich junge Menschen zu befähigen und zu interessieren, sich der Menschheit im allgemeinen und ihrem Vaterland im besonderen nützlich zu machen und zugleich ihr eigenes Leben glücklicher zu gestalten, läufst Du keine große Gefahr, einen falschen Weg einzuschlagen, weil alle Deine Schritte auf dieses große Ziel hin gelenkt sind.

Wissenschaftler: 1748–1753

Wenig später erhielt Franklin auch von Collinson aus London Zuspruch: »Der ganze Plan der Akademie«, so der englische Gelehrte, habe »die Zustimmung aller meiner ingeniösen Freunde« aus der Royal Society gefunden, die sich überdies sehr erfreut gezeigt hätten, daß ein so begabter Wissenschaftler neben seinen aufwendigen Nachforschungen zur Elektrizität noch die Zeit finde, sich um die Förderung des wissenschaftlichen Nachwuchses zu kümmern.

Auch von den Bürgern Philadelphias wurde Franklins Aufruf zur Gründung einer neuen Schule freudig begrüßt. Als er unmittelbar nach der Veröffentlichung seines Traktats bei den einflußreichsten und wohlhabendsten Einwohnern der Stadt um finanzielle Unterstützung für sein neues gemeinnütziges Projekt warb, fanden sich etwas mehr als fünfzig von ihnen dazu bereit, sehr beachtliche Geldbeträge für die Errichtung des Erziehungsinstituts bereitzustellen: Insgesamt 2000 Pfund wurden für den guten Zweck einer verbesserten Schulbildung gespendet. Daraufhin forderte Franklin die 24 großzügigsten Geldgeber dazu auf, als Kuratorenkollegium *(board of trustees)* beim Aufbau der neuen Akademie mitzuwirken und deren Werdegang gemeinsam zu beaufsichtigen.

Schon Mitte November trafen sich die Kuratoren zu ihrer ersten Sitzung, wählten Franklin zu ihrem Präsidenten und verabschiedeten die »Satzung der öffentlichen Akademie in der Stadt Philadelphia«. Gemäß dieser Satzung fungierte das Kuratorenkollegium als ein unbezahltes, ehrenamtlich arbeitendes Gremium, das mindestens einmal im Monat eine gemeinsame Sitzung abzuhalten hatte. Als Schulaufseher verfügten die Kuratoren über eine durchaus weitreichende pädagogische Weisungsbefugnis: So konnten sie die Lehrer auswählen und auch den Lehrplan weitestgehend festlegen. Mit ihren Unterschriften sicherten die Kuratoren zudem zu, die Kosten für die Lehranstalt in den ersten Jahren notfalls aus eigener Tasche zu begleichen, weil seitens der pennsylvanischen Staatsleitung zunächst keine Gelder zur Unterstützung der Akademie in Aussicht gestellt wurden. »Von unserer Regierung«, schrieb

Franklin wenige Wochen nach Annahme der Satzung an Colden, »erwarten wir nichts«: Tatsächlich wollten sowohl die Eigentümerfamilie Penn als auch der Gouverneur und das Kolonialparlament zunächst abwarten, ob sich genügend Schüler bereit finden würden, die neue Schule über einen längeren Zeitraum hinweg zu besuchen.

Dank des Elans, den die Kuratoren bei der Errichtung der Akademie an den Tag legten – und wegen eines vergleichsweise geringen Schulgeldes von jährlichen 4 Pfund pro Schüler – zog die neue Lehranstalt bereits im ersten Jahr ihres Bestehens eine große Schar von Kindern und Jugendlichen an, die auf Wunsch ihrer Eltern nach dem von Franklin entworfenen Lehrplan unterrichtet werden sollten. Schon bald konnten die engen Klassenzimmer, die der Kurator William Allen in seinem Lagerhaus an der Arch Street notdürftig hergerichtet hatte, die stetig wachsende Menge der Schüler nicht mehr fassen, so daß das Kuratorenkollegium nach einer neuen und geeigneteren Behausung für die Akademie Ausschau halten mußte. Nach eingehender Prüfung aller eingeholten Angebote entschlossen sich die Kuratoren schließlich, das öffentliche Versammlungshaus, das 1740 für den Prediger Whitefield gebaut worden war, aufzukaufen und nach gründlichen Renovierungsarbeiten als Schulgebäude zu nutzen.

»Die Begeisterung von damals, wo das Haus gebaut wurde«, erklärte Franklin später in seiner *Autobiographie*, hatte sich nämlich »schon längst gelegt«, und »seine Kuratoren waren nicht imstande gewesen, neue Beiträge zur Bezahlung des Grundzinses und zur Tilgung einiger anderer, durch das Gebäude veranlaßten Schulden aufzubringen«, was sie sehr in Verlegenheit brachte. Da Franklin nun »Mitglied beider Verwaltungsräte, des einen für das Gebäude und des anderen für die Akademie, war«, gelang es ihm, einen für beide Kuratorenkollegien akzeptablen Kaufvertrag auszuhandeln: Danach verpflichteten sich die Kuratoren der Akademie, die auf dem Gebäude lastende Schuld abzutragen und auch in der umgebauten Schule »immer einen großen Saal für gelegentliche Prediger, der ursprünglichen Absicht gemäß, bereitzuhalten«.

Sogar Whitefield erklärte, als er »von der Akademie hörte«, daß das für ihn gebaute Versammlungshaus »in vortrefflicher Weise geeignet wäre«, der neuen Lehranstalt als Schulgebäude zu dienen. Allerdings bemängelte er in einem Brief an Franklin auch, daß im Lehrplan der neuen Schule die religiöse Unterweisung keine hinreichende Berücksichtigung gefunden habe. Den Akzent des Kurrikulums vornehmlich auf die naturwissenschaftlichen Fächer zu legen genüge nämlich nicht, »um [den Unterricht] so nützlich zu machen«, wie er ja nach Auffassung Franklins und der anderen Kuratoren unbedingt sein sollte: Denn ohne ein solides religiöses Fundament, so Whitefield, könne es »keine gute Grundlage« für wissenschaftliche Erkenntnis geben.

In der Tat war im Lehrplan der Akademie kein geregelter Religionsunterricht vorgesehen, doch bedeutete dies keineswegs, daß das Kuratorenkollegium auf die Vermittlung religiöser Werte verzichtete: Immerhin wurde jeder Schultag mit einem schlichten, gemeinsamen Morgengebet eröffnet und auch wieder beendet. Daß die Kuratoren dennoch auf einen konfessionell gebundenen Religionsunterricht verzichteten, lag zum einen daran, daß sie – anders als Whitefield – das Studium der Naturwissenschaften nicht auf religiösen Lehrsätzen fußen lassen wollten; sie hielten Naturphilosophie und Theologie für zwei separate Wissensgebiete, die sich mit unterschiedlichen Methoden einem ganz und gar anders gearteten Gegenstand näherten. Zum andern aber verstanden sie die Akademie in Philadelphia auch als Hort der religiösen Toleranz, wo keine der zahlreichen Religionsgemeinschaften Pennsylvanias durch einen eigens auf ihre Bedürfnisse zugeschnittenen Unterricht privilegiert werden durfte.

Die Kuratoren erwarteten vielmehr, daß die Schüler sich außerhalb der Schule in den eigenen Kirchen über ihre Glaubensgrundsätze aufklären ließen; demgegenüber waren die in der Schule gesprochenen Gebete so allgemein gehalten, daß sich ihnen die Mitglieder der unterschiedlichsten Glaubensgemeinschaften anschließen konnten. Bereits Mitte der 1750er Jahre waren größere Gruppen von Anglikanern, Quäkern, Presbyterianern, Baptisten und Lutheranern in der Schülerschaft vertreten. Auch Kinder aus der seit 1740 in Philadelphia ansässigen jüdischen Gemeinde wurden ganz selbstverständlich zum Schulbesuch an der Akademie zugelassen. Die Kuratoren und Lehrer der Schule entstammten ebenfalls verschiedenen Religionsgemeinschaften. Damit war die Akademie in Philadelphia die erste höhere Schule Amerikas, die das Prinzip der religiösen Toleranz von Anbeginn im Schulalltag zur praktischen Anwendung gelangen ließ.

Doch die neue Schule förderte nicht nur das friedliche Zusammenleben der Religionen: Auch das Bewußtsein für die Bedeutung einer guten politischen Verfassung sollte bei den Schülern geschärft werden, weil viele künftige Absolventen der Akademie dereinst in Pennsylvania wichtige Staatsämter bekleiden oder zumindest als Wähler weitreichende politische Entscheidungen treffen würden. Mit den älteren Schülern wurden deshalb im Moral- und Geschichtsunterricht die politischen Schriften von Algernon Sidney, Jonathan Swift und Joseph Addison gelesen, weil diese englischen Autoren die freiheitliche Regierungsform Großbritanniens besonders schlüssig zu erklären und zudem pointiert zu verteidigen wußten. Auch Locke – auf dessen Erziehungsschrift *Some thoughts concerning education* sich Franklin bei der Ausarbeitung seines eigenen Lehrplans immer wieder bezogen hatte – zählte zu den politischen Denkern, deren liberales Staatsverständnis an der Akademie vermittelt wurde.

Wenngleich die Kuratoren mit dem Mittel einer freiheitlichen politischen Erziehung grundsätzlich alle Schüler davon zu überzeugen suchten, daß die seit der Glorreichen Revolution von 1689 erkämpften staatsbürgerlichen Rechte und Freiheiten der Engländer zu den umfassendsten Europas, ja der Welt gehörten und deswegen dauerhaft geschützt werden mußten, gab es – wie gerade Franklin meinte – in der Schülerschaft Kinder, die in ganz besonderer Weise mit den politischen Privilegien der Briten vertraut gemacht werden sollten: Vor allem die deutschstämmigen Schüler der Akademie, so meinte der Präsident des Kuratorenkollegiums, konnten und sollten im Politikunterricht die gründliche Kenntnis eines Freiheitsbegriffs erwerben, der im Heimatland ihrer Eltern – jedenfalls in der politischen Praxis – kaum eine Rolle spielte.

Franklin hatte zwar die deutschen Einwohner Pennsylvanias bislang zumeist als tüchtige Arbeiter und Bauern erlebt, deren »Fleiß und Sparsamkeit«, wie er Collinson in einem Brief vom 9. Mai 1753 mitteilte, selbst den Arbeitseifer der Briten übertraf. Auch hatten sich viele Deutsche im Jahr 1747 der Miliz von Pennsylvania angeschlossen, die ja eigens zu dem Zweck gegründet worden war, die britischen Freiheiten gegen die gewaltsamen Übergriffe der Franzosen zu verteidigen. Doch seit Ende der 1740er Jahre hatte die Zahl der in Philadelphia eintreffenden deutschen Einwanderer ein derartiges Ausmaß angenommen, daß sich manch ein verantwortlicher Politiker Pennsylvanias besorgt fragte, ob die Kolonie überhaupt zur erfolgreichen Integration dieser Neuankömmlinge fähig sei. Allein im Jahr 1749 waren »24 oder 25 Segelschiffe mit deutschen Familien angekommen«, wie Franklin im *Poor Richard's Almanack* mitteilte, »die nahezu 12000 Seelen mitbrachten«. Sogar deutschstämmige Bürger Pennsylvanias, die schon länger im Lande waren, behaupteten, daß die in so großer Zahl anlandenden Immigranten nicht mehr »so gute, nüchterne, fleißige, ehrliche Leute« seien wie noch die erste Generation deutscher Siedler. Ähnliche Bedenken äußerte auch Franklin: »Wie gute Bürger sie sein werden und wie sehr dem britischen Interesse verpflichtet, ist eine Frage, über die es sich nachzudenken lohnt«. In seinem Brief an Collinson argwöhnte er, daß die Deutschen, die »keine Freiheit gewohnt« seien, von diesem hohen politischen Gut möglicherweise keinen rechten Gebrauch zu machen wüßten.

Da nun in Pennsylvania zu Beginn der 1750er Jahre fast die Hälfte der Einwohner aus Deutschland stammte und der

Zustrom deutscher Einwanderer nicht nachzulassen schien, befürchtete Franklin, daß diese »doch von den Engländern gegründete« amerikanische Provinz, bald »eine Kolonie von Fremden« sein werde, ohne genaue Kenntnis »unserer Sprache und Gewohnheiten«. »Allgemeine Bekanntmachungen«, monierte Franklin in seinem Schreiben an Collinson, würden in Pennsylvania neuerdings

> auf Deutsch und auf Englisch gedruckt; die Schilder in unseren Straßen tragen Inschriften in beiden Sprachen und sind an manchen Orten sogar nur auf Deutsch geschrieben: Seit einiger Zeit fassen [die Deutschen] alle ihre Verträge und auch andere juristische Schriftstücke in ihrer eigenen Sprache ab, die sogar (was meiner Meinung nach nicht statthaft ist) von unseren Gerichten anerkannt werden, wo die Deutschen in einer Zahl vorstellig werden, die eine ständige Anwesenheit von Dolmetschern erforderlich macht; und so vermute ich, daß in wenigen Jahren auch in der Assembly Übersetzer gebraucht werden, damit der einen Hälfte der Gesetzgeber gesagt werden kann, was die andere Hälfte will.

Damit dieses Szenario nicht eintrete, müsse man die Deutschen hauptsächlich zum Besuch guter »englischer Schulen« wie der Akademie in Philadelphia anhalten, in welchen sie neben der englischen Sprache auch die Bedeutung der britischen Freiheiten erlernen konnten. »Ich bin also nicht grundsätzlich gegen die Einwanderung der Deutschen«, schloß Franklin seinen Brief an Collinson, »denn sie haben eine hervorragende Haushaltung und tragen in großartiger Weise zur Verbesserung eines Landes bei«. Nur bete er eben vor allem darum, daß Gott in Pennsylvania wie in Großbritannien »die englischen Gesetze, Sitten und Freiheiten« bewahren möge.

Wenn die Deutschen ihre Kinder auch nicht in der von Franklin erhofften großen Zahl die englischen Schulen des Landes besuchen ließen, erfreute sich die Akademie in Philadelphia doch gerade bei den führenden und einflußreichsten deutschen Familien der Kolonie großer Beliebtheit. So schickte einer der angesehensten lutherischen Pfarrer Pennsylvanias, Heinrich Mühlenberg, seinen Sohn Peter ganz selbstverständlich zum Schulbesuch an die von Franklin gegründete Lehranstalt. Da viele deutsche Schüler später einflußreiche Ämter in den überwiegend von Deutschen bewohnten Gebieten der Kolonie bekleideten, leistete die Akademie in Philadelphia einen nicht zu unterschätzenden Beitrag zur Integration der deutschen Kolonisten in das von Franklin so hoch geschätzte freiheitliche Gesellschaftssystem Pennsylvanias.

Stolz über das schon nach kurzer Zeit erreichte Niveau seiner Schule konnte Franklin bereits zwei Jahre nach ihrer Gründung einem Freund berichten: »Unsere Akademie gedeiht über Erwarten gut. Wir haben jetzt über 100 Schüler, und die Zahl nimmt täglich zu. Wie haben gegenwärtig hervorragende Lehrer; und da wir ihnen ein ziemlich gutes Gehalt zahlen, hoffe ich, daß wir auch zukünftig fähige Dozenten anziehen werden.« Eine solch erfreuliche Entwicklung der Schule konnte schließlich auch der Eigentümer der Kolonie nicht länger ignorieren: Trotz seiner bleibenden Vorbehalte gegenüber Franklin unterzeichnete Thomas Penn im Frühjahr 1753 die »Charter of the Academy of Philadelphia«, einen Freibrief, welcher der Schule den Schutz und die Fürsorge der pennsylvanischen Regierung dauerhaft zusicherte. Einmal mehr war es Franklin somit gelungen, mit Hilfe einer Bürgerinitiative ein Projekt zu verwirklichen, das Pennsylvania und seinen Einwohnern einen bleibenden Nutzen bescherte.

6. Kapitel

PARLAMENTARIER UND KOLONIALAGENT
1753–1764

Auch als weltberühmter Wissenschaftler blieb Franklin also seinem bewährten Vorsatz treu, durch die Beförderung gemeinnütziger Projekte das öffentliche Wohl seines Landes zu mehren. Um den Bürgern Pennsylvanias zukünftig noch gezielter gute Dienste leisten zu können, ließ er sich unmittelbar nach der geglückten Akademiegründung als regulärer Abgeordneter der Stadt Philadelphia in das Kolonialparlament wählen. So konnte er in der Assembly endlich auch als offizieller Repräsentant des Volkes Gesetzesvorlagen einbringen und überdies mit mehr Nachdruck auf deren rasche Ratifizierung hinwirken. Als geeigneten Nachfolger für das bis dahin von ihm selbst bekleidete Amt des Parlamentsschreibers schlug er seinen Sohn William vor, dem die Mitglieder der Assembly wegen der großen Verdienste seines Vaters ihre Stimme auch nicht versagten.

Bereits in der ersten Woche seines Wirkens als Abgeordneter rief Franklin in der *Pennsylvania Gazette* zur Errichtung eines städtischen Krankenhauses in Philadelphia auf, dessen Aufbau sowohl mit Geldern aus dem öffentlichen Haushalt als auch mit privaten Spenden finanziert werden sollte. Die Idee zur Gründung eines Hospitals hatte der mit Franklin befreundete Arzt Dr. Thomas Bond gehabt, aber der ausgefeilte Plan zur Finanzierung des Vorhabens stammte von Franklin allein. Daß Pennsylvania dringend ein zentrales Krankenhaus in seiner Hauptstadt benötigte, versuchte Franklin seinen Mitbürgern unter Verweis auf zwei besonders triftige Gründe begreiflich zu machen: Einerseits sei kein Mensch gegen Krankheiten oder schwere körperliche Gebrechen immun. Da »unser gegenwärtiger Gesundheitszustand« also »keine Beständigkeit« habe und stets von der »guten Vorsehung Gottes« abhänge, dürften sich die Menschen »gegenüber den Leiden ihrer Nächsten niemals als hartherzig erweisen«, damit nicht »Er, der alles besitzt und regiert, unsere Unmenschlichkeit dereinst bestraft«. Zum andern konnte ein in Philadelphia gebautes Zentralkrankenhaus schwerkranke Patienten viel professioneller und kostengünstiger versorgen als die oftmals nur provisorisch hergerichteten Lazarette in der Provinz: Denn »die Vielzahl und Vielfalt der Fälle, die in einem solchen Krankenhaus tagtäglich behandelt werden«, mache »die dort tätigen Ärzte und Chirurgen besonders erfahren und geschickt«; auch konnten sich bettlägerige Menschen in einem städtischen Hospital die Kosten für eine Krankenschwester teilen, die sie »in Privatunterkünften« zumeist allein bezahlen mußten.

Da für die Errichtung eines Zentralkrankenhauses – das es bis dahin noch in keiner amerikanischen Stadt gab – sehr viel Geld veranschlagt wurde, unterbreitete Franklin dem Kolonialparlament ein besonders geschicktes Konzept zur Finanzierung dieses wichtigen Vorhabens: Die Assembly sollte umgehend ein Gesetz zur Gründung des Krankenhauses verabschieden, jedoch geknüpft an die Bedingung, daß private Geldgeber erst die genaue Hälfte des benötigten Betrages aufbringen mußten, bevor auch Gelder des öffentlichen Haushaltes in das Projekt fließen durften. Diese Klausel bewirkte, daß die Mehrheit der Abgeordneten ohne zu zögern für den Erlaß eines solchen Gesetzes stimmte. Daraufhin trugen nun die Bürger Pennsylvanias innerhalb kürzester Zeit 2000 Pfund zusammen, eine beachtliche Geldsumme, die vom Kolonialparlament rasch auf 4000 Pfund aufgestockt wurde: Bereits ein halbes Jahr nach der öffentlichen Geldsammlung konnte das Krankenhaus in der Market Street seine Pforten öffnen. Noch

Jahrzehnte später blickte Franklin vergnügt auf die Zeit der Krankenhausgründung zurück: »Ich entsinne mich nicht eines einzigen meiner politischen Schachzüge, dessen Gelingen mir seinerzeit mehr Freude gemacht hätte.«

Nicht lange nach der erfolgreichen Gründung des Hospitals von Pennsylvania setzte sich Franklin für eine Reihe von weiteren gemeinnützigen Projekten ein, deren Bedeutung für das öffentliche Wohl zwar nicht so sehr ins Auge sprang wie eine verbesserte Krankenpflege, die aber dennoch einen wesentlichen Beitrag zur Steigerung der Lebensqualität in Philadelphia leisteten: Allein auf seinen Vorschlag hin wurden in der Hauptstadt der Kolonie sämtliche Straßen gepflastert, wöchentliche Straßenreinigungen und Müllabfuhren organisiert und eine flächendeckende Beleuchtung der Stadt durch die Installation zahlreicher neuer Straßenlaternen sichergestellt.

Bei der Durchführung dieser Maßnahmen galt Franklins Aufmerksamkeit selbst dem kleinsten Detail: Da die aus London gelieferten kugelförmigen Laternen schnell verrußten und schon bei einem gelegentlichen Schlag auf das Glas ersetzt werden mußten, riet er dazu, die Lampen statt dessen aus vier flachen Scheiben zusammenzusetzen und zur besseren Rauchabfuhr mit einem kleinen Schlot zu versehen. »Auf diese Weise«, wie Franklin in der »Autobiographie« erklärte, konnten die Lampen leichter »saubergehalten« werden, und »ein zufälliger Stoß zertrümmerte gewöhnlich nur eine einzige Scheibe, die leicht ergänzt wurde«. Daß er sich als Abgeordneter der Stadt Philadelphia sogar um die technischen Einzelheiten der Straßenbeleuchtung kümmerte, war in Franklins Augen keine Nebensächlichkeit, sondern Ausdruck schönster politischer Pflichterfüllung: Schließlich, fand er, werde »das menschliche Glück« nicht so sehr »durch die nur selten vorkommenden großen Fälle von günstigen Schicksalsfügungen als durch die täglich vorkommenden kleinen Vorteile hervorgebracht«.

Doch Franklin wußte auch: Wenn es galt, sich den wirklich großen Ereignissen der politischen Zeitläufte zu stellen und womöglich gestalterisch auf sie einzuwirken, mußte die Beschäftigung mit Einzelfragen der städtischen Verwaltung zumindest vorübergehend in den Hintergrund treten. So wurde sein diplomatisches Geschick seit dem Herbst des Jahres 1753 dringend bei der Lösung eines zunächst lokal begrenzten Konflikts benötigt, der jedoch immer bedrohlichere Ausmaße angenommen hatte und mittlerweile sogar die Existenz der britischen Kolonien in Nordamerika gefährdete. Im Frühjahr 1753 waren nämlich französische Truppen von Kanada aus in das westlich von Pennsylvania gelegene Ohiotal vorgedrungen und hatten damit begonnen, zwischen dem Südufer des Eriesees und dem Ohio River eine Kette von gut befestigten Forts zu errichten, mit deren Hilfe sie das Land unter ihre militärische Kontrolle zu bringen suchten. Bis dahin hatte es in dem dicht bewaldeten Ohiotal noch keinen Siedlungsversuch europäischer Kolonisten gegeben. Nur Pelzhändler und Indianer waren hier zum Zweck des zumeist friedlichen Warenaustauschs zusammengekommen.

Sollte es den Franzosen nun gelingen, sich dauerhaft in diesem Landstrich festzusetzen und damit die langersehnte Landverbindung zwischen ihren weit voneinander entfernt liegenden Siedlungsgebieten in Kanada und Louisiana herzustellen, waren alle Pläne der Briten zur weiteren Ausdehnung ihrer Kolonien nach Westen zum Scheitern verurteilt. Auch mußte den britischen Kolonisten klar sein, daß ein geschlossener Siedlungsgürtel jenseits des Gebirgssystems der Appalachen den Schutz ihrer Pflanzungen vor etwaigen Übergriffen der Franzosen deutlich erschwere, weil man im Falle einer erneuten kriegerischen Auseinandersetzung nicht nur die am Atlantik gelegenen Seehäfen, sondern auch das Hinterland der eigenen Kolonien mit einem gewaltigen finanziellen und logistischen Aufwand zu verteidigen hatte.

Während die Franzosen mit der Konstruktion ihrer Forts nicht gegen die Bestimmungen des Friedensvertrags von Aachen zu verstoßen glaubten – und die im Ohiotal jagenden Indianerstämme den fortschreitenden Festungsbau zunächst ebenfalls duldeten –, reagierten nahezu alle Regierungen der britischen Kolonien auf den französischen Vorstoß mit Bestürzung. Die Gegenmaßnahmen, die von den einzelnen Kolonien zur Zurückweisung der entstandenen Bedrohung ergriffen wurden, fielen jedoch recht unterschiedlich aus. Der Gouverneur von Virginia, Robert Dinwiddie, plädierte für schnelles und entschlossenes Handeln: Im Oktober 1753 entsandte er den erst 21jährigen und militärisch noch völlig unerfahrenen Major George Washington mit einer Protestnote in das Ohiotal, die den Oberkommandierenden der dort stationierten französischen Soldaten – Capitaine Jacques Legardeur de Saint-Pierre – zum sofortigen »friedlichen Rückzug« aufforderte. Indigniert lehnte Legardeur de Saint-Pierre dieses Ansinnen ab, weil es seiner Ansicht nach jeder völkerrechtlichen Grundlage entbehrte. Unverrichteter Dinge mußte der junge Washington wieder nach Virginia zurückkehren.

Eine ganz andere Strategie verfolgte die Regierung von Pennsylvania. Vor jeder direkten Konfrontation mit den französischen Soldaten kam es den verantwortlichen Politikern der Kolonie darauf an, mit all jenen Indianerstämmen, die den britischen Kolonisten schon seit längerem freundschaftlich verbunden waren, einen militärischen Beistandspakt zu schließen. Dieses Vorhaben entsprang der Einsicht, daß ohne die Unterstützung dieser Indianer eine kriegerische Auseinandersetzung mit den Franzosen ohnehin nicht zu gewinnen war. Anfang Oktober fanden sich die Vertreter Pennsylvanias zu einem Treffen mit über 100 Repräsentanten der Irokesen und Delawaren in der am Fuß der Appalachen gelegenen Stadt Carlisle ein. Als Vertreter der eigenen Interessen beorderte der Gouverneur von Pennsylvania – James Hamilton – seinen Sekretär Richard Peters, den Parlamentssprecher Isaac Norris und Franklin zu den Verhandlungen. Ebenfalls zugegen war bei den Gesprächen der offizielle Dolmetscher Pennsylvanias, Conrad Weiser, ein deutscher Einwanderer, der lange Jahre bei verschiedenen Indianerstämmen gelebt und ihre Sprachen und Gebräuche studiert hatte. Weisers Übersetzungskünste hatten entscheidend dazu beigetragen, daß die Briten schon seit vielen Jahren mit den Irokesen in gutem Einvernehmen standen; so waren seine Erfahrungen auch bei den Verhandlungen in Carlisle für Peters, Norris und Franklin von unschätzbarem Wert.

Eröffnet wurden die Gespräche, indem beide Seiten einem seit langer Zeit feststehenden Ritual folgten: Die Indianer wünschten dem britischen König ein langes Wohlleben, während die Vertreter Pennsylvanias den Häuptlingen eine »Wampum« genannte Perlenkette überreichten, eine traditionelle Gabe von hohem symbolischen Wert, durch deren Annahme die Irokesen ihre Bereitschaft zur Erneuerung des Freundschaftsbundes mit den Briten signalisierten. Daraufhin wurden den Indianern weitere Geschenke im Wert von 800 Pfund übergeben, größtenteils Güter und Waren, die sie selbst angefordert hatten. Die Gesandten Pennsylvanias erhielten nun zum Zeichen des Dankes eine Friedenspfeife *(calumet pipe)* sowie eine aus zahlreichen Biberfellen zusammengenähte, riesige Pelzdecke.

Auf der Grundlage eines vertieften Vertrauensverhältnisses wurden dann die eigentlichen Verhandlungen geführt. Nach eingehenden Erörterungen kam man zu dem Ergebnis, wie Franklin dem Gouverneur Hamilton im November 1753 mitteilte, daß die Indianer die »Vertreibung der Franzosen« aus dem Ohiotal selbst besorgen würden. Lediglich mit Munition und Waffen sollte ihnen die Regierung von Pennsylvania zu gegebener Zeit aushelfen. Vor einem möglichen Angriff wollten jedoch auch die Irokesen noch einmal mit dem Kommandanten Legardeur de Saint-Pierre verhandeln, »um die Franzosen zu verwarnen«. Zum indianischen Unterhändler bestimmte man in dieser Sache den zum Stamm der Seneca gehörenden Irokesenhäuptling Tanacharison, der sich bereits ins Ohiotal aufgemacht hatte. Dessen Bericht über die mit Legadeur de Saint-Pierre geführten Gespräche sollte abgewartet werden, bevor man weitere Maßnahmen beschloß.

Im Januar 1754 erfuhren die britischen Kolonisten dann, daß der französische Kommandant dem Häuptling Tancharison einen »sehr strengen« Verweis erteilt und dessen Forderung nach einem schnellen Abzug aus dem Ohiotal »brüsk« zurückgewiesen hatte. Dies jedenfalls berichtete Major Washington in einem in vielen amerikanischen Blättern abgedruckten Zeitungsartikel, in welchem der junge Offizier aus Virginia auch von seinen eigenen, ganz ähnlichen Erfahrungen mit Legardeur de Saint-Pierre ausführlich Mitteilung machte. Angesichts der Hartnäckigkeit und Unbeweglichkeit des französischen Kommandanten erschien nun insbesondere dem Gouverneur von Virginia ein militärischer Schlagabtausch mit den Franzosen unausweichlich zu sein: Nach Rücksprache mit dem britischen Außenminister Lord Holdernesse beorderte Dinwiddie den ehrgeizigen Major Washington zurück ins Ohiotal, wo er nun den Bau eines britischen Forts überwachen sollte. Da Washington diesmal ein größeres Truppenkontingent erhalten mußte, bat Dinwiddie jetzt auch die Regierungen der anderen britischen Kolonien um finanzielle Unterstützung.

Die Assembly von Pennsylvania beschäftigte sich zwar in mehreren Sitzungen sehr ernsthaft mit Dinwiddies Ersuchen, doch konnte sich die Mehrheit der Abgeordneten nicht dazu entschließen, die Kosten für die geplante Expedition auch nur zu einem Teil mitzutragen. Vereitelt wurde Dinwiddies Plan deswegen aber nicht: Voll und ganz den eigenen Kräften vertrauend, erteilte der Gouverneur von Virginia seinem Major Washington am 2. April 1754 den Marschbefehl und schickte ihn mit 160 Soldaten ins Ohiotal. Dort vereinigten sich Washingtons Truppen mit den unter Tanacharisons Führung stehenden indianischen Kriegern, um das geplante Fort gemeinsam zu errichten. Als die verbündeten Kämpfer aber auf eine Übermacht von 500 französischen Soldaten trafen, mußten sie den Plan eines eigenen Festungsbaus bereits Ende April notgedrungen aufgeben; statt dessen vollendeten die Franzosen die Arbeit der Briten und fügten das neue »Fort Duquesne« als weiteres Glied in die Kette ihrer bereits vorhandenen Festungen ein.

Parlamentarier und Kolonialagent: 1753–1764

Als Franklin nur wenige Tage später von Washingtons erneutem Mißgeschick erfuhr, machte er nicht den Major oder gar den Gouverneur von Virginia für die militärische Niederlage verantwortlich, sondern die Regierungen aller anderen britischen Kolonien, die noch immer nicht begriffen hatten, daß jetzt ein energisches gemeinsames Handeln nottat, um gegen die Franzosen dauerhaft bestehen zu können. In einem am 9. Mai 1754 in der *Pennsylvania Gazette* veröffentlichten Artikel, den viele Zeitungen in Massachusetts, New York, Virginia und North Carolina umgehend nachdruckten, machte er seinem Ärger Luft: »Am vergangenen Freitag«, so Franklin, »erreichte uns hier ein Eilbrief von Major Washington«, in welchem der Offizier aus Virginia leider berichten mußte, daß »sein kleines Fort an der Gabelung von Monongahela [und Allegheny River] am 17. April an die Franzosen gefallen« war, weil der Gegner eine nicht zu besiegende Streitmacht aufgeboten hatte. Weitere 400 französische Soldaten befänden sich im Anmarsch, zu denen bald auch noch 600 Krieger der zwischen Michigansee und Eriesee ansässigen Indianerstämme der Ottawa und Chippewa stoßen würden, welche den Franzosen schon seit längerer Zeit freundschaftlich zugetan waren: Offensichtliches Ziel der Franzosen sei es, »sich [im Ohiotal] zu etablieren, dort ihre Indianer anzusiedeln und im Hinterland unserer Pflanzungen in allen unseren Kolonien Forts zu errichten«, um von dort aus die von Briten besiedelten Grenzregionen durch ständige Überfälle »zu ruinieren«.

Das Selbstvertrauen, das die Franzosen bei ihren jüngsten Vorstößen an den Tag gelegt hätten, sei nur allzu verständlich, weil die britischen Kolonien einfach nicht geschlossen genug agierten. Schuld am ungehinderten Vormarsch französischer Soldaten sei demzufolge »die außerordentliche Schwierigkeit, so viele verschiedene Regierungen und Assemblies dazu zu bringen, übereinstimmend schnelle und wirksame Maßnahmen zur gemeinsamen Verteidigung und Sicherheit zu ergreifen«, während »unsere Feinde den sehr großen Vorteil« hätten, »unter einem einzigen Oberkommando« zu stehen. Wenn die britischen Kolonien also nicht endlich eine echte politische Union bildeten, würden die Franzosen unweigerlich »die britischen Interessen, Geschäfte und Pflanzungen in Amerika zerstören«. Um seinen Worten möglichst großen Nachdruck zu verleihen, druckte Franklin neben seinem Artikel auch noch eine von ihm selbst entworfene politische Karikatur ab: Dieser wohl erste amerikanische Cartoon zeigt eine zerstückelte Schlange, deren einzelne Teile die britischen Kolonien Massachusetts, New Hampshire, Connecticut, Rhode Island, New York, New Jersey, Pennsylvania, Maryland, Virginia sowie North und South Carolina darstellen; unter dieser Abbildung ist der dramatische Aufruf »Vereinigt Euch, oder sterbt« *(Join, or Die)* zu lesen.

Franklin, der sich mit seinem Zeitungsartikel gleichsam über Nacht zum Sprecher aller britischen Kolonisten aufgeschwungen hatte, stand mit seiner düsteren Lagebeschreibung nicht allein da: Auch in Londoner Regierungskreisen befürchtete man, daß die mangelhafte Zusammenarbeit der britischen Kolonialparlamente und -regierungen die Franzosen schon

Abb. 11 Amerikas erster politischer Cartoon, den Franklin 1754 in seiner »Pennsylvania Gazette« veröffentlichte.

bald zu noch kühneren Attacken einladen werde. Das für die Koordination der Kolonialpolitik zuständige britische Handelsministerium *(Board of Trade)* forderte daher den Gouverneur von New York – James De Lancey – dazu auf, unverzüglich eine Konferenz anzuberaumen, an der hochrangige Vertreter aller britischen Kolonien teilnehmen sollten, um eine längst überfällige gemeinsame Sicherheitspolitik zu inaugurieren. Auch Repräsentanten der verbündeten Indianerstämme sollten zu den Beratungen dieses interkolonialen Kongresses zugelassen werden.

De Lancey reagierte sofort: Schon am 19.Juni 1754 konnte er die von ihm eingeladenen Delegierten der Neuenglandkolonien, New Yorks, Pennsylvanias, Marylands und der Irokesen im zentralen Indianerhandelsplatz Albany am Oberlauf des Hudson begrüßen und die Verhandlungen förmlich eröffnen. Den Präliminarien der Konferenz folgte zunächst eine geharnischte Ansprache des zum Stamm der Mohawk gehörenden Irokesenhäuptlings Tiyanoga, der den Briten vorwarf, viel zu zögerlich auf die anhaltenden französischen Provokationen zu reagieren: »Schaut euch die Franzosen an!«, ermahnte er die britischen Delegierten, »das sind Männer, sie bauen überall Forts. Doch Ihr – wie schämen uns, dies sagen zu müssen – Ihr handelt wie Frauen«. Immerhin erklärten sich die Irokesen dann aber trotz ihres gehörigen Verdrusses dazu bereit, den Freundschaftsbund mit den britischen Kolonisten zu erneuern, nicht zuletzt dank der erneut in Anspruch genommenen Dolmetscherdienste Conrad Weisers.

Franklin, der als Gesandter Pennsylvanias am Kongreß teilnahm, mußte nicht erst durch Tiyanogas eindringliche Worte zum entschlossenen Handeln ermuntert werden. Er hatte ja bereits in der *Pennsylvania Gazette* deutlich gemacht, daß nur eine konzertierte Verteidigungspolitik aller britischen Kolonien den weiteren Bau französischer Festungsanlagen verhindern könne. So legte er den Delegierten gegen Ende der dreiwöchigen Beratungen einen Plan vor, der die Errichtung einer politischen »Union der verschiedenen Kolonien« zu ihrer

»wechselseitigen Verteidigung und Sicherheit« zum Ziel hatte. Danach sollte kraft einer britischen Parlamentsakte »eine allgemeine Regierung in Amerika, welche alle [britischen] Kolonien in sich faßt«, eingesetzt werden, deren Geschäfte ein »Generalpräsident« in Zusammenarbeit mit einem »Großen Rat« führen würde. Während der Generalpräsident der Union von der britischen Krone ernannt werden sollte, war der Große Rat »durch die Repräsentanten des Volkes der verschiedenen Kolonien, welche in ihren jeweiligen Assemblies erscheinen, zu wählen«. Wenngleich auch in der neuen Union »jede Kolonie ihre jeweilige Verfassung« im wesentlichen »beibehalten« durfte, gab es einige wichtige Ausnahmeregelungen, die die gemeinsame Sicherheitspolitik betrafen: Im Verteidigungsfall sollten ab sofort der Generalpräsident und sein Großer Rat über die Macht verfügen, im Namen aller Kolonien »Frieden zu machen oder Krieg anzukündigen«, »Soldaten zu werben«, »Festungen zur Verteidigung jeder Kolonie zu erbauen« und »Kriegsschiffe zur Küstenbewachung und Beschirmung des Handels auf dem Ozean, den Seen oder großen Flüssen auszurüsten«.

Wiewohl dieses später als *Albany Plan of Union* bekannt gewordene Konzept zur Vereinigung aller britischen Kolonien die einmütige Zustimmung der anderen Delegierten fand – wodurch Franklin zugleich auf eindrucksvolle Weise von den Gesandten als gewiefter und redlicher Fürsprecher aller Amerikaner anerkannt wurde – scheiterte das Vorhaben schließlich sowohl am Widerstand der einzelnen Assemblies als auch am Veto der Krone. Noch ein Jahr vor seinem Tod erinnerte sich Franklin kopfschüttelnd daran, welche grotesken Umstände zur Ablehnung seines Planes geführt hatten: »Mit der Begründung, daß er dem demokratischen Teil der Verfassung [d. h. den Kolonialparlamenten] zu viel Gewicht gebe, wies die Krone ihn zurück; die Assemblies mißbilligten ihn, weil er der Prärogative [d. h. der Krone] zuviel Gewicht beimesse«.

Doch die britische Regierung in London verwarf Franklins Konzept nicht allein aus verfassungspolitischen Erwägungen.

Parallel zu den Beratungen in Albany hatten sich im Ohiotal nämlich Dinge ereignet, die der britischen Krone kaum mehr gestatteten, den langwierigen parlamentarischen Ratifizierungsprozeß zur Annahme des Plans in aller Ruhe abzuwarten: Ende Mai und Anfang Juli war der ohnehin auf dem Rückzug befindliche Major Washington mit seinen Soldaten auch noch in zwei Scharmützel mit französischen Truppen verwickelt worden, die einen erheblichen Blutzoll forderten. Auch ohne förmliche Kriegserklärung war es somit zwischen Briten und Franzosen zu den ersten schweren Gefechten seit dem Frieden von Aachen gekommen.

Um gegen die Franzosen nicht vollständig ins Hintertreffen zu geraten, sah man sich nun in London genötigt, dem Festungsbau des Gegners auf dem nordamerikanischen Kontinent mit äußerster militärischer Härte zu begegnen. Auf Betreiben des Herzogs von Cumberland – der als zweitältester Sohn des britischen Monarchen der mächtigste Armeeführer Großbritanniens war – wurde der britische Generalmajor Edward Braddock im Januar 1755 mit zwei Regimentern der irischen Infanterie nach Virginia geschickt, von wo aus er den Franzosen durch gezielt vorgetragene Angriffe auf ihre wichtigsten Forts im Ohiotal endgültig den Garaus machen sollte. Ausgestattet mit einem Oberbefehl über alle britischen Soldaten und Milizionäre Amerikas fiel Braddock zudem die Aufgabe zu, die Kolonien auch ohne Begründung einer politischen Union zumindest auf militärischem Gebiet zu einer echten Einheit zusammenzuschweißen.

Auf seinem Vormarsch wurde Braddock von Franklin nach Kräften unterstützt. Im April trafen sie sich in Maryland, wo Franklin dem Generalmajor anbot, gegen eine angemessene Bezahlung 150 vierspännige Wagen mitsamt den dazugehörigen Zugtieren und Fuhrleuten für einen verbesserten Truppen- und Munitionstransport bereitzustellen. Braddock gab Franklin 800 Pfund, die dieser noch aus eigener Tasche auf 1000 Pfund aufstockte, so daß sich schließlich in Pennsylvania genügend Bauern bereit fanden, ihre Wagen und Pferde an den Generalmajor zu vermieten, zumal ihnen für jedes beschädigte Gespann eine finanzielle Vergütung garantiert wurde.

So sehr Franklin sich auch um einen reibungslosen Ablauf des Feldzugs bemühte, so zurückhaltend beurteilte er die Aussichten auf einen schnellen Erfolg. Zu seiner Skepsis trug auch der unvorteilhafte Eindruck bei, den Braddock bei ihm hinterließ. Tapferkeit sprach Franklin dem englischen Generalmajor keineswegs ab, doch war ihm der Oberbefehlshaber der britischen Truppen in Nordamerika viel zu arrogant und dazu eitler, als es dem riskanten Unternehmen guttat. Seinen besorgten Hinweis, daß sich ein Vorrücken durch dichte amerikanische Wälder von einem Vorstoß durch gerodete europäische Landschaften deutlich unterscheide, bedachte Braddock nur mit einem geringschätzigen Lächeln, das Franklin wiederum mit Stillschweigen quittierte: »Ich war mir bewußt«, merkte er später in der *Autobiographie* an, »daß es unpassend für mich sein würde, mit einem Militär über Gegenstände seines Berufs zu streiten, und ich sagte nichts weiter.«

Franklin hatte sich mit seiner ungünstigen Beurteilung des Generalmajors nicht geirrt. Dessen viel zu plump angelegter und durch eine eigens geschlagene Schneise führender Vorstoß auf das »Fort Dusquesne« wurde Anfang Juli von vorgewarnten und gut vorbereiteten französischen Truppen aus dem Hinterhalt abgefangen und endete im Desaster: Braddock erlitt einen Lungendurchschuß und starb an den Folgen; Washington, der den Generalmajor als Adjutant begleitet hatte, konnte im wilden Kugelhagel gerade noch seine Haut retten und entschied sich für einen hastigen Rückzug; von 1100 britischen Soldaten wurden über 700 getötet, der Rest wich in panischer Flucht bis nach Philadelphia zurück.

Nach dieser verheerenden Niederlage bewahrheiteten sich sämtliche Befürchtungen, die Franklin bereits ein Jahr zuvor in der *Pennsylvania Gazette* artikuliert hatte: Die mit den Franzosen verbündeten Indianerstämme zogen im Herbst 1755 in die westlichen Grenzgebiete der britischen Kolonien und veranstalteten vor allem im Hinterland Pennsylvanias grausame

Gemetzel; auch radikalpazifistische Gemeinden wie die von deutschen Pietisten gegründete Kommunität Gnadenhütten blieben nicht verschont. Angesichts dieser schlimmen Verhältnisse änderte sich das traditionelle Abstimmungsverhalten der Quäker im Kolonialparlament von Pennsylvania grundlegend: Für eine verbesserte Landesverteidigung und zur Rekrutierung einer funktionstüchtigen Miliz bewilligten sie ohne zu zögern die erstaunliche Summe von 60000 Pfund, so daß Franklin in einem Brief an Collinson erleichtert berichten konnte: »Die Quäker haben jetzt gezeigt, daß sie wie alle anderen Leute zu diesem Zweck freimütig Geld bereitstellen und ausgeben können.«

Wie schon im Jahr 1747 war Franklin auch jetzt wieder für den zügigen und effektiven Aufbau der Miliz verantwortlich, diesmal allerdings mit Genehmigung und voller Unterstützung der staatlichen Behörden. Im November 1755 wurde sein Gesetzesentwurf zur Organisation der Freiwilligenarmee verabschiedet, bereits im Januar 1756 entstanden im westlichen Grenzland Pennsylvanias die ersten Verteidigungsanlagen. Da die britische Heeresleitung für den Feldzug in Amerika eine völlig neue Strategie entwickeln mußte und Braddocks designierter Nachfolger Lord Loudoun frühestens im bevorstehenden Sommer aus England übersetzen konnte, blieben die Milizionäre vorerst auf sich allein gestellt. In dieser Situation erklärte sich sogar Franklin bereit, eine Abteilung von 560 Mann nach Gnadenhütten zu führen, um an der Stelle des niedergebrannten Dorfes ein Fort zu bauen. Nach Fertigstellung der Palisaden beeilte er sich aber, einem erfahreneren Offizier das Kommando zu übertragen, der »vermöge seiner Geschicklichkeit« – wie Franklin in der *Autobiographie* selbstkritisch genug einräumte – »in militärischen Angelegenheiten weit mehr zum Oberbefehlshaber taugte«.

Ohnehin wurde Franklins Sachverstand und guter Rat nun wieder viel dringender in der Assembly gebraucht. Die Gelder, die das Kolonialparlament kurzfristig zur Finanzierung der Landesverteidigung bereitgestellt hatte, sollten dem öffentlichen Haushalt nämlich durch die Erhebung einer von sämtlichen Landeignern zu entrichtenden Grundstückssteuer zurückerstattet werden. Thomas Penn, der als Eigentümer der Kolonie über den mit Abstand größten Landbesitz in Pennsylvania verfügte, weigerte sich jedoch hartnäckig, die auch von ihm eingeforderten Steuergelder zu zahlen. Dabei berief er sich auf Privilegien, die sich angeblich schon sein Vater William Penn in der Gründungsurkunde der Kolonie ausbedungen hatte. Diese Lesart der Verfassung wurde von der Mehrheit der Abgeordneten in der Assembly als unzutreffend zurückgewiesen: Die Parlamentarier bestanden mit Nachdruck darauf, daß auch der Eigentümer Pennsylvanias eine Grundbesitzsteuer zu entrichten habe, zumal in solch schweren Kriegszeiten.

Auch Franklin unterstützte das Verlangen nach Besteuerung des Eigentümers in zahlreichen, leidenschaftlichen Appellen an Robert Hunter Morris, den neuen Gouverneur der Kolonie, der Hamilton gegen Ende des Jahres 1754 im Amt abgelöst hatte. Morris weigerte sich allerdings hartnäckig und über Monate hinweg, den Abgeordneten in der Frage der Steuergesetzgebung auch nur die geringsten Zugeständnisse zu machen. Angesichts der großen Opfer, welche die Einwohner Pennsylvanias ohne zu murren erbrachten, beschimpfte der sonst so besonnene Franklin den Gouverneur erbost als »verabscheuenswürdiges Instrument« in den Händen des Eigentümers, der mit großer Unverfrorenheit vorhabe, sich seine Ländereien auf Kosten der Bürger Pennsylvanias bequem »verteidigen zu lassen«. Ein solches Verhalten sei nicht nur niederträchtig und ungerecht, sondern beschneide die wesentlichen Rechte britischer Bürger, die doch in Steuerangelegenheiten niemals bevormundet werden dürften. Als Penn dann eine einmalige Spende von 5000 Pfund (zur kurzfristigen Erhöhung des Milizetats) an die Assembly überwies, um die Abgeordneten von ihrer Forderung nach Besteuerung seiner Güter abzubringen, warnte Franklin seine Kollegen im Kolonialparlament eindringlich und mit nachmals oft zitierten Worten davor, sich von der leicht zu durchschauenden Taktik des Eigentümers überlisten zu lassen: »Wer wesentliche Freiheitsrechte aufgibt, um zeitweilig ein wenig Sicherheit zu erwerben, gewinnt weder Freiheit noch Sicherheit.« Seinen Freund Collinson ließ er am 5. November 1756 in einem vertraulichen Schreiben wissen, daß er für »die Gemeinheit« Penns nur eine »herzliche Verachtung« übrig habe, weil dieser nicht »das öffentliche Wohl« im Blick habe, sondern sich aus purer »Geldgier« mit der Bevölkerung der ihm anvertrauten Kolonie anlege. Er, Franklin, sei deshalb »dankbar«, daß er »niemals irgendeine enge Verbindung« mit diesem selbstsüchtigen Menschen unterhalten habe.

Direkten Kontakt zu Thomas Penn sollte Franklin jedoch schneller herstellen, als er es im Herbst 1756 ahnen konnte. Da sich der Eigentümer auch bis zum Ende des Jahres noch dagegen sträubte, in die Besteuerung seiner Ländereien einzuwilligen, erteilte das Kolonialparlament Franklin im Februar 1757 den Auftrag, als offizieller Agent der Assembly bei Penn persönlich vorstellig zu werden, um ihn ultimativ zur Zahlung der überfälligen Steuern aufzufordern. Andernfalls werde man die britische Regierung um eine schiedsrichterliche Klärung des Sachverhalts bitten. Da Penn schon in den 1740er Jahren als reicher Müßiggänger nach England übergesiedelt war – wo er umgehend die Religionsgemeinschaft der Quäker verlassen hatte, um wieder Mitglied der anglikanischen Staatskirche werden zu können – und von London aus nur noch über Mittelsmänner mit Pennsylvania korrespondierte, bedeutete dies für Franklin, daß er sich nach über drei Jahrzehnten erstmals wieder in die britische Hauptstadt aufmachen mußte.

Für Franklin war es ein großer Ansporn, in London für die Rechte seiner Mitbürger kämpfen zu dürfen. Die Vorstellung, daß er dort auch zu höchsten britischen Regierungskreisen in Beziehung treten konnte, beflügelte ihn. Als einer der wichtigsten amerikanischen Politiker und Wissenschaftler von Weltrang hoffte er, einen gewissen Einfluß auf die politische Leitung Großbritanniens ausüben zu können, die ja seit ihrer förmlichen Kriegserklärung an Frankreich vom 18. Mai 1756 nicht nur einen amerikanischen, sondern auch einen europäischen Krieg zu bestehen hatte, der durch den am 29. August 1756 verübten Überfall des Königs von Preußen auf Sachsen noch weiter eskaliert war. Voll Selbstvertrauen und mit einer gehörigen Portion Selbstironie kündigte der nun schon 51jährige, leicht korpulente Amerikaner dem Londoner Druckerkollegen William Strahan sein Kommen an: »Halt die Augen auf, und wenn ein fetter alter Kerl in deine Druckerei kommt und sich als Hilfsarbeiter anbietet, verlaß' dich drauf: es ist dein dir liebevoll zugetaner Freund und ergebener Diener Benjamin Franklin.«

Franklin verließ Philadelphia am 4. April 1757 und reiste zunächst nach New York, von wo aus er die Atlantiküberfahrt antreten sollte. Während er seine Frau Deborah mit ihrer 14jährigen Tochter Sally in Philadelphia zurückließ, begleitete ihn sein jetzt 27jähriger Sohn William auf seiner Mission nach London als Vertrauter und Sekretär. Da sich aber die Abfahrt des Paketschiffes, das die beiden an Bord nahm, um einige Wochen verzögerte, trafen sie erst Mitte Juli in England ein. Von Falmouth aus ging es durch Cornwall am (schon im 18. Jahrhundert zu den bekanntesten Altertümern Englands zählenden) Steinkreis von Stonehenge vorbei nach London. Dort wurden die Franklins am 27. Juli von Peter Collinson in Empfang genommen, der sie auch bei sich logieren ließ. Anfang August suchten sich die beiden Amerikaner dann allerdings eine geräumigere Unterkunft. Fündig wurden sie in der Craven Street (in der Nähe des heutigen Trafalgar Square), wo sie im Haus einer älteren Witwe, Margaret Stevenson, eine ihren Bedürfnissen entsprechende Wohnung mieteten. Von hier aus waren auch die Regierungsbehörden in Whitehall sowie das Parlament in Westminster leicht zu erreichen.

Seit Franklins letztem Aufenthalt in England war London noch weiter gewachsen: 750000 Einwohner beherbergte die britische Hauptstadt jetzt. Damit war die Metropole an der Themse die mit Abstand größte Stadt Europas und nach Peking – wo

Abb. 12 Franklins Wohnung in der Londoner Craven Street.

900000 Menschen lebten – sogar die zweitgrößte Stadt der Welt. Demgegenüber war Philadelphia mit seinen 23000 Einwohnern noch immer ein sehr überschaubares städtisches Gemeinwesen. Doch trotz der großen Faszination, die auch jetzt wieder von London ausging, verspürte der in die Jahre gekommene Franklin diesmal keinen Drang, die vielen Angebote dieser einzigartigen Stadt in allen ihren Facetten auszukosten. Ohne Umschweife suchte er schon am 13. August Thomas Penn auf und trug ihm die Beschwerden der Assembly vor. Um auf die Klagen des Kolonialparlaments möglichst genau antworten zu können, erbat sich Penn jedoch noch eine schriftliche Zusammenfassung von Franklins mündlichen Vorhaltungen, die ihm dieser dann bereits am 20. August unter dem Titel *Heads of Complaint* aushändigte. Nur wenige Tage später wurde Franklin ernsthaft krank: Zwei lange Monate mußte er mit Fieber, Ohrensausen und schweren Kopfschmerzen das Bett hüten. In dieser Zeit war sein Sohn »Billy« ihm »sehr zu Diensten«, wie er seiner Frau Deborah nach überstandener Krankheit dankbar nach Philadelphia schrieb.

Thomas Penn, der von Anfang an darauf aus war, die Verhandlungen mit dem Agenten seiner Kolonie zu verschleppen, kam der durch Franklins Unpäßlichkeit erzwungene Aufschub der Gespräche sehr gelegen. Erst 1758 sahen sich die beiden Kontrahenten wieder. Den deprimierenden Verlauf dieses erneuten Treffens mit Penn gab Franklin in einem detaillierten Schreiben an Isaac Norris wieder: So habe der Eigentümer behauptet, daß sein Vater William Penn niemals vom englischen König autorisiert worden sei, dem Kolonialparlament »alle Vollmachten und Privilegien einer Assembly gemäß den Rechten der freigeborenen Untertanen Englands« zu gewähren. Daher verfügten die Abgeordneten Pennsylvanias auch nicht über das Recht, die Ländereien der Familie Penn zu besteuern.

Franklins erstaunten Einwurf, daß diese Privilegien doch für viele europäische Auswanderer einen wichtigen Anreiz dargestellt hätten, nach Pennsylvania aufzubrechen, habe Thomas Penn mit einem geradezu zynischen Kommentar versehen: Wenn sich die neuen Siedler in ihren vorgeblichen Rechten getäuscht hätten, sei dies ausschließlich »ihr eigener Fehler«; sie hätten sich eben »besser vorsehen« sollen. Dies alles habe Penn »mit einer triumphierenden, lachenden Frechheit« geäußert, »wie ein niederträchtiger Jockey es tun mochte, wenn ein Käufer sich beschwerte, daß beim Pferdehandel gemogelt

Parlamentarier und Kolonialagent: 1753–1764

wurde«. »Niemals zuvor«, beteuerte Franklin in seinem Brief an Norris, habe er »einen so herzlichen und tiefen Abscheu vor irgendeinem lebenden Menschen empfunden«, wie in diesem Moment, als Thomas Penn den »Charakter seines Vaters auf so gemeine Weise hinterging«.

Franklins Widerwille fand seine Entsprechung in der tiefen Aversion, die Penn ihm gegenüber hegte. Im Frühsommer des Jahres 1758 ließ der Eigentümer Franklin ausrichten, daß er mit ihm nur noch über seine Anwälte zu verhandeln wünsche. Diese beanspruchten für die Bearbeitung von Franklins Beschwerdekatalog sehr viel Zeit. Eine Antwort, ließen sie ihn wissen, würden sie ihm erst im Spätherbst zusenden. Doch nicht nur Penn und die für ihn arbeitenden Juristen gaben sich reserviert: Auch die führenden Politiker der britischen Regierung, die Franklin zu sprechen wünschte, waren spröde und unnahbar. Weder in Whitehall noch im Parlament interessierte man sich für den Schöpfer des *Albany Plan of Union*. William Pitt, seit 1757 Premierminister, war für Franklin »unerreichbar«, was dem Agenten Pennsylvanias verdeutlichte, daß er in den einflußreichen politischen Kreisen der Hauptstadt nur den Status eines Provinzpolitikers besaß.

Über ein ganz anderes Renommee verfügte er in den Londoner Gelehrtenzirkeln. In den Kaffehäusern der Stadt, in denen die bedeutendsten englischen Wissenschaftler und Philosophen gern zu ungezwungenen Unterhaltungen zusammenkamen, war der Erfinder des Blitzableiters ein hochgeschätzter Gast. Hier traf er sich mit Mitgliedern der Royal Society, hier befreundete er sich auch mit Joseph Priestley, dem nachmaligen Entdecker des Kohlenmonoxids und des Sauerstoffs. Franklins glänzender Ruf als Physiker trug ihm auch eine Einladung nach Cambridge ein, wo er im Juli des Jahres 1758 eine ganze Woche zubrachte und, wie er seiner Deborah stolz mitteilte, nicht nur »jeden Tag in ihren Colleges speiste«, sondern auch vom »Kanzler und Vizekanzler der Universität« hofiert wurde. Von Cambridge aus unternahm Franklin auch einen Ausflug nach Ecton, dem Geburtsort seines Vaters, wo er die Grabsteine seiner Vorfahren sorgsam inspizierte und vom jahrhundertealten Moos befreite.

Im November 1758 wurde ihm dann endlich Thomas Penns Stellungnahme zu den in den *Heads of Complaint* formulierten Vorwürfen mitgeteilt. Danach bot der Eigentümer dem Kolonialparlament nunmehr an, durch großzügige Spenden, die nach seinem jeweils unterschiedlich ausfallenden Jahresverdienst bemessen werden sollten, zur Landesverteidigung beizutragen. Eine prinzipielle Besteuerung seines Grundbesitzes lehnte er jedoch weiterhin ab, weil nur der Eigentümer der Kolonie Pennsylvania zutreffend beurteilen könne, »wann und wie über seine Güter und seinen Besitz verfügt werden dürfe«. Auf Franklins Nachfrage, welche Kontrollinstanz denn die Angaben zum jährlichen Einkommen des Eigentümers überprüfen solle, erhielt der pennsylvanische Kolonialagent keine Antwort: Für Thomas Penn waren die Verhandlungen mit der Assembly seiner Kolonie ganz offensichtlich beendet.

Franklin zeigte sich über die »Winkelzüge«, mit denen Penn den Forderungen des Kolonialparlaments auszuweichen suchte, höchst verärgert: So beschwor er die Assembly im Januar 1759, unter keinen Umständen auf das unredliche Angebot des Eigentümers einzugehen, weil dieses eine »Gefahr für die Freiheiten des Volkes« darstelle. Statt dessen riet er, die britische Regierung auf den noch immer ungelösten Konflikt mit Thomas Penn aufmerksam zu machen, um auf diese Weise vielleicht doch noch eine allen genehme Lösung des Streitfalls herbeizuführen. Franklins Freunde im Kolonialparlament nahmen seinen Rat sehr ernst, und so ersuchte er in ihrem Auftrag zunächst das Handelsministerium um eine Beurteilung der in Pennsylvania erhobenen Steuerforderungen. Wie schon während seiner Verhandlungen mit Thomas Penn, mußte Franklin auch jetzt wieder lange auf eine Antwort warten. In dieser Situation blieb ihm nichts anderes übrig, wie er Isaac Norris schrieb, als die britischen Regierungsbehörden »häufig danach zu fragen, ob der erwartete Bescheid bereits vorliege«.

In jener Zeit des geduldigen Zuwartens unternahm Franklin eine mehrmonatige Sommerreise nach Schottland, deren erfreulicher Anlaß die förmliche Annahme der Ehrendoktorwürde war, die ihm die Universität von St. Andrews bereits am 12. Februar 1759 *in absentia* verliehen hatte. Im August und September erkundete er Argyll und die schottischen Highlands, danach Perth und schließlich auch Glasgow und Edinburgh, wo er mit Adam Smith und David Hume die wohl größten Geister der schottischen Aufklärung traf. Mit ihnen erörterte er unter anderem, ob und inwiefern Schottlands 1707 erfolgte Union mit England das Land politisch und ökonomisch vorangebracht hatte. Immerhin verfügten die Schotten seither – anders als die Amerikaner – über Sitze im Parlament von Westminster: Von den 206 Sitzen im Oberhaus waren 16 für schottische Peers reserviert; unter den 568 Mitgliedern des Unterhauses waren 45 Schotten.

Am 2. Oktober durfte er dann in St. Andrews die Urkunde entgegennehmen, in der ihm attestiert wurde, daß er sich von nun an »Dr. Franklin« nennen durfte, was er für den Rest seines Lebens auch gern und häufig tat. Obschon ihm die Doktorwürde vornehmlich wegen seiner »Erfindungen und Experimente« auf dem Gebiet der Elektrizität verliehen worden war, freute es Franklin doch sehr, daß die Universitätsprofessoren in ihrer Laudatio auch seine »moralische Integrität« lobend erwähnten. Gerade der Verweis auf seine Rechtschaffenheit war für ihn ein weiterer wichtiger Anreiz, seine Mission als Kolonialagent von Pennsylvania in London zu einem guten Ende zu bringen.

Nach seiner Rückkehr in die britische Hauptstadt im November vergingen allerdings noch einmal etliche Monate, bis das Handelsministerium im Juni 1760 geruhte, auf Franklins Eingabe zu reagieren. Zu seiner großen Enttäuschung bekräftigte diese bedeutende Regierungsbehörde jedoch sämtliche Argumente, die Thomas Penns Anwälte in ihrer Ablehnung der *Heads of Complaint* vorgebracht hatten. So blieb Franklin keine andere Wahl, als beim inneren Kreis des königlichen

Rates, dem Privy Council, gegen die Entscheidung des Handelsministeriums Berufung einzulegen. Noch immer war Franklin nämlich davon überzeugt, daß die strittige Steuerfrage durch die Weisheit der führenden britischen Minister in letzter Instanz geklärt werden konnte.

Daß es dann in der Tat zu einer Einigung zwischen dem Kolonialparlament von Pennsylvania und dem Eigentümer Thomas Penn kam, war vor allem dem Geheimen Rat Lord Mansfield zu verdanken, der den Kontrahenten am 2. September 1760 einen für beide Seiten akzeptablen Kompromiß vorschlug: Während die bereits gerodeten, in Parzellen eingeteilten und zum Verkauf vorgesehenen Grundstücke des Eigentümers zukünftig besteuert werden durften, sollte das bislang noch nicht vermessene Land – das einen überaus großen Teil des Pennschen Besitzes ausmachte – auch weiterhin von der Grundbesitzsteuer ausgenommen bleiben. Penn willigte in Mansfields Vorschlag ein, weil er mit dem Kompromiß gut leben konnte und »jeden weiteren Streit vermeiden« wollte. Franklin stimmte dem Kompromiß zu, weil der Privy Council das Recht zur Besteuerung des Eigentümers wenigstens im Prinzip anerkannt hatte. Daß Mansfield einen Teil der Ländereien, die Thomas Penn für sich reklamiert hatte, für nicht besteuerbar hielt, fiel demgegenüber nicht ins Gewicht. Nach einem jahrelangen Rechtsstreit hatte Franklins unnachgiebige, geduldige und zähe Verhandlungsführung also ein sehr vorzeigbares Resultat erbracht.

Seine Freude und Erleichterung über den zufriedenstellenden Ausgang seiner Händel mit Thomas Penn wurde im Herbst 1760 noch dadurch gesteigert, daß sein auf diplomatischem Parkett errungener Erfolg zeitlich mit dem überwältigenden Sieg zusammenfiel, den die britischen Truppen – trotz ihrer anfänglichen Mißerfolge – nach jahrelangem Ringen auf dem nordamerikanischen Kontinent gegen die Franzosen erfochten hatten. Diese noch 1757 kaum vorstellbare Wendung des Kriegsgeschehens hatte ihre Ursache in dem kühnen Strategiewechsel, den der Premierminister Pitt in einsamer Entscheidung gegen den Widerstand hoher Militärs durchgesetzt hatte. Nachdem auch Braddocks Nachfolger – Lord Loudoun – als Oberbefehlshaber der britischen Streitkräfte in Nordamerika gescheitert war, hatte Pitt dessen Befehlsgewalt gleichmäßig auf drei jüngere und weitaus talentiertere Offiziere verteilt, die die britischen Regimenter seitdem gemeinsam und nur in enger Absprache miteinander anführten. Zudem stockte Pitt das diesen Offizieren zur Verfügung stehende Truppenkontingent unter größten finanziellen Anstrengungen auf insgesamt 50000 Mann auf, deren vereinter Kampfkraft die 16000 französischen Soldaten in Kanada schließlich nicht mehr gewachsen waren: Im Herbst 1758 eroberte der Brigadegeneral John Forbes mit 7000 Soldaten (und unter Beteiligung des Offiziers George Washington) das Fort Duquesne (das anschließend nach dem britischen Premierminister auf den Namen »Pittsburgh« getauft wurde); am 13. September 1759 nahmen Truppen des Generalmajors James Wolfe die kanadische Hauptstadt Quebec ein; am 7. September 1760 kapitulierten dann in Montreal auch die letzten französischen Einheiten vor dem Ansturm von 11000 britischen Soldaten, 7000 amerikanischen Milizionären und 700 Irokesen, die unter dem gemeinsamen Oberbefehl des Generalmajors Jeffrey Amherst standen.

Franklin feierte das britische Schlachtenglück in Nordamerika als gemeinsamen Sieg der nun enger zusammengerückten amerikanischen Kolonien und des Mutterlandes. Einem schottischen Bekannten schrieb er: »Niemand kann sich über die Zerschlagung Kanadas ehrlicher freuen als ich; und zwar nicht nur als Kolonist, sondern weil ich auch ein Brite bin.« Da das eroberte Kanada wichtige Rohstoffe anzubieten hatte und zugleich einen lukrativen neuen Markt für die in Großbritannien hergestellten Güter abgab, war sich Franklin sicher, daß es schon bald zu einem »gewaltigen Aufschwung des [britischen] Handels« kommen würde. Noch bedeutsamer als das zu erwartende Wirtschaftswachstum war für Franklin jedoch ein anderes Ergebnis des Krieges: So betonte er in einem längeren

Aufsatz über den Erwerb Kanadas, daß »die bürgerlichen und religiösen Rechte« nun in ganz Nordamerika dauerhaft »gesichert« seien. Wiewohl Franklins Mission in England durch die Beilegung des Steuerstreits mit Thomas Penn und das Ende des Krieges in Nordamerika ganz offensichtlich zum Abschluß gekommen war, dauerte es aus mehreren Gründen noch weit mehr als ein Jahr, bis er zur Heimreise nach Philadelphia aufbrach. Ein lange gehegter Wunsch, den er sich vor seiner Rückkehr nach Pennsylvania noch unbedingt erfüllen wollte, war ein Besuch des europäischen Kontinents, möglichst des Königreichs Frankreich. Da Großbritannien aber in Europa nach wie vor mit dem französischen Gegner in Kriegshandlungen verwickelt war, entschied sich Franklin für eine mit seinem Sohn William unternommene Reise nach Flandern und Holland. In Gent, Brügge und Antwerpen bewunderten die beiden amerikanischen Touristen im Sommer des Jahres 1761 die mittelalterlichen »römisch-katholischen Kathedralen«, deren »Pracht und Reichtum« sie zutiefst beeindruckte. Nach einer ausgedehnten Besichtigung Amsterdams speisten sie in Den Haag mit dem britischen Botschafter und pflegten an der Universität Leiden mit dem bedeutenden Physiker Pieter van Musschenbroek einen regen Gedankenaustausch. Rechtzeitig zur Teilnahme an den aufwendigen Krönungsfeierlichkeiten des neuen Königs Georg III. – der seinem im Oktober 1760 verstorbenen Großvater Georg II. auf den Thron gefolgt war – kehrten Benjamin und William Franklin dann im September 1761 wieder nach London zurück.

Wie sich schon bald herausstellen sollte, war ihre Tour durch die Niederlande die letzte gemeinsame Unternehmung in der gewohnten Rollenverteilung des fürsorgenden Vaters und folgsamen Sohnes. Eigene Wege gegangen war William in London zwar schon vor der gemeinsamen Europareise, doch begann er sich seit dem Herbst des Jahres 1761 in vordem nicht gekannter Deutlichkeit von seinem Vater zu lösen. Ironischerweise setzte Williams Emanzipationsprozeß mit der getreuen Wiederholung jener Jugendsünde seines Vaters ein, der er sein eigenes Leben zu verdanken hatte: Irgendwann im Verlauf des Jahres 1761 hatte er mit einer Prostituierten ein Kind gezeugt, das von der Mutter nicht versorgt werden konnte. Doch während sein Vater ihn selbst ja 30 Jahre zuvor als Neugeborenes in den eigenen Haushalt aufgenommen hatte, gab William seinen kleinen Sohn – den er William Temple nannte – sofort nach der Geburt in die Obhut einer Pflegefamilie, die weit außerhalb der britischen Hauptstadt wohnte. Auch als William 1762 in London heiratete, holte er das Kind nicht zu sich, weil seine Frau Elizabeth Downes sich als Tochter eines wohlhabenden Plantagenbesitzers nicht zur Adoption des kleinen Jungen entschließen konnte. Es war Franklin, der sich schließlich bereit erklärte, zumindest in den ersten Lebensjahren für die Unterkunft und Ernährung seines Enkels zu zahlen. Ein herzliches Verhältnis zur neuen Schwiegertochter konnte er deshalb auch nicht mehr aufbauen.

Daß William überhaupt eine junge Dame aus gehobenen Kreisen für sich interessieren konnte, lag ohnehin nicht so sehr am Ruf seines Vaters, sondern an den eigenen Kontakten zu einflußreichen, mit Georg III. an die Macht gekommenen Höflingen, die er in den zurückliegenden Jahren auf diversen Bällen und Festen kennengelernt hatte. Denn diesen Verbindungen verdankte er seine Ernennung zum Gouverneur von New Jersey, die im Sommer des Jahres 1762 bekanntgegeben wurde und ihn über Nacht zu einer guten Partie werden ließ. Seinem Vater behagte der überraschende und auf recht zweifelhafte Weise zustandegekommene Aufstieg des Sohnes allerdings gar nicht, weshalb er William auch davon abzubringen suchte, das ihm angetragene Amt des Gouverneurs anzunehmen. Für den Sohn bot der Gouverneurstitel jedoch die einmalige Chance, wenigstens politisch aus dem Schatten seines Vaters herauszutreten. So schenkte er den Vorhaltungen seines Vaters auch kein Gehör. Im September 1762 wurde ihm im Londoner St. James-Palast von Georg III. der Amtseid abgenommen: Mit einem Kuß auf den Ring des jungen Königs bezeugte William dem britischen Monarchen seine vollkommene Ergebenheit und Treue, was besonders Thomas Penn erfreute, der glaubte, daß der junge Franklin nun in New Jersey »Befehlen gehorchen« müsse, gegen die »der Vater in Pennsylvania schwerlich opponieren« werde.

Franklin, der sich die Teilnahme an den Feierlichkeiten zur Amtseinführung seines Sohnes ersparen wollte, war zu diesem Zeitpunkt bereits nicht mehr in London: Verstimmt über die jüngsten Entscheidungen seines Sohnes hatte er sich bereits zwei Wochen zuvor nach Amerika aufgemacht, jedoch nicht ohne in Europa ein Abschiedsgeschenk der besonderen Art zurückzulassen. Wenige Tage vor seiner Abfahrt aus dem Hafen von Portsmouth hatte er nämlich dem italienischen Physikprofessor Giambatista Beccaria die detaillierte Anleitung zum Bau eines von ihm selbst entworfenen Musikinstruments zugeschickt, das im Kreise der europäischen Musiker und Komponisten schon bald zahlreiche Liebhaber finden und unter dem Namen »Glasharmonika« bekannt werden sollte.

Entwickelt hatte Franklin die Glasharmonika nach dem Besuch eines außergewöhnlichen Konzertes: Im Frühjahr 1761 war es einem Amateurmusiker in London gelungen, auf den Rändern von mit Wasser gefüllten Gläsern durch kreisende Bewegungen seiner befeuchteten Finger derart schöne Töne zu erzeugen, daß Franklin von der Anmut und Weichheit der vernommenen Klänge geradezu betört war. Da der Musiker jedoch immer nur wenige Gläser zugleich bespielen konnte, ersann Franklin eine Methode, die es erlaubte, bis zu 37 Gläser in rascher Aufeinanderfolge zum Klingen zu bringen: Auf die verlängerte Spindel eines umgebauten Spinnrades mußte zunächst die genannte Anzahl von verschieden großen und in der Mitte mit einem kleinen Loch versehenen Schälchen aus Glas gesteckt werden; wurde dieses musikalische Spinnrad nun mit einem Pedal in Bewegung gesetzt, kreisten sämtliche Glasschalen zur selben Zeit, so daß man deren Ränder nur noch mit einem befeuchteten Finger berühren mußte, um die gewünschten Töne zu erzeugen. Auf diese Weise ließen

---

Parlamentarier und Kolonialagent: 1753–1764

sich dann auch anspruchsvolle Melodien innerhalb eines auf 37 Töne erweiterten Klangspektrums spielen. Wolfgang Amadeus Mozart, der schon als Junge mit Franklins Instrument experimentierte, schuf noch in seinem letzten Lebensjahr mit dem »Adagio und Rondo in c-moll für Glasharmonika, Flöte, Oboe, Viola und Cello« (KV 617) eine der schönsten und vollkommensten Kompositionen des 18. Jahrhunderts.

Sehr harmonisch war dann auch das langersehnte Wiedersehen, das Franklin am 1. November 1762 in Philadelphia mit seiner »kleinen Familie« und den »zahlreichen Freunden« feierte, die er – wie er Collinson nach London schrieb – allesamt »wohlbehalten und gesund« vorfand. Obschon er über fünf Jahre in London zugebracht hatte, fügte er sich erstaunlich schnell in die alten Verhältnisse ein, und er genoß es, seinen Freunden und Verwandten in langen Gesprächen von seinen Erlebnissen der vergangenen Jahre zu berichten. Nur die Straßen Philadelphias kamen ihm nicht mehr so bevölkert vor wie noch vor seiner Abreise. Einem englischen Freund erklärte er diesen Eindruck damit, daß er sich wohl schon zu sehr »an die geschäftigen, überfüllten Straßen Londons gewöhnt« habe.

Am 10. Januar 1763 nahm er auch wieder seine Arbeit im Kolonialparlament von Pennsylvania auf. Trotz seiner langen Abwesenheit hatten ihn die Bürger der Stadt Philadelphia nämlich jedes Jahr aufs neue als ihren Abgeordneten in die Assembly gewählt. Dort sprach der Parlamentssprecher Isaac Norris dem zurückgekehrten Agenten Pennsylvanias am 19. Februar in aller Form »den Dank dieses Hauses« für die erfolgreiche Erledigung des Streitfalls mit Thomas Penn aus: Durch seine Geduld und Zähigkeit habe Franklin in London nicht nur »dieser Provinz im besonderen«, sondern auch »Amerika im allgemeinen« einen »bedeutenden Dienst erwiesen«, weil wieder einmal ersichtlich geworden sei, daß die in den amerikanischen Provinzen erhobenen Steuern nur von den eigenen Kolonialparlamenten festgelegt werden durften.

Auch als Postmeister wurde Franklin wieder tätig. Im Sommer begab er sich auf eine längere Inspektionstour durch nahezu alle amerikanischen Kolonien, um vor Ort zu überprüfen, ob sich die Briefzustellung zwischen den größeren Städten möglicherweise noch weiter verbessern lassen mochte. (Begleitet wurde er auf dieser Tour von seiner 19jährigen Tochter Sally, die er auf der Reise weiterbilden wollte.) Mit Umsicht und großer Sorgfalt kontrollierte er den Zustand aller wichtigen amerikanischen Postrouten zwischen Virginia und New Hampshire und entschied, daß die Postreiter ihre Fracht – zumindest auf manchen Strecken – auch in der Nacht austragen mußten: Auf diese Weise sorgte er dafür, daß ein am Nachmittag von Philadelphia nach New York abgehender Brief – ohne Aufpreis – bereits am nächsten Morgen zugestellt werden konnte, was den Geschäftsbeziehungen zwischen beiden Städten außerordentlich zugute kam.

Unterwegs kehrte Franklin auch immer wieder bei alten Bekannten ein, mit denen er lebhafte Gespräche über die wirtschaftliche und politische Lage der britischen Kolonien in Nordamerika führte, die seit der Eroberung Kanadas einer verheißungsvollen Zukunft entgegenzugehen schienen. Seinen Sohn William, der im Februar nach Amerika zurückgekehrt war, suchte er in New Jersey auf, um mit ihm wieder vollständig ins Reine zu kommen. Daß William sich recht schnell den Respekt der Assembly von New Jersey erworben hatte, besänftigte seinen Vater spürbar: Erleichtert bekannte Franklin in einem Brief an Strahan, daß er nun doch wieder mit »großen Hoffnungen« auf die Entwicklung seines Sohnes blicke.

Von allen auf seiner Reise empfangenen Eindrücken berührten ihn aber wohl am nachhaltigsten die Gespräche, die er mit den Schülern zweier »Negerschulen« in Virginia und Pennsylvania führte. Diese Schulen für Kinder schwarzer Sklaven waren in den 1750er Jahren von dem anglikanischen Geistlichen John Waring gegründet worden, den Franklin in London näher kennengelernt hatte. Da Franklin auf seiner Inspektionstour als Postmeister ohnehin durch die Städte reisen mußte, in denen Waring seine Schulen errichtet hatte, nutzte

---

Parlamentarier und Kolonialagent: 1753–1764

er die Gelegenheit, um diesem Londoner Bekannten unmittelbar nach seiner Rückkehr nach Philadelphia ausführlich vom Leistungsstand der schwarzen Schüler zu berichten.

Was Franklin in den von ihm aufgesuchten Schulen zu sehen und zu hören bekam, erstaunte und beschämte ihn zutiefst, weil er sich eingestehen mußte, daß er die geistigen Fähigkeiten der Schwarzen bislang zu Unrecht unterschätzt hatte. 1751 hatte er die vorgebliche Trägheit der Sklaven sogar öffentlich als naturgegebene Eigenschaft gedeutet und gewettert, daß die Schwarzen »von Natur aus Diebe« seien, weshalb er noch im selben Jahr das Sklavenpaar verkaufte, das auch er bis dahin besessen hatte. Nur weil er glaubte, daß der ungute Charakter der Schwarzen auch die Arbeitsmoral der Familien verderbe, die sie in ihrem Haushalt beschäftigten, kritisierte er schon frühzeitig die Institution der Sklaverei. Daß er in London dann doch noch einmal einen schwarzen Sklaven als Bediensteten anstellte, läßt sich nur dadurch erklären, daß dieser »Peter« genannte Hausdiener in Franklins Augen ein ebenso gutmütiger wie schlichter Geselle war. Ethische Bedenken äußerte er gegenüber der Praxis der Sklaverei jedenfalls bis zum Anfang der 1760er Jahre nicht.

Sein Besuch der Schulen für schwarze Kinder belehrte ihn nun eines Besseren. »Durch das, was ich dort gesehen habe«, schrieb er Waring am 17. Dezember 1763 nach London, »habe ich hinsichtlich der natürlichen Fähigkeiten der Schwarzen ein höhere Meinung erlangt, als ich sie jemals zuvor gehegt habe«, denn das Gedächtnis und die Lernbereitschaft schwarzer Schüler stünden der Auffassungsgabe weißer Kinder in nichts nach. Erschüttert darüber, daß er seine unsinnigen Vorbehalte gegenüber Schwarzen jahrzehntelang kultiviert hatte, ohne sie ernsthaft zu überprüfen, stellte er in seinem Brief an Waring einen echten Gesinnungswandel zur Schau: »Du wirst Dich vielleicht wundern«, räumte er ein, »daß ich jemals [an den Fähigkeiten der Schwarzen] gezweifelt habe, und ich werde gar nicht erst anfangen, alle meine Vorurteile zu rechtfertigen oder auch nur zu erklären«.

Wie wenig selbstverständlich Franklins Bekenntnis zu einer Zeit war, als Schwarze auch von gebildeten Weißen für geistig minderbegabt gehalten wurden, belegt eine Einschätzung Immanuel Kants. In seinen *Beobachtungen über das Gefühl des Schönen und Erhabenen* von 1764 tat er kund: »Die Negers von Afrika« hätten »von der Natur kein Gefühl, welches über das Läppische stiege«. So sei angeblich

> unter den hunderttausenden von Schwarzen, die aus ihren Ländern anderwärts verführt werden, obgleich deren sehr viele auch in Freiheit gesetzt werden, dennoch nicht ein einziger jemals gefunden worden, der entweder in Kunst oder Wissenschaft, oder irgend einer anderen rühmlichen Eigenschaft etwas Großes vorgestellt habe, obgleich unter den Weißen sich beständig welche aus dem niedrigsten Pöbel empor schwingen und durch vorzügliche Gaben in der Welt ein Ansehen erwerben.

Für Kant war »der Unterschied zwischen diesen zwei Menschengeschlechtern« demnach »in Ansehung der Gemüthsfähigkeiten« genauso groß »als der Farbe nach«.

Während Kant sein Urteil über die intellektuellen Fähigkeiten der Afrikaner auch später nicht korrigierte, veränderte sich Franklins Einstellung zu den Schwarzen grundlegend: So war es nur konsequent, daß er seinen Diener Peter in die Freiheit entließ und in seinen Schriften fortan auch aus moralischen Gründen gegen die Sklaverei Stellung bezog. Ändern konnte er am betrüblichen Status der Schwarzen allerdings vorerst nichts, weil die Institution der Sklaverei vor allem in den südlichen Kolonien Amerikas noch zu fest mit dem dortigen Wirtschafts- und Gesellschaftssystem verknüpft war.

Welche grausamen Auswüchse der Überlegenheitsdünkel weißhäutiger Kolonisten hervorbringen konnte, wurde Franklin in schockierender Deutlichkeit bewußt, als er Anfang des Jahres 1764 von einem Massaker hörte, das kurz vor dem Jahreswechsel im westlichen Grenzland Pennsylvanias an wehrlosen Indianern verübt worden war: Am 13. Dezember hatten 150 irischstämmige Siedler das Delawarendorf Conestoga in

---

Parlamentarier und Kolonialagent: 1753–1764

der Nähe der Stadt Lancaster niedergebrannt, weil dessen Einwohner angeblich einem marodierenden Indianer aus dem Stamm der Ottawa Unterschlupf gewährt hatten. Daß die bei Lancaster siedelnden Conestoga-Delawaren dort schon seit Jahrzehnten ansässig waren, mittlerweile den christlichen Glauben angenommen hatten und mit ihren Nachbarn im Frieden lebten, scherte die Iren nicht. Sogar flüchtige Frauen und Kinder der ohne Vorwarnung überfallenen Conestogas wurden von dem rachsüchtigen Mob in der Stadt Lancaster aufgespürt und umgebracht.

Bestürzt über die dumpfe Brutalität, mit der die irischen Banditen in Conestoga und Lancaster gewütet hatten, veröffentlichte Franklin noch Ende Januar eine Flugschrift, in der er seine Mitbürger aufrief, die Friedensstörer festzunehmen, um sie in Philadelphia ihrer gerechten Strafe zuzuführen. Niemand dürfe es zulassen, so Franklin, daß befreundete Delawaren wegen der lange zurückliegenden Vergehen anderer Indianerstämme büßen mußten, nur weil auch sie »eine rotbraune Haut und schwarzes Haar« hatten. Jeder wisse doch, daß es »bei den Indianern wie bei den Weißen verschiedene Stämme, Völker und Sprachen« gebe. Wenn nun in Europa die Franzosen die Holländer angreifen würden, fragte Franklin spöttisch, müßten diese dann gleich die Engländer überfallen, »nur weil diese auch Weiße sind?« Würde ein Mann »mit einem Gesicht voller Sommersprossen und rotem Haar meine Frau oder mein Kind töten«, so Franklin weiter, wäre es gemäß dieser abstrusen Logik auch rechtens, »daß ich [diese Untat] durch die Ermordung aller sommersprossigen rothaarigen Männer, Frauen und Kinder rächte, die ich hernach anträfe«. Es dürfe aber unter keinen Umständen gebilligt werden, daß ein Mensch nur wegen seiner »Hautfarbe« verfolgt werde.

Seinen mit großer Emotionalität vorgetragenen Worten ließ Franklin auch entsprechende Taten folgen. Wieder einmal gelang es ihm, spontan eine 1000 Mann starke Miliz zusammenzustellen, die sich den irischen Übeltätern an die Fersen heftete und sie Anfang Februar auch wirklich am nordwestlichen

Stadtrand Philadelphias stellen konnte. Doch statt eine sofortige Festnahme der Männer zu bewirken, gewährte der neue Gouverneur von Pennsylvania – John Penn – den Iren das Privileg, zunächst einmal eine ausführliche Verteidigungsschrift zur Erklärung ihres Handelns anzufertigen. Penn, der ein Neffe des Eigentümers war und sein neues Amt erst im Oktober 1763 angetreten hatte, verzichtete nach der aufmerksamen Lektüre dieser Schrift auf jede weitere strafrechtliche Verfolgung der Aufrührer, womit er – wie Franklin wohl zu Recht unterstellte – den barbarischen Exzessen von Conestoga und Lancaster seine stillschweigende Zustimmung gab. In einem Brief an den Londoner Arzt John Fothergill berichtete Franklin ausführlich von dem schändlichen Verhalten des neuen Gouverneurs, der innerhalb kürzester Zeit »allen Respekt verloren« und die »Regierung [von Pennsylvania] in Verruf gebracht« habe. Auch Franklins allgemeines (und grundsätzlich positives) Menschenbild geriet durch John Penns Kaltherzigkeit vorübergehend ins Wanken. Verbittert und fast schon zynisch fragte er den Mediziner Fothergill: »Schmeichelst du dir selbst mit der Vorstellung, daß du Gutes tust? Das ist töricht. Die Hälfte der Leben, die du rettest, sind es nicht wert, gerettet zu werden, weil sie zu nichts nütze sind; und fast die ganze andere Hälfte sollte nicht gerettet werden, weil sie Schaden anrichtet.«

Doch so desillusioniert sein Schreiben an Fothergill auch wirkte: Von seinem Einsatz für das Wohl Pennsylvanias und seiner Einwohner ließ Franklin nicht ab. Als die Assembly im Februar ein neues Gesetz zur Besteuerung von Thomas Penns Grundbesitz verabschiedete, warnte Franklin den Gouverneur im Auftrag des Kolonialparlaments davor, das Inkrafttreten des Gesetzes durch sein Veto zu blockieren, weil dies »die Schmach und Schuld, mit der die Eigentümerfamilie ohnehin schon beladen« sei, noch weiter mehren und »ihre Regierung (falls überhaupt möglich) in noch größeren Verruf« bringen werde. Indes: Franklins Mahnung verhallte ungehört. Am 7. März machte John Penn von seinem Vetorecht

Parlamentarier und Kolonialagent: 1753–1764

Gebrauch, weil er wie ein kleinlicher Kritikaster monierte, daß der Gesetzestext nicht dem exakten Wortlaut des im September 1760 erarbeiteten Steuerkompromisses folge.

John Penns Widerstand gegen den Gesetzentwurf hatte zur Folge, daß die Abgeordneten der Assembly sich nun mehrheitlich und öffentlich für die Ablösung des Gouverneurs aussprachen, wobei der neu zu berufende Regierungschef nicht mehr vom »selbstsüchtigen Eigentümer, sondern vom huldvollen König« eingesetzt werden sollte. Einhelliger Wunsch der Parlamentarier war es nämlich, Pennsylvania von der britischen Regierung in eine Kronkolonie umwandeln zu lassen, weil man, wie Franklin betonte, die ständigen Auseinandersetzungen mit der Familie Penn – vor allem in der Steuerfrage – »herzlich leid« war. In seinem Anfang April veröffentlichten Pamphlet *Cool thoughts on the present situation of our public affairs* forderte Franklin daher lapidar, daß Thomas Penn sämtliche Eigentümerrechte aberkannt werden sollten. Der Vertrauensverlust gegenüber der Familie Penn sei mittlerweile derart tiefgreifend, daß kein anderer Ausweg zur Lösung der Regierungskrise in Pennsylvania offenstehe.

Den ganzen Sommer über wurde nun in der Bevölkerung Pennsylvanias intensiv und hitzig darüber gestritten, ob die Umwandlung der Eigentümerkolonie in eine Kronkolonie wirklich wünschenswert sei. Im Herbst wurde diese Frage sogar zum alles beherrschenden Thema der für den 1. Oktober angesetzten Kolonialparlamentswahlen. Dabei waren sich die Kandidaten der Eigentümerpartei nicht zu schade, gegen Franklin eine regelrechte Schmutzkampagne zu starten: So warfen sie ihm vor, daß er seine wissenschaftlichen Theorien nur von anderen Physikern abgeschrieben und den in Schottland verliehenen Ehrendoktortitel lediglich gekauft habe. Selbst Williams außereheliche Zeugung wurde zur Sprache gebracht, um Franklins angebliche Sittenlosigkeit zu geißeln. Am Wahltag karrten die Wahlhelfer der Eigentümerpartei dann in den entlegenen Gebieten Pennsylvanias noch kurz vor Schließung der Wahllokale viele hundert von Gesinnungsgenossen an die Wahlurnen, um jede nur mögliche Stimme gegen Franklin einzufangen; mit (äußerst knappem) Erfolg: Nur 19 Stimmen fehlten Franklin am Ende zur Wiederwahl – bei 31 000 abgegebenen Wahlzetteln.

Immerhin blieb die Volkspartei trotz erheblicher Zugewinne der Eigentümerpartei die stärkste Fraktion im Kolonialparlament, so daß die Assembly auch nach den Wahlen bei ihrer Forderung blieb, Pennsylvania in eine Kronkolonie umwandeln zu lassen. Um Franklins Wahlniederlage, die er selbst als »lachhaft« beschrieb, möglichst rasch zu kompensieren, ehrten die neugewählten Abgeordneten ihn demonstrativ, indem sie ihn am 26. Oktober (mit 19 gegen 11 Stimmen) wieder zu ihrem Agenten machten: Erneut sollte er ihre Interessen bei der britischen Regierung in London vertreten und durch sein erprobtes Verhandlungsgeschick dafür sorgen, daß die Regierung der Eigentümer möglichst bald durch eine direkte »königliche Regierung« abgelöst werden konnte.

Wie schon 1757 nahm Franklin auch jetzt wieder seine Wahl zum Kolonialagenten Pennsylvanias an. Allerdings ging er diesmal von Anfang an davon aus, daß sein Aufenthalt in London von längerer Dauer sein würde. Da er kurz vor dem Eintritt in sein 60. Lebensjahr stand und sich nicht sicher war, ob er Amerika jemals wiedersehen würde, verabschiedete er sich von seinen Freunden in Philadelphia mit bewegenden Worten, in denen die Ungewißheit seiner Wiederkehr deutlich anklang: »Ich nehme jetzt Abschied (vielleicht einen letzten Abschied) von dem Land, das ich liebe [...] Ich wünsche meinen Freunden Wohlstand, und ich vergebe meinen Feinden.«

Verständlicherweise wollte Franklin in einer solchen Situation nur ungern ohne seine Frau nach England segeln, doch entschied sich Deborah gegen die Schiffsreise, weil sie panische Angst vor der Überquerung des Ozeans hatte. Auch das Zureden Strahans, der ihr aus England mitteilen ließ, daß auf dem Weg von Philadelphia nach London noch nie ein Schiff gesunken sei, konnte sie nicht umstimmen. Wie Strahan wußte sie genau, daß sich auf anderen Routen sehr wohl Schiffs-

Parlamentarier und Kolonialagent: 1753–1764

unglücke zugetragen hatten. So verabschiedete sich Franklin am 7. November 1764 von seiner Frau und Tochter und segelte ohne jede Reisebegleitung nach Großbritannien. Daß er Deborah nicht mehr wiedersehen würde, war im Augenblick des Abschieds eine seiner schmerzlichsten Befürchtungen; daß er sich um Pennsylvania erneut verdient machen werde, hoffte er; daß der bei weitem dramatischste und bedeutendste Abschnitt seines Lebens noch vor ihm lag, konnte er beim besten Willen nicht ahnen.

7. KAPITEL

AMERIKAS FÜRSPRECHER IN EUROPA
1764–1773

Schon am 10. Dezember 1764 traf Franklin nach einer überdurchschnittlich schnellen Fahrt über den Atlantik in London ein, wo er sich sofort in die Craven Street begab, weil er wieder bei Mrs. Stevenson zu logieren gedachte. Allerdings war die alte Dame am Nachmittag seiner Ankunft nicht zu Hause. Dennoch verschaffte er sich Zugang zu ihrer Wohnung, setzte sich in einen bequemen Lehnstuhl »und erwartete«, wie er kurz darauf in einem Brief berichtete, in aller Ruhe »ihre Rückkehr«. Als Mrs. Stevenson am Abend ihr Haus betrat, war sie »sehr überrascht«, ihren in Amerika geglaubten ehemaligen Mieter »in ihrer guten Stube« vorzufinden. Da sie die von ihm zuletzt mit William bewohnten Räumlichkeiten noch nicht wieder vermietet hatte, gestattete sie es Franklin gern, sich in der vertrauten Umgebung häuslich einzurichten. Anfang des Jahres 1765 holte er dann auch noch seinen kleinen Enkel William Temple, der nun fast vier Jahre alt war, zu sich und kümmerte sich mit großväterlicher Fürsorge um dessen Wohlergehen. Weil der kleine Temple sehr aufgeweckt war, schickte er ihn trotz seines zarten Alters schon bald zur Schule (die von einem Schwager seines Freundes Strahan geleitet wurde).

Bereits am 2. Februar wurde Franklin vom britischen Premierminister George Grenville – der Pitts Nachfolger Lord Bute 1763 im Amt abgelöst hatte – eine halbstündige Audienz gewährt. Doch interessierte sich Grenville nicht im mindesten für die Frage, ob und wie man Pennsylvania in eine Kronkolonie umwandeln könne; auch empfing er Franklin nicht allein, sondern zusammen mit zwei anderen Kolonialagenten aus South Carolina und Connecticut. Was Grenville von den drei Amerikanern in Erfahrung bringen wollte, war deren ehrliche Beurteilung einer brisanten fiskalpolitischen Maßnahme, mit der er den aus den Fugen geratenen britischen Staatshaushalt wieder ins Lot zu bringen suchte.

Durch den jahrelangen Krieg mit Frankreich und seinen Verbündeten, der am 10. Februar 1763 mit dem Frieden von Paris auch in Europa beendet worden war (und wegen seiner Dauer nunmehr der »Siebenjährige Krieg« genannt wurde), hatte Großbritannien seinem weltumspannenden Empire zwar Kanada (sowie einige der vormals französischen Besitzungen in Westafrika und Ostindien) hinzufügen können, doch hatten die von Pitt mit höchstem finanziellen Einsatz betriebenen Militäroperationen dem Land zugleich einen gigantischen Schuldenberg hinterlassen: Auf 137 Millionen Pfund waren die Staatsschulden Großbritanniens im Jahr 1763 angewachsen. Zum Zwecke der Tilgung dieser drückenden Schuldenlast sah sich Grenville nun genötigt, auch in den amerikanischen Provinzen Steuern zu erheben. Immerhin war die Grundbesitzsteuer in England bereits während der Kriegsjahre verdoppelt worden. Eine zusätzliche Besteuerung der Nordamerikaner erschien dem britischen Premierminister um so angemessener, als sie am meisten vom Ende der französischen Kolonialherrschaft in Kanada und im Ohio-Gebiet profitierten.

Doch wie im einzelnen sollte diese Steuer erhoben werden? Grenville neigte dazu, im britischen Parlament ein Stempelsteuergesetz zu verabschieden, welches vorsah, daß jedes Schriftstück von rechtlicher Bedeutung vor seiner Ausfertigung, jedes Druckerzeugnis und Kartenspiel vor seinem Verkauf in den britischen Kolonien Nordamerikas mit einer Gebührenmarke oder einem entsprechenden Stempel zu versehen war. Auch der britische Finanzminister Thomas Whately favorisierte eine solche Stempelsteuer: »Als Teil des britischen Herrschaftsbereiches«, so Whately, sollten die nordamerikanischen Kolonien auf diese Weise »zusammen mit allen anderen« ihre »notwendigen Aufgaben erfüllen«. Doch wie würden die Amerikaner auf eine derartige Zusatzsteuer reagieren?

Die Antwort der drei Kolonialagenten war eindeutig: Sie erklärten Grenville, daß die amerikanischen Kolonisten keine Besteuerung akzeptieren würden, die sie nicht selbst erhoben hätten. Ihrer Meinung nach konnten nur die eigenen Assemblies die in Amerika zu zahlenden Steuern festsetzen, keinesfalls aber das britische Parlament in Westminster, in dem die Amerikaner ja nicht mit eigenen Abgeordneten vertreten waren. Gerade Franklin beharrte mit Nachdruck darauf, daß den amerikanischen Kolonisten die Höhe und Art der von ihnen aufzubringenden Steuern nicht gegen ihren Willen vorgeschrieben werden dürfe. Schließlich war ja gerade diese Auffassung der Grund dafür, daß er als Agent des Kolonialparlaments von Pennsylvania so viele Jahre mit Thomas Penn gestritten hatte und nun erneut gegen die vermessenen Ansprüche des Eigentümers ankämpfte.

Als Grenville den Kolonialagenten gegen Ende der Audienz achselzuckend anheimstellte, gegebenenfalls bessere Besteuerungsmodelle als das von ihm vorgeschlagene Stempelsteuergesetz zu entwerfen, erklärte sich Franklin spontan bereit, über eine geeignete Alternative nachzudenken. Bereits zwei Wochen nach seinem Treffen mit Grenville schickte er dem Premierminister einen in bemerkenswerter Schnelligkeit ausgearbeiteten Vorschlag zu, der die von ihm schon 1729 befürwortete Idee einer Verteilung von Kreditbriefen aufgriff: Das britische Parlament, so Franklin, solle in allen amerikanischen Kolonien gegen einen Zinssatz von 6% Papiergeld ausgeben; dadurch werde (unter Umgehung eines gewaltigen bürokratischen Aufwandes) de facto eine Steuer auf den Besitz von Papierwährung erhoben, doch wäre eine solche (freiwillig erbrachte) Steuer letzlich gerechter als die auch von den ärmsten Kolonisten zu zahlende Stempelsteuer; denn anzunehmen wäre, daß die Papiergeldsteuer in erster Linie von den wohlhabenden Bürger gezahlt würde, »da es die Reichen sind,

Amerikas Fürsprecher in Europa: 1764–1773

die über die größte Geldmenge verfügen«. Zudem werde auf diese Weise auch die Wirtschaft in nicht unbedeutender Weise angekurbelt.

Wäre Franklins Vorschlag aufgegriffen worden, hätte er Großbritannien und Amerika möglicherweise viel Ärger erspart und einen erheblichen Teil der britischen Schuldenlast abgetragen. Doch Grenville war gar nicht bereit, auf irgendwelche Alternativen zu der von ihm konzipierten Stempelsteuer einzugehen: »Viel zu vernarrt«, wie Franklin seinem Sohn William nach New Jersey schrieb, sei der Premierminister nämlich von Anfang an in dieses Projekt gewesen. Und viel zu weit gediehen waren auch schon die Vorbereitungen zum Erlaß des Stempelsteuergesetzes, weshalb es dann am 22. März 1765 auf Grenvilles Vorschlag von beiden Häusern des britischen Parlaments mit großer Mehrheit verabschiedet wurde.

In den amerikanischen Kolonien reagierte man auf das Parlamentsgesetz mit Unverständnis, großer Empörung und einhelliger Ablehnung. Während die zahlreichen Protestresolutionen, die mit Beginn des Frühsommers aus allen Kolonien an die britische Regierung versandt wurden, zweifellos zur zivilisierten Form des Widerstandes gegen das neue Steuergesetz zählten, kam es in Neuengland auch zu Gewalttakten: Militante patriotische Vereine, die sich in Massachusetts allerorten zu konstituieren begannen, bedienten sich des aufgewiegelten Mobs, um potentielle Steuereintreiber durch Plünderungen ihrer Häuser einzuschüchtern. Im Herbst versuchten Kaufleute und Politiker den Protest durch gezielte Boykottabsprachen dann wieder in geordnetere Bahnen zu lenken: Auf einem von 200 New Yorker Kaufleuten einberufenen Kongreß wurde am 31. Oktober der Beschluß gefaßt, bis zur Annullierung des Stempelsteuergesetzes keine Waren mehr aus Großbritannien in die nördlichen Kolonien Amerikas zu importieren. Dieser Absprache schlossen sich in den Folgemonaten noch zahlreiche andere Kaufmannsverbände an, von denen sich viele unter dem Namen »Söhne der Freiheit« vereinigten.

Von London aus leistete Franklin den protestierenden Kaufleuten mit der Feder Schützenhilfe: Zwischen Mai 1765 und Januar 1766 thematisierte er in über 13 Zeitungsartikeln das aus seiner Sicht völlig überflüssige, seinen Zweck verfehlende und nichts als Zwietracht säende Stempelsteuergesetz, dessen Zurücknahme er der britischen Regierung mit eindringlich werbenden Worten ans Herz legte. Dabei wies er auch den von manchen Politikern erhobenen Vorwurf zurück, daß die Amerikaner es ohnehin nur auf eine wirtschaftliche und politische Unabhängigkeit vom Mutterland abgesehen hätten. So sei er sich sicher, »daß die Amerikaner, die ich gut kenne, nicht das leiseste Verlangen nach Unabhängigkeit verspüren«, weil sie sich den im britischen Parlament erlassenen Gesetzen nach wie vor unterwerfen wollten. Nur ein ganz bestimmtes »*Recht*« wollten sie unter keinen Umständen aufgeben, nämlich das Privileg, »ihre Loyalität dadurch unter Beweis zu stellen, daß sie ihr eigenes Geld selber gewährten, wann immer sich ihr [britischer] Monarch dazu veranlaßt sehe, danach zu fragen«.

Anders als in vielen seiner Briefe, Pamphlete und Aufrufe der vergangenen Jahre, in denen er die Politik der Familie Penn mit überaus scharfen und verächtlichen Worten gegeißelt hatte, kehrte Franklin in seinen Zeitungsartikeln gegen das Stempelsteuergesetz Zeitungsartikeln wieder zu einer sachlicheren und ruhigeren Form der Auseinandersetzung zurück. So zeichnen sich die meisten seiner Artikel des Jahres 1765 ganz unverkennbar durch jenen fragenden, diskursiven Schreibstil eines Addison aus, den er sich schon in seiner Jugend angeeignet hatte; denn Franklin wollte die Gegner des amerikanischen Standpunkts auf keinen Fall durch allzu apodiktische Äußerungen verprellen, sondern (falls irgend möglich) für die eigene Sichtweise interessieren: Das Festhalten der amerikanischen Kolonisten an den von ihnen für verfassungsgemäß erachteten Privilegien »könnte ein Irrtum sein«, räumte er ein, weshalb man die Begründung für ihre heftigen Proteste aber um so sorgfältiger analysieren müsse. Komme es dann zu einer ernsthaften Überprüfung der amerikanischen

Amerikas Fürsprecher in Europa: 1764–1773

Beschwerden, sei er allerdings guten Mutes, daß »die weise und gelehrte« britische Regierung den Streitfall »mit Weisheit und Wohlwollen« schlichten werde.

Franklin konnte deshalb so gelassen argumentieren, weil er der britischen Führung – trotz Grenvilles Unbeweglichkeit – ganz offensichtlich ein sehr großes Vertrauen entgegenbrachte. Immerhin war es ja der Privy Council gewesen, der im Jahr 1760 den Steuerkompromiß mit Thomas Penn ausgearbeitet hatte. In Franklins Augen verfügten die leitenden Minister Großbritanniens (auch die Abgeordneten im Parlament von Westminster) jedenfalls über eine große Lernfähigkeit, die sie in die Lage versetzte, politische Kurskorrekturen bereitwillig herbeizuführen, wann immer dies notwendig oder wünschenswert war. Daß Franklins Antrag vom Herbst 1765 auf Umwandlung Pennsylvanias in eine Kronkolonie gar nicht behandelt wurde, weil der Privy Council eine Entscheidung in dieser Frage am 22. November auf unbestimmte Zeit »verschob«, machte ihn keineswegs stutzig. Schließlich blockierte die Stempelsteuerkrise, die mittlerweile zu einem Politikum ersten Ranges avanciert war, ja auch zahlreiche andere Entscheidungsprozesse der britischen Regierung.

Als der von den amerikanischen Kaufleuten organisierte Boykott englischer Waren dann mit Beginn des Jahres 1766 die britische Wirtschaft spürbar zu beeinträchtigen begann, erzeugte dies bei den verantwortlichen Ministern des Königs und den Parlamentariern in Westminster große Nervosität und provozierte zum Teil heftige Reaktionen. Im Oberhaus wurden Stimmen laut, die darauf drangen, den Amerikanern mit Waffengewalt ihre rebellische Gesinnung auszutreiben. Im Unterhaus hingegen scheute man ein solch harsches und unbedachtes Vorgehen. So einigten sich beide Häuser des Parlaments darauf, erst einmal in ausführlichen Debatten zu erörtern, ob es nicht Möglichkeiten zum friedlichen Ausgleich mit den nordamerikanischen Untertanen der britischen Krone gebe.

Auf dem Weg zur Entscheidungsfindung in dieser heiklen Angelegenheit, bei der es ja letztlich um die Klärung von wichtigen Prinzipien der britischen Verfassung ging, ließ sich das Parlament sehr viel Zeit. Mitte Februar führte das Unterhaus eine dreitägige Anhörung durch, in deren Verlauf 26 sachverständige Kaufleute und Politiker aus England und Nordamerika gefragt wurden, wie ihres Erachtens die Stempelsteuerkrise am ehesten beigelegt werden könnte. Ihre Aussagen hatten naturgemäß einen großen Einfluß auf die Meinungsbildung des Parlaments. Auch der nun schon 60jährige Franklin mußte am 13. Februar 1766 als pennsylvanischer Kolonialagent vor dem versammelten Unterhaus vier Stunden lang Rede und Antwort stehen. Die insgesamt 174 Fragen, die ihm im Verlauf seines Verhörs gestellt wurden, beantwortete er mit großer Gelassenheit und Schlagfertigkeit. Er vermittelte den Parlamentsmitgliedern glaubhaft den Eindruck, daß ihm das Wohl und der Bestand des gesamten Britischen Empire am Herzen lag. Dennoch, oder gerade deswegen ließ er von Anbeginn keinen Zweifel daran aufkommen, daß das Stempelsteuergesetz zurückgenommen werden mußte, wenn die Eintracht im Empire gewahrt und die guten Beziehungen zwischen Nordamerika und dem Mutterland wiederhergestellt werden sollten.

Dem Premierminister Grenville sagte er ins Gesicht, daß das Stempelsteuergesetz »verfassungswidrig und überdies ungerecht sei«, weil die Amerikaner »nicht von einem Parlament mit Steuern belegt werden könnten«, in dem sie »nicht vertreten« seien. Bedürfe die Krone ihrer finanziellen Unterstützung, müßten nicht die britischen Parlamentarier, sondern – gemäß altem Brauch und Herkommen – die Kolonialparlamente Nordamerikas danach gefragt werden. Er, Franklin, sei sich sicher, daß die amerikanischen Assemblies die erforderlichen Gelder dann »freiwillig geben« würden, und zwar ganz genauso, wie sie es in ähnlichen Fällen, »auch früher schon getan« hatten. Würden die Amerikaner jedoch weiterhin gezwungen, Steuern zu zahlen, die sie nicht selbst erhoben hatten, dann würden, wie Franklin prophezeite, »der Respekt und die Sympathiegefühle, die das amerikanische Volk für

Amerikas Fürsprecher in Europa: 1764–1773

[das Mutterland] hegt«, gänzlich »aufhören und ebenso der Handel, der auf diesem Respekt und dieser Sympathie beruht«. Allenfalls mit militärischer Gewalt könnten die Amerikaner dazu gebracht werden, gegen ihren Willen Steuern zu zahlen; doch selbst der Ausgang eines solch brutalen Unternehmens sei äußerst ungewiß. Denn, wie Franklin mit feierlichem Ernst betonte: »Keine Macht, so groß sie auch sei, kann Menschen zwingen, ihre Überzeugung zu ändern«.

Franklins Worte verfehlten ihre Wirkung nicht. Es gab zwar Parlamentsmitglieder, denen sein selbstbewußter Auftritt als Höhepunkt amerikanischer Impertinenz und Unverfrorenheit erschien, doch die große Mehrheit der Parlamentarier im Unterhaus ließ sich von seinen Argumenten überzeugen. Immerhin hatten ja auch die in den Tagen zuvor vernommenen Zeugen mehrheitlich für eine Zurücknahme des Stempelsteuergesetzes plädiert. Nach weiteren eingehenden Beratungen kamen beide Häuser des britischen Parlaments überein, das umstrittene Gesetz am 18. März 1766, genau ein Jahr nach seiner Verabschiedung, zu kassieren.

Franklin war zutiefst erleichtert und »sehr glücklich«, daß er mit seinem souveränen Auftritt im Unterhaus einen wohl entscheidenden Beitrag zur guten Sache der Amerikaner geleistet hatte und die britische Regierung – die sein Vertrauen nicht enttäuscht hatte – zum Einlenken bewegen konnte. Sein Freund Strahan versicherte ihm jedenfalls, daß die rasche und völlige Zurücknahme des Stempelsteuergesetzes in erster Linie eine Konsequenz seiner überlegenen Beweisführung vor den Parlamentariern gewesen sei. Denn »von diesem Tag an«, so Strahan, sei es jedem klar gewesen, daß das Gesetz widerrufen werden würde; alle weiteren Sitzungen des Parlamentes seien danach nur noch »Formsache« gewesen.

Sowohl in England als auch in den nordamerikanischen Kolonien wurde die Aufhebung des Stempelsteuergesetzes als Rückkehr zum friedlichen und einvernehmlichen Miteinander begrüßt. In London läuteten am Tag der Zurücknahme des Gesetzes den ganzen Tag über die Kirchenglocken; in den

Abendstunden zündeten die Bürger der City in den Fenstern ihrer Häuser Kerzen an. Als zwei Monate später die Nachricht über den Widerruf des Stempelsteuergesetzes auch in Amerika eintraf, feierten die Kolonisten auf ganz ähnliche Weise. Joseph Galloway, ein Mitglied des Kolonialparlaments von Pennsylvania, dankte Franklin im Namen der Assembly für seinen wirkungsvollen Einsatz und berichtete, daß in Philadelphia am 21. Mai »die ganze Stadt illuminiert« worden sei; zu Franklins großer Freude stimmten auch viele seiner vormaligen Gegner in den Jubel ein.

Doch nicht nur in Pennsylvania wurde Franklin nach seinem Auftritt vor dem Unterhaus überschwenglich gefeiert; auch in den anderen amerikanischen Kolonien galt er nun als der eloquenteste und wirkungsvollste Vertreter der eigenen Interessen. Daß Franklin das Protokoll seines Verhörs vor dem Unterhaus schon im Sommer in Philadelphia nachdrucken ließ und es zwischen Massachusetts und Virginia in hoher Stückzahl verkaufen konnte, trug beträchtlich zur Mehrung seines Ruhms in der amerikanischen Heimat bei. Nacheinander baten ihn nun auch die Kolonialparlamente von Georgia und New Jersey darum, als ihr gemeinsamer Kolonialagent in London tätig zu werden. So fiel Franklin seit 1766 eine neue und zudem sehr verantwortungsvolle Aufgabe zu: Nach Ansicht vieler amerikanischer Politiker, in der Wahrnehmung der europäischen Öffentlichkeit und auch im eigenen Selbstverständnis war er nun der wichtigste und einflußreichste Fürsprecher Amerikas in Europa.

Wie schon bei seinem Rückzug aus dem aktiven Geschäftsleben im Jahr 1748 ließ Franklin sich auch jetzt wieder von einem hervorragenden Maler porträtieren, um seinen neuen Status als Vordenker und intellektueller Vorkämpfer der Amerikaner im Bild festzuhalten. Auf dem vom schottischen Künstler David Martin im Verlauf des Jahres 1766 geschaffenen Ölgemälde ist zu sehen, wie Franklin mit Perücke und Brille ausstaffiert an einem Tisch sitzt, auf dem zahlreiche Schriftstücke, die von diversen Rechtsstreitigkeiten handeln, verstreut liegen. Während Franklin eines der Dokumente, das er mit der linken Hand ergriffen hat, aufmerksam studiert, stützt er sein Kinn mit einem feinen Lächeln auf seinem rechten Daumen ab. Die ganze künstlerische Anlage des Porträts suggeriert, daß hier ein gelehrter Mann in größtmöglicher Abgeschiedenheit, Ruhe, aber auch stoischer Gelassenheit im Begriff steht, ein diffiziles juristisches Problem mit einer heiteren geistigen Überlegenheit und Frische zu lösen. Als das Bildnis nur wenige Monate nach seiner Fertigstellung auf einer Londoner Ausstellung der Öffentlichkeit präsentiert wurde, hielten es Kenner nicht nur für ungemein gelungen, sondern sie bewunderten vor allem auch dessen »große Ähnlichkeit« mit dem lebendigen Vorbild.

Franklin war nun in London ein überaus gesuchter Gesprächspartner für alle Politiker und Kaufleute, die möglichst genaue Informationen über die Gedanken- und Lebenswelt der Nordamerikaner einholen wollten. Sicherlich schmeichelten ihm die zahllosen Besuche, die er nun über sich ergehen lassen mußte; doch zugleich strengten ihn die Honneurs, die er seinen Gästen jetzt beinahe täglich erweisen mußte, auch außerordentlich an. In einem Brief an seine Frau Deborah bekannte er: »Jede Stunde, in der ich nicht schlafe, [...] werde ich von Menschen in Beschlag genommen, die wegen unserer amerikanischen Angelegenheiten zu mir nach Hause kommen, so daß ich schon kaum mehr die Briefe meiner Freunde beantworten kann.«

Als Franklins Arbeitspensum auch im Juni gleichbleibend hoch blieb, faßte er den Entschluß, sich für eine Weile aus dem öffentlichen Leben Londons zurückzuziehen. Dem Kolonialparlament von Pennsylvania teilte er kurz und bündig mit, daß ihn sein Gesundheitszustand, der durch die Anstrengungen der letzten Monate »spürbar beeinträchtigt« worden sei, beunruhige. Er halte es deswegen für dringend erforderlich, eine »Sommerreise« zu unternehmen. »Eine kleine sechs- bis achtwöchige Tour«, so Franklin, scheine ihm zur völligen Wiederherstellung seines körperlichen Wohlbefindens angemessen zu sein. Er wußte, daß ihm die Assembly diesen Urlaub nicht verweigern würde, hatte er doch im zurückliegenden Halbjahr mehr als genug für Amerika geleistet.

Wie auf seinen früheren Reisen durch Schottland und Holland wollte er nun auch auf der Sommerreise des Jahres 1766 Erholung und eine politisch-kulturelle Weiterbildung miteinander verknüpfen. Das Land, das er diesmal bereisen wollte, war Deutschland, das Kernland des Heiligen Römischen Reiches deutscher Nation. Viele seiner Städte waren einen längeren Aufenthalt wert, und seit dem Ende des Siebenjährigen Krieges herrschte in allen Teilen des Reiches, ebenso wie im übrigen Europa, wohltuender Friede. »Der König von Preußen«, wie Franklin in seinem Schreiben an die Assembly über Friedrich den Großen urteilte, »scheint eher darauf bedacht, die Schäden des letzten Krieges zu beheben, als neue Zerstörungen vorzubereiten, so daß wir aus guten Gründen eine Ruhezeit von einiger Dauer erwarten dürfen.«

Diese Stille wollte Franklin nun an einem Ort genießen, der in dem Ruf stand, seinen Gästen ein besonders hohes Maß an Erholung und Entspannung zu bieten. Gemäß dem Rat seines guten Londoner Freundes Sir John Pringle, der als Leibarzt der britischen Königin Charlotte ein Mediziner ersten Ranges war, beschloß er, auf seiner Tour durch Deutschland zunächst den europaweit bekannten Kurort Pyrmont aufzusuchen. Am 13. Juni 1766 sandte er seiner Frau einen kurzen Brief nach Philadelphia, in der er ihr über die bevorstehende Reise Mitteilung machte:

Morgen breche ich mit meinem Freund Dr. Pringle [...] zu einer Reise nach Pyrmont auf, wo er vom Brunnen trinken möchte; mir erhoffe ich mehr von Spaziergängen an der frischen Luft [...] Wir müssen in spätestens acht Wochen [nach London] zurückgekehrt sein, da mein Reisebegleiter der Arzt der Königin ist, und nicht länger fortbleiben darf, weil sie dann nahe dem Zeitpunkt ihrer Niederkunft ist. Ich habe die Absicht, ihn in Pyrmont zu verlassen, um mir noch einige der wichtigsten Städte des Umlandes anzuschauen. Wenn dann die Zeit unserer Rückreise näher rückt, werde ich ihn wieder aufsuchen.

Wie aus einem Brief von Strahan an David Hall hervorgeht, verzögerte sich die Abreise noch um einen weiteren Tag; doch am 15. Juni war es schließlich soweit: Franklin und Pringle verließen London und setzten noch am selben Tag zur Überquerung des Ärmelkanals an.

Nach seiner Ankunft im Hafen von Rotterdam und der wohl über Nimwegen nach Wesel fortgesetzten Reise mit der Extrapost wird sein erster nachhaltiger Eindruck auf dem Territorium des Heiligen Römischen Reiches allerdings der überaus schlechte Zustand der Straßen und Postkutschen gewesen sein, der zu dieser Zeit noch von jedem Briten beklagt wurde. Thomas Nugent, ein englischer Historiker und Reiseschriftsteller, der im selben Jahr wie Franklin durch Deutschland fuhr, beschrieb den vergleichsweise jämmerlichen Zustand der deutschen Postkutschen in besonders drastischen Worten: »[Das] gewöhnlich[e] Fuhrwerk dieses Landes, nämlich de[r] Postwagen, der wenig besser ist als unsere Mistkarren«, so Nugent, fahre zwar »Tag und Nacht, bei jeder Witterung, so, daß man immer gewiß ist, zu einer bestimmten Zeit das Ende der Reise zu erreichen«. Doch fahre er nur langsam und bedächtig, und »kaum eine Meile in der Stunde«. Zudem werde man als Reisender in diesen Kutschen »da, wo die Wege schlimm sind«, auf unangenehme Weise »gerumpelt und zerstoßen«. »Daß man in Deutschland nicht mehr für die Bequemlichkeit der Reisenden sorgt, da doch hier so sehr viel gereist wird«, wollte Nugent nicht recht einleuchten. »Noch befremdender« schien es ihm allerdings zu sein, »daß man dies elende Fuhrwerk ebenso teuer bezahlen muß, als für unsere bequemen Karossen in England«. Franklin wird sich für die Beschaffenheit und Qualität der deutschen Reichspost nicht nur aus touristischer Neugier, sondern auch in seiner Funktion als amerikanischer Postmeister interessiert haben. Da er ja dafür gesorgt hatte, daß die Briefzustellung zwischen Philadelphia und New York erheblich beschleunigt werden konnte, läßt sich erahnen, was er von dem behäbigen Tempo der deutschen Postwagen gehalten haben muß.

Immerhin erreichte auch seine Kutsche ihr Ziel: Am 22. Juni traf er mit Pringle in Pyrmont ein, wo sich die beiden Freunde schon am nächsten Tag in den frühesten Morgenstunden zum Brunnen aufmachten, um das berühmte Heilwasser erstmals an seiner Quelle zu sich zu nehmen. Daß sie das Pyrmonter Wasser zuvor auch schon aus Flaschen getrunken hatten, ist im übrigen durchaus möglich, denn das Heilwasser wurde im 18. Jahrhundert in großen Stückzahlen nach England exportiert, wo es sich als »Pyrmont Water« großer Beliebtheit erfreute. Welche Bekanntschaften Franklin in Pyrmont gemacht hat, ist eine kaum zu beantwortende Frage. Er selbst hat über diesen Aspekt seines Kuraufenthaltes keine Auskunft gegeben. Bemerkenswert ist allerdings, daß sich zugleich mit Franklin auch Gotthold Ephraim Lessing in Pyrmont aufhielt, der in verschiedenen kritischen Essays grenzenlose Bewunderung des »Franklinischen Systems von der Elektricität« zum Ausdruck gebracht hatte. Weil das sehr überschaubare Badeleben in Pyrmont zu einem entscheidenden Teil vom gesellig-kommunikativen Miteinander der Kurgäste geprägt war, dürfte davon auszugehen sein, daß Lessing mit Franklin wenigstens ein kürzeres Gespräch führte. Allerdings hat auch der deutsche Dichter ein solches Treffen in seinen Briefen und Schriften mit keinem Wort erwähnt.

Nachdem Franklin sich zwei Wochen lang in Pyrmont aufgehalten hatte, fühlte er sich hinreichend erquickt, um seine Deutschlandreise nun mit dem Besuch einiger der wichtigsten Städte des Reichs fortzusetzen und abzurunden. Sein nächstes Etappenziel war Hannover, wohin ihn Pringle, anders als ursprünglich geplant, dann doch begleitete. Da das Kurfürstentum Hannover seit 1714 mit Großbritannien in Personalunion verbunden war und der seit 1760 regierende König Georg III. zugleich hannoverscher Kurfürst war, lag es nahe, seiner Residenzstadt an der Leine einen ausführlichen Besuch abzustatten. Franklin und Pringle trafen am 7. Juli in Hannover ein, wo sie zunächst Gerlach Adolph von Münchhausen aufsuchten, der als erster Minister des Kurfürstentums und königlich-großbritannischer Geheimer Rat das welfische Erbland schon seit vielen Jahrzehnten in Vertretung des Königs verwaltete.

Als britische Gäste von Rang wurden die beiden Besucher vom Premierminister standesgemäß in Empfang genommen und fürstlich bewirtet. Die Tischgespräche kreisten zu einem guten Teil um die soeben ausgestandene Stempelsteuerkrise, wobei Franklin aufmerksam zur Kenntnis genommen haben dürfte, daß auch Hannover seit dem Siebenjährigen Krieg unter einer immensen Schuldenlast ächzte, weil es auf eigene Kosten Soldaten bereitgestellt hatte, die Indien und Kanada für das Britische Empire zu erkämpfen halfen. Verständlich, daß Münchhausen den Siebenjährigen Krieg daher als »guerre glorieuse, mais très ruineuse« bezeichnete.

Während Münchhausen sich nun mit Franklin über den politischen Kurs der britischen Regierung austauschte, empfand es ein anderer Tischgast, der Historiker und Staatsrechtler August Ludwig Schlözer, als hochgradig störend und irritierend, daß Franklin beim Essen »seine Brille aufbehielt«. Doch der Amerikaner machte sich nichts aus einer falsch verstandenen Etikette; ihm war es bei Tisch wichtiger, daß er im wahrsten Wortsinne den Durchblick behielt. Später, als nahezu Achtzigjähriger, entwarf er deshalb eine bifokale Brille, in deren obere und untere Hälfte er jeweils unterschiedlich geschliffene Gläser einfügen ließ. »Da ich meine Brille niemals absetze«, erklärte er diese Erfindung in einem Brief an einen Freund, »muß ich meine Augen nur noch nach oben oder nach unten bewegen, wenn ich Nahes oder Entferntes scharf sehen will«, entweder »die Gesichter der Gesprächspartner auf der anderen Tischseite« oder »das Menü das ich esse«.

Nach einem etwas mehr als einwöchigen Aufenthalt in der königlich-kurfürstlichen Residenzstadt reiste Franklin mit Pringle in die hannoversche Universitätsstadt Göttingen weiter, wohin er ein Empfehlungsschreiben des Premierministers Münchhausen mitnehmen konnte, der einen ganz entscheidenden Anteil an der Gründung der Göttinger Universität im Jahr 1737 gehabt hatte. In Göttingen kamen sie mit dem evangelischen Theologen und Orientalisten Johann David Michaelis zusammen. Dieser machte sie in seinem Haus mit dem Staatsrechtler Johann Stephan Pütter und dem Historiker Gottfried Achenwall bekannt. Gemeinsam sprach man »über den Zustand der Americanischen Colonien und deren Verhältniß zum Englischen Mutterlande«. Achenwall hob in seiner eigenen Schilderung des Treffens lobend hervor, daß er bei dem amerikanischen Gast »alle Bereitwilligkeit, meine Fragen zu beantworten«, vorgefunden habe. Umgekehrt sei aber auch Franklin »nicht wenig begierig« gewesen, mit Hilfe der Göttinger Gelehrten möglichst viele Einzelheiten über Deutschland kennenzulernen, das Land, aus dem so viele seiner pennsylvanischen Mitbürger stammten.

Bei ihren intensiven Unterredungen fanden die Göttinger Professoren nun ihrerseits ganz Erstaunliches über die Studienbedingungen an der von Franklin in Philadelphia gegründeten Akademie heraus. Der Theologe Michaelis mußte zur Kenntnis nehmen, daß die Akademie in Philadelphia keinen »Professor der Gottesgelahrtheit« habe und wohl auch »schwerlich jemals erhalten« werde. Denn weil Franklins Schule im religiös toleranten Pennsylvania »zum allgemeinen Landesbesten errichtet« worden sei, »der Religionen aber im Lande verschiedene sind, welche alle gleiche Gerechtsame genießen und deren keine die herrschende ist«, so bleibe »die Theologie ausgeschlossen«. Durch diese »allgemeine Religionsgleichheit«, die – wie Achenwall mit größter Bewunderung betonte – ganz etwas anderes sei als die in Deutschland übliche »Duldung« Andersgläubiger, habe sich »Pensylvanien« zu einem »bevölkert[en] und blühend[en]« Gemeinwesen entwickelt.

Der eigentliche Höhepunkt von Franklins Aufenthalt in Göttingen war aber die feierliche Aufnahme in die dortige Königliche Gesellschaft der Wissenschaften. Mit dieser außergewöhnlichen Ehrung wurden seine hervorragenden wissenschaftlichen Leistungen nun auch in Deutschland hochoffiziell anerkannt. Der nachmalige Rintelner Professor Johann Matthäus Hassencamp, der Franklin an diesem Tag als Göttinger Student erlebte, beschrieb ihn später in seinen Lebenserinnerungen als einen sehr »leutselig[en]«, freundlichen Menschen, der überhaupt nicht dem Bild der »sonst als stolz verschrieenen Britten« entsprochen habe. Ganz anders habe sich dagegen Lessing betragen, der nur wenige Tage vor Franklins Besuch durch die Göttinger Universitätsbibliothek geführt worden sei: »Sehr hoch einherfahrend und absprechend in seinen Urtheilen« habe sich »dieser, unser sonst grosse Landsmann« gebärdet. Immerhin relativierte Hassencamp sein Urteil über Lessing noch, als er in einem Nachsatz betonte, er könne sich mit seiner Einschätzung auch irren: »[I]ch habe den Mann nachher nie wieder gesehen, noch gesprochen, und der erste Anblick, die erste Entrevue kann bisweilen trügen«.

Seine letzte Woche in Deutschland verbrachte Franklin dann mit Pringle an Main und Rhein. Von Göttingen aus fuhr er zunächst über Kassel und Marburg nach Frankfurt, wo er bei dem Buchdrucker und Verleger Heinrich Ehrenfried Luther Wohnung nahm und zahlreiche wissenschaftliche Fachbücher einkaufte. Über Mainz und Koblenz ging es dann weiter nach Köln. Da Franklin ein großer Verehrer mittelalterlicher Kathedralen war, wird er dort den prächtigen Dom besichtigt haben, der zwar noch nicht fertiggestellt war, aber gerade deswegen einen ganz eigenartigen Reiz auf den damaligen Betrachter ausgeübt haben muß.

Von Köln aus gelangten Franklin und Pringle innerhalb weniger Tage nach Rotterdam, wo sie sich an Bord eines Schiffes begaben, das sie auf dem schnellsten Weg zurück nach England brachte. Am 16. August trafen sie wohlbehalten, ausgeruht und vor allem rechtzeitig zur bevorstehenden Niederkunft der Königin in London ein. Etwas später als erwartet, am 29. September 1766, wurde Königin Charlotte dann unter Aufsicht ihres Leibarztes Pringle von einer gesunden Tochter entbunden (der späteren Königin Charlotte von Württemberg). An einem der letzten Septembertage teilte Franklin auch dem Kolonialparlament in Philadelphia mit, daß er »erquickt, wohlgemut und kerngesund« aus Deutschland zurückgekehrt sei, einem Land, »das ich sehr schön fand, und das ganz offensichtlich nicht so sehr vom letzten Krieg geschädigt worden ist, wie man vielleicht erwartet hätte, da seine Äcker überall gut bestellt sind«. Auch den Göttinger Professoren und dem Premierminister Münchhausen berichtete er von seiner wohlbehaltenen Rückkehr nach England und bedankte sich höflich für die freundliche Aufnahme in Deutschland: »Ich denke niemals an die so angenehme Zeit in Hannover zurück ohne zu wünschen, daß ich dort hätte länger verweilen können.«

Nur wenige Monate nach seiner Rückkehr aus Deutschland mußte Franklin in London überrascht und irritiert zur Kenntnis nehmen, daß es sich bei der Mehrheit im britischen Parlament, die für die Zurücknahme des Stempelsteuergesetzes verantwortlich gewesen war, nur um eine kurzlebige Koalition gehandelt hatte. Denn bereits im Mai 1767 überzeugte der neue britische Finanzminister Charles Townshend die Parlamentarier in einer fulminanten Rede – die ihm den Spitznamen »Champagner-Charlie« eintrug, weil er sie in angetrunkenem Zustand hielt –, daß eine Besteuerung der Amerikaner wegen der anhaltenden Finanznot ganz einfach unumgänglich sei. Der Vorschlag des Finanzministers, in den amerikanischen Kolonien Einfuhrsteuern auf Glas, Papier, Porzellan, Blei, Farbe und Tee zu erheben, um auf diese Weise jährlich 40 000 Pfund in die Staatskasse fließen zu lassen, fand denn auch die sofortige Zustimmung der meisten Abgeordneten; schon am 29. Juni wurde das »Townshend-Zollgesetz« vom Parlament abgesegnet.

Wieder versuchte Franklin die Sichtweise der Amerikaner in verschiedenen Zeitungsartikeln zu verteidigen. Die Kolonisten wollten einer Besteuerung keineswegs ausweichen, schrieb er im *London Chronicle,* es könne »keinen größeren Fehler geben als dies zu glauben«. Da in Amerika mit Hilfe von Steuergeldern täglich neue »öffentliche Gebäude, Kirchen, Colleges, Straßen, Brücken« gebaut würden, um eine Infrastruktur zu schaffen, über die das Mutterland schon lange verfüge, seien die dort erhobenen Steuern nämlich »nicht nur gleich«, sondern ohnehin schon sehr viel »größer als die in Großbritannien gezahlten Steuergelder«. Würden die Kolonien von der britischen Regierung trotzdem zur Zahlung weiterer Steuern aufgefordert, dürften allein ihre Assemblies entscheiden, welche Gelder sie der Krone »im Verhältnis zu ihren Möglichkeiten« vielleicht noch gewähren könnten.

Da der Finanzminister, der Franklins Zeitungsartikel sicher gelesen hatte, sich von den darin ausgebreiteten Argumenten nicht beeindrucken ließ und auch Georg III. die Townshend-Zölle am 2. Juli akzeptierte, trat das neue Steuergesetz im Sommer 1767 in Kraft. Franklin konnte vorerst nichts anderes tun, als abzuwarten, wie die amerikanischen Kolonisten auf die neuen Einfuhrsteuern reagieren würden. Die Wartezeit überbrückte er mit einem erneuten Ausflug auf den europäischen Kontinent, nach Frankreich, wohin ihn auch jetzt wieder sein Freund Pringle begleitete. Ihren Urlaub in Frankreich verbrachten die beiden Reisenden zwischen August und Oktober fast ausschließlich in Paris. In Versailles speisten die beiden Briten sogar an der Tafel Ludwigs XV., den Franklin in einem Brief an eine englische Bekannte als einen »huldvollen und fröhlichen« Fürsten beschrieb. Diese freundliche Charakterisierung des französischen Monarchen wollte er jedoch keinesfalls als verkappte Kritik an Georg III. verstanden wissen; denn trotz seiner Verärgerung über die aktuelle Politik der britischen Regierung stilisierte sich Franklin in seinem Brief als zutiefst patriotisch fühlender Brite: »Kein Franzose«, betonte er, »übertrifft mich in meiner Überzeugung, daß mein eigener König und meine eigene Königin die allerbesten und liebenswürdigsten der ganzen Welt sind.«

Weit weniger enthusiastisch fiel seine Beurteilung eines jungen Mannes namens Richard Bache aus, den seine Tochter Sally im Herbst 1767 in Philadelphia zu heiraten wünschte. Über die Absichten der Tochter, den nur mittelmäßig erfolgreichen Kaufmann Bache ehelichen zu wollen, hatte ihn seine Frau Deborah zwar rechtzeitig in Kenntnis gesetzt, doch konnte Franklin die charakterlichen Qualitäten des präsumtiven Schwiegersohns aus der Ferne schwerlich korrekt einschätzen. So überließ er es Deborah, der Tochter den elterlichen Segen auszusprechen. Er selbst bemerkte dazu nur knapp: »Ich würde ihr Glück nicht hinausschieben wollen, wenn du die Heirat für richtig hältst«. Als Mitgift bot er Bache 500 Pfund an. Alles übrige, schrieb er Deborah, müßten sich die Jungvermählten durch »ihren eigenen Fleiß« erwerben, so »wie du und ich es einst taten«. Damit stand der Eheschließung seiner Tochter nichts mehr im Wege, die denn auch schon am 29. Oktober feierlich vollzogen wurde, wie Franklin den verschiedenen Briefen seiner amerikanischen Verwandten entnehmen konnte.

Offizielle Schreiben von Mitgliedern der pennsylvanischen Assembly, in denen die politische Entwicklung der amerikanischen Kolonien eingehend geschildert wurde, führten Franklin dann zum Jahreswechsel vor Augen, daß die meisten amerikanischen Kolonisten auf die Townshend-Zölle genauso heftig reagierten wie zuvor auf die Stempelsteuer: Wieder kam es zu Gewalttaten, wieder wurden von einflußreichen Kaufleuten Absprachen zur Nichteinfuhr englischer Waren vorbereitet, wieder wurde die britische Regierung aufgefordert, die Gesetze zur Erhebung von Einfuhrsteuern umgehend zu annullieren. Der Anwalt John Dickinson aus Philadelphia appellierte Anfang des Jahres 1768 (in einem auch in London gedruckten Flugblatt) an seine Landsleute, im Protest standhaft zu bleiben:

> [E]rkennt die drohende Gefahr! Wenn ihr einmal zugesteht, daß Großbritannien Zölle auf seine Ausfuhren an uns erhebt, um von uns allein Geld einzuziehen, dann braucht es in Zukunft nur noch Zölle auf die Waren zu erheben, deren Herstellung es uns verbietet – und die Tragödie der amerikanischen Freiheit ist beendet.

Auch Franklin verfaßte im Januar 1768 ein Pamphlet zur Verteidigung der amerikanischen Freiheiten. In seiner Streitschrift *Causes of the American Discontents before 1768*, die sich vornehmlich an die britische Regierung richtete, hob er wieder einmal hervor, daß das Recht, über sein eigenes Geld selbst verfügen zu dürfen, ein so »wesentliches englisches Freiheitsrecht« sei, daß auch die amerikanischen Untertanen der britischen Krone nicht widerstandslos davon ablassen könnten. Im britischen Parlament, das die amerikanischen Kolonien besteuert habe, seien die Kolonisten aber nun einmal nicht mit eigenen Repräsentanten vertreten. Eine völlige »Preisgabe aller unserer Besitztümer« an das Parlament in Westminster könne jedoch kein Amerikaner unwidersprochen hinnehmen. Zwar verabscheue er alle ungesetzlichen Proteste, doch könne allein die Zurücknahme der Townshend-Zölle verläßlich bewirken, daß sich die aufgebrachten Amerikaner wieder beruhigten.

Die britische Regierung reagierte auf die massiven amerikanischen Proteste, indem sie ein völlig neues »Außenministerium für die amerikanischen Kolonien« einrichtete. Erster Amerikaminister wurde Lord Hillsborough, ein kompromißloser Politiker, der bereits durch eine seiner ersten Amtshandlungen klarstellte, daß er die Lösung des Konflikts mit den amerikanischen Kolonisten notfalls auch mit militärischer Gewalt erzwingen würde: Am 8. Juni 1768 beorderte er zwei Regimenter regulärer britischer Truppen ins neuenglische Boston, nur weil ihm Berichte zu Ohren gekommen waren, daß in der Hauptstadt von Massachusetts am zweiten Jahrestag der Zurücknahme des Stempelsteuergesetzes besonders ausgelassene Feiern stattgefunden hatten. Als Franklin kurz darauf zu einer längeren Unterredung mit Lord Hillsborough zusammenkam, redete er geradezu beschwörend auf den Amerikaminister ein, um ihn zur Änderung seines repressiven Politikstils zu bewegen, doch gänzlich ohne Erfolg.

Ebenso enttäuschend war für Franklin, daß Lord Hillsborough überhaupt kein Verständnis für das Ersuchen des Kolonialparlaments von Pennsylvania aufbrachte, die von William Penn gegründete Eigentümerkolonie künftig von der britischen Regierung direkt verwalten zu lassen. Kein anderer

Minister des britischen Kabinetts habe jemals zuvor »eine stärkere Parteilichkeit für die Belange von [Thomas] Penn« zur Schau gestellt als der neue Amerikaminister, schrieb Franklin unmittelbar nach dem Gespräch mit Lord Hillsborough an die Assembly in Philadelphia. Da dieser aber keine Einzelmeinung vertrat, sondern das offizielle und authentische Sprachrohr der britischen Regierung in allen amerikanischen Angelegenheiten war, konnte Franklin nur resigniert nach Philadelphia vermelden, daß er in London wohl vorerst keine gewogenen Verhandlungspartner mehr finden werde.

Einigermaßen ratlos berichtete er seinem in Philadelphia als Rechtsanwalt lebenden Freund John Ross, daß er zwar bislang mit der größten Vehemenz für die Umwandlung Pennsylvanias in eine Eigentümerkolonie gekämpft habe, sich aber angesichts der unnachgiebigen Haltung der britischen Regierung fragen müsse, »ob eine königliche Regierung [Pennsylvania] wirklich besser führen würde und größere Sicherheit mit sich bringe als das Regiment des Eigentümers«. Behandelte die durch Lord Hillsborough vertretene britische Regierung die Kolonisten am Ende nicht mit der gleichen Geringschätzung, die Thomas Penn den Bürgern Pennsylvanias schon seit Jahrzehnten auf so unrühmliche Weise bezeigte?

Zwei Jahre nach dem gefeierten Verhör vor dem Unterhaus war Franklin vom Gang der Ereignisse wieder auf den Boden der Tatsachen zurückgeholt worden und mußte wohl oder übel erkennen, was für ein wenig aussichtsreiches Unterfangen es war, der britischen Regierung die Gefühlslage der Amerikaner begreiflich zu machen. Am 2. Juli schrieb er daher an Galloway, daß er nach dem vorläufigen Scheitern seiner Mission in London die Absicht verspüre, »noch in diesem Sommer [nach Hause] zurückzukehren«. Zwar bäten ihn seine politischen Freunde inständig darum, zumindest »noch den kommenden Winter [in London] zu bleiben«, weil er die amerikanischen Angelegenheiten in Europa wie kein zweiter »ins rechte Licht zu rücken« wisse, aber er habe sich bislang noch nicht »von ihrer parteiischen Meinung überzeugen lassen«.

Amerikas Fürsprecher in Europa: 1764–1773

Allerdings teilte er Galloway dann doch schon am 20. August mit, daß er sich nach einer kürzeren Phase der Unentschlossenheit, die durch zunehmende Zweifel am Kurs der britischen Regierung gekennzeichnet gewesen sei, entschieden habe, »noch ein wenig länger hier zu bleiben, bis ich sehe, welche Wendung die amerikanischen Angelegenheiten wohl nehmen werden«. Die Nachrichten, die er in den nächsten Monaten aus Amerika »mit großer Spannung erwarte«, würden ihn dann gewiß in die Lage versetzen, eine endgültige Entscheidung über die Länge seines Londoner Aufenthaltes zu treffen.

Anfang des Jahres 1769 wurde ihm dann aus Philadelphia mitgeteilt, daß er lieber früher als später nach Amerika zurückkehren solle, wenn ihm daran gelegen sei, seine Frau noch bei guter Gesundheit wiederzusehen. Dr. Thomas Bond, der langjährige Arzt der Familie Franklin und Mitbegründer des Krankenhauses von Philadelphia, mußte nämlich seinem in London weilenden Freund berichten, daß Deborah »im Winter« einen Schlaganfall erlitten hatte. Wiewohl der dabei erlittene »plötzliche Verlust ihres Gedächtnisses« nur eine vorübergehende Erscheinung gewesen sei, müsse man fortan mit dem erhöhten Risiko einer »weiteren Beschädigung ihres Nervensystems« rechnen. Ob Franklin sich nach der Lektüre des Briefes von Dr. Bond mit dem Gedanken trug, seiner Frau wenigstens einen kürzeren Krankenbesuch abzustatten, geht aus keiner seiner Aufzeichnungen hervor; anzunehmen ist aber, daß er wohl vor allem deswegen von einer Reise nach Philadelphia absah, weil ihm Deborah schon bald nach ihrer Genesung in zahlreichen Briefen glaubhaft vorführte, wie gut es ihr schon wieder ging. Zudem betonte sie ein ums andere Mal, daß er sich um ihren Gesundheitszustand keine Sorgen zu machen brauche. Als ihre Tochter Sally dann im Sommer ein Kind zur Welt brachte und es der Großmutter von Zeit zu Zeit zur Verwahrung anvertraute, schien Deborahs Lebensmut vollständig wiederhergestellt zu sein. Franklin (der sich sehr darüber freute, daß sein zweiter Enkel auf den Namen Benjamin Franklin Bache getauft worden war) schrieb seiner Frau daher erleichtert: »Ich freue mich zu hören, daß Du über deine jüngste Unpäßlichkeit so gut hinweggekommen bist«.

Abgesehen von einer kürzeren Sommerreise auf den europäischen Kontinent, die ihn erneut nach Paris führte, blieb Franklin also auch das Jahr 1769 hindurch in London, wo er die Installation eines Blitzableiters auf der St. Pauls-Kathedrale überwachte und eine um mehrere Essays vermehrte Neuausgabe seiner *Experiments and Observations on Electricity* veranstaltete. Kurioserweise ließ er in sein neu aufgelegtes Buch auch einen Aufsatz über die Kunst des Schwimmens aufnehmen. Darin riet er allen Nichtschwimmern, zunächst im Flachwasser das Tauchen zu üben. Auch der ängstlichste Mensch werde bei diesen ungefährlichen Tauchversuchen spüren, »daß das Wasser dich gegen deinen Willen nach oben drückt« und daß man folglich gar nicht so leicht versinken könne, wie viele Menschen glaubten. Wer erst einmal der »Kraft des Wassers« vertraue, erlerne das Schwimmen dann mit ein wenig Übung fast wie von selbst.

Unvermuteten Auftrieb verspürte Franklin dann nach langen Monaten des Abwartens auch wieder in politischer Hinsicht, als Lord Hillsborough noch im Sommer signalisierte, zumindest einen Teil der Townshend-Zölle zurücknehmen zu wollen. Wie schon im Jahr 1766 mußte die britische Regierung auch jetzt wieder einsehen, daß der konsequente Handelsboykott der Amerikaner der heimischen Wirtschaft beträchtlichen Schaden zufügte: Innerhalb eines Jahres war der Wert der Importe von 2,1 auf 1,3 Millionen Pfund zurückgegangen.

Über die große Effizienz des amerikanischen Widerstandes freute sich Franklin ganz vorbehaltlos. Noch gegen Ende des Jahres verfaßte er zahlreiche Zeitungsartikel, in denen er die britische Regierung warnte, sich auf eine längere Auseinandersetzung mit den aufstrebenden Kolonien in Nordamerika einzulassen. In einer Fabel, die er Lord Hillsborough widmete und am 2. Januar 1770 im *Public Advertiser* veröffentlichte, verglich er die britischen Provinzen Nordamerikas mit einem Löwenwelpen, der von einer ausgewachsenen englischen

Dogge (also dem Mutterland) sehr häufig um sein Futter gebracht wurde. Doch der junge Löwe, so die Moral des Gleichnisses, »nahm täglich an Kraft zu, bis er der Dogge ein gleichwertiger Gegner wurde«. Weil der massige Hund aber mit seinen Beleidigungen fortfuhr, erhielt er eines Tages »einen wuchtigen Hieb mit der Pranke, der ihm das Fell über beide Ohren zog«, so daß die Dogge im nachhinein bedauerte, ohne Not »die Feindschaft des Löwen provoziert zu haben«, statt sich beizeiten »dessen Freundschaft zu sichern«.

Franklins Vergleich war offensichtlich gut gewählt, denn schon im März des Jahres 1770 mußten Hillsborough und das britische Parlament den Amerikanern notgedrungen Konzessionen machen, um sie überhaupt zur Beendigung des Boykotts englischer Waren bewegen zu können: Fast alle Townshend-Steuern wurden in diesem Monat in Westminster wieder aufgehoben; nur die Steuer auf Tee ließen die Parlamentarier bestehen, um ihr Gesicht nicht völlig zu verlieren. Da das britische Parlament jedoch durch die Beibehaltung der Teesteuer zumindest im Prinzip darauf beharrte, die amerikanischen Kolonien auch weiterhin nach Gutdünken besteuern zu dürfen, war die Aufhebung der Townshend-Zölle für Franklin nur eine weitere Finte in jenem üblen Spiel, das die leitenden britischen Politiker nun schon seit fünf Jahren mit den nordamerikanischen Kolonisten trieben. In einem offenen Brief, der in Boston und Philadelphia in zahlreichen Nachdrucken weite Verbreitung fand, forderte er seine Landsleute deshalb am 18. März auf, mit dem Handelsboykott »wenigstens noch ein weiteres Jahr« fortzufahren, um die britische Regierung auch zur Rücknahme der Teesteuer zu zwingen. Allerdings sollten sich die Kolonisten von den in Boston stationierten britischen Truppen nicht zu unüberlegten Handlungen hinreißen lassen. Er, Franklin, glaube nämlich, daß sich die britische Führung nichts sehnlicher wünsche, als »ein Massaker unter uns anrichten« zu können.

Während Franklin seine finsteren Vorahnungen noch umständlich zu Papier brachte, hatte sich die von ihm befürchtete

Bluttat in Amerika bereits ereignet. Am 5. März waren im tief verschneiten Boston mehrere Zivilisten mit britischen Soldaten aneinandergeraten und von diesen mit Bajonetten bedroht worden. Als die Soldaten dann ihrerseits von einer größeren Menschenmenge, die sich schnell um die streitenden Parteien gebildet hatte, mit Schneebällen beworfen wurden, erteilte ihr Hauptmann den Befehl zu feuern: Fünf Bostoner Bürger kamen bei dieser Attacke ums Leben. Franklin war außer sich, als er im Juni von diesem »Massaker von Boston« erfuhr. In einem Brief an die Bürger seiner neuenglischen Heimatstadt nannte er die dort einquartierten britischen Soldaten »abscheuliche Mörder« und verlangte deren sofortigen Abzug aus Massachusetts. Zugleich gelangte er zu einer grundsätzlichen Neueinschätzung des verfassungsrechtlichen Status der amerikanischen Kolonien: Die britischen Provinzen in Nordamerika, so Franklin, müßten sich fortan als eigenständige Staaten begreifen, die nicht nur in Steuerangelegenheiten, sondern auch in allen anderen Fragen des öffentlichen Lebens von den Entscheidungen des britischen Parlaments unabhängig seien. Jede amerikanische Assembly habe demzufolge alle gesetzgeberischen Freiheiten einer souveränen Volksvertretung. Einzig durch ihre Loyalität zu Georg III. seien die amerikanischen Staaten noch mit Großbritannien verbunden, wobei Franklin offenließ, welche konkreten Machtbefugnisse er dem König in Amerika überhaupt noch belassen wollte.

Während diese radikalen Ansichten in Boston auf begeisterte Zustimmung stießen und Franklin den ehrenvollen Auftrag erhielt, ab Oktober auch als Kolonialagent für Massachusetts tätig zu werden, reagierte Lord Hillsborough auf die neuesten Einlassungen des prominenten Amerikaners mit äußerster Zurückhaltung und Kälte. Als sich Franklin dem Amerikaminister im Januar 1771 als neuer Agent der Kolonie Massachusetts vorstellte, wies dieser ihn in einem kurzen Gespräch schroff zurecht: »Ich muß Sie korrigieren, Mr. Franklin, Sie sind kein Agent«. »Wieso nicht, Mylord?«, fragte Franklin

Amerikas Fürsprecher in Europa: 1764–1773

zurück. »Weil sie nicht ernannt wurden«, konterte Hillsborough. »Ich verstehe Eure Lordschaft nicht«, rätselte Franklin, »ich habe die Ernennungsurkunde in meiner Tasche«. »Da irren Sie sich«, berichtigte Hillsborough, »ich habe einen Brief von Gouverneur Hutchinson [aus Boston]; er hat seine Zustimmung zu Ihrer Ernennung verweigert.« Doch Franklin gab sich ungerührt: »Ich begreife nicht, Mylord, warum die Zustimmung des Gouverneurs bei der Ernennung eines Agenten des Volkes vonnöten ist«; schließlich sei ein Kolonialagent doch ein Repräsentant und Beauftragter des Volkes, nicht des Gouverneurs, der selbst nur im Auftrag des Königs agiere.

Franklins Ausführungen, die den gewählten Vertretern der neuenglischen Bürger größere politische Vollmachten zugestanden als dem vom König ernannten Gouverneur, quittierte Hillsborough nur »mit einem Blick, der eine Mischung aus Zorn und Verachtung aufwies«. In eine ausführliche Debatte über Franklins fast schon republikanisch-demokratisches Staatsverständnis wollte der Minister jedenfalls nicht eintreten: »Über diesen Gegenstand, Sir«, herrschte er den Amerikaner an, »werde ich mich mit *Ihnen* nicht unterhalten«. Da Franklin wußte, daß er mit Hillsborough zu keiner weiteren Verständigung mehr gelangen würde, beendete auch er das Gespräch mit einem sehr frostigen Abschiedsgruß: Er halte es für ziemlich belanglos, ob seine Ernennung vom Gouverneur »anerkannt ist, oder nicht«, da er nunmehr davon ausgehe, daß ein amerikanischer Kolonialagent bei der britischen Regierung ohnehin kein Gehör mehr finde, ganz gleich für welche Kolonie er spreche.

Franklin hatte sich jetzt in eine Position hineinmanövriert, in der es ihm kaum mehr möglich war, zu den gemäßigten und auf Ausgleich bedachten politischen Anschauungen zurückzukehren, die er noch bis 1768 vertreten hatte. Doch war es ihm keineswegs klar, wie lange die amerikanischen Kaufleute noch am Boykott englischer Waren festhalten wollten und wohin der amerikanische Widerstand überhaupt führen würde. Sowohl die britische Regierung als auch die amerikanischen

Kolonialparlamente verhielten sich auf eine seltsame Weise abwartend. Auch wenn in den politischen Gazetten immer häufiger von der Möglichkeit eines bewaffneten Konflikts zwischen Kolonien und Mutterland die Rede war, scheuten beide Seiten vor einer solch dramatischen Zuspitzung ihres langjährigen Streits zurück. »Die Politik scheint zu einem Stillstand gekommen zu sein«, hieß es recht treffend in einem Brief aus Boston, den Franklin in dieser Zeit erhielt.

Was blieb Franklin in einer solchen Situation zu tun? Um vom paralysierten politischen Leben Londons Abstand zu gewinnen, trat er im Sommer 1771 wieder diverse Urlaubsreisen an, die ihn durch einige der abgeschiedensten Landschaften Irlands, Schottlands und Englands führten. Fern der britischen Hauptstadt suchte er sich Rechenschaft darüber zu geben, welchen Weg er seit seiner Wahl in die Assembly von Pennsylvania als Politiker zurückgelegt hatte und wo demzufolge seine politische Zukunft liegen mochte. So begann er im südenglischen Hampshire, wo er sich bei dem befreundeten anglikanischen Bischof Jonathan Shipley mehrere Wochen lang »in ländlicher Zurückgezogenheit« aufhielt, mit der Niederschrift seiner *Autobiographie.*

Der Rückblick auf sein bisheriges Leben führte dem jetzt 65jährigen deutlich vor Augen, daß er von jeher die Selbstregierungskompetenzen der amerikanischen Bürger zu stärken gesucht hatte. Er hatte zwar die politische Rolle der von der Krone oder (im Falle Pennsylvanias) vom Eigentümer ernannten Gouverneure in früheren Zeiten fraglos akzeptiert, aber daß diese Gouverneure die Interessen der Kolonisten oftmals in eklatanter Weise ignorierten, hatte allzuoft Bitterkeit ausgelöst. Alle seine in Philadelphia entfalteten Aktivitäten zur Verbesserung des öffentlichen Lebens waren mit Hilfe von Bürgerinitiativen oder durch die gesetzgeberische Arbeit des Kolonialparlaments auf den Weg gebracht worden, ganz ohne Beteiligung der Gouverneure, oft sogar gegen deren Widerstand (oder gegen den Willen der Familie Penn). Wenn er nun in England in immer radikalerer Weise für das Selbstbestim-

---

Amerikas Fürsprecher in Europa: 1764–1773

mungsrecht der amerikanischen Bürger Partei ergriff, schlug er keine neuen Pfade ein, sondern setzte ein ganz spezifisches politisches Engagement fort, zu dem er sich schon seit Jahrzehnten bekannte.

Es war also nur konsequent, daß Franklin den amerikanischen Handelsboykott auch Anfang des Jahres 1772 noch guthieß, weil die Teesteuer zu diesem Zeitpunkt nach wie vor Bestand hatte: In einem Brief an Thomas Cushing, den Sprecher der Assembly von Massachusetts, plädierte er am 13. Januar dafür, die bewährte »Defensivmaßnahme« der Nichteinfuhr englischer Güter nach Amerika beizubehalten, weil nur der anhaltende »Verzicht auf den Verbrauch von mit Einfuhrsteuern belegten Waren« die britische Regierung zum vollständigen Einlenken bewegen könne. Tatsächlich hielten sich die Kaufleute Bostons denn auch weiterhin in ihrer großen Mehrheit an das Einfuhrverbot für alle Teesorten, die von Handelsschiffen der englischen Ostindien-Kompanie geliefert wurden.

In der Hauptstadt Neuenglands war die Widerstandsbereitschaft schon allein deshalb sehr ausgeprägt, weil das »Massaker« vom 5. März 1770 im Bewußtsein ihrer Einwohner fest verankert war. Gouverneur Hutchinson hatte zwar mittlerweile die seit 1768 in der Stadtmitte einquartierten Soldaten in den Hafenbezirk verlegen lassen, um weitere Zusammenstöße der britischen Truppen mit Zivilisten zu vermeiden, doch honorierte diese Entscheidung in Boston niemand. Schwerer wog für die Bürger nämlich, daß die am »Massaker« beteiligten Soldaten (wie auch ihr Hauptmann) nach einem längeren Gerichtsverfahren vom Vorwurf der fahrlässigen Tötung freigesprochen worden waren.

Daß die weitverbreitete Skepsis gegenüber der Aufrichtigkeit des Gouverneurs Hutchinson nur allzu berechtigt war, sollten die Bürger Bostons schon bald in aller Deutlichkeit erfahren. In der zweiten Jahreshälfte wurden Franklin nämlich (von einem ihm freundschaftlich verbundenen Mitglied des britischen Parlaments) mehrere hochbrisante Briefe Hutchinsons zugespielt, die der Gouverneur noch vor der Stationierung der britischen Truppen in Boston nach London geschickt hatte. In diesen Briefen hatte Hutchinson der britischen Regierung auf unmißverständliche Weise zu verstehen gegeben, daß er die Forderungen der protestierenden Neuengländer für völlig überzogen hielt: »Es muß [hier] zu einer Beschneidung der sogenannten Englischen Freiheiten kommen«, verlangte er, denn es könne nicht angehen, »daß eine Kolonie, die 3000 Meilen von ihrem Mutterland entfernt ist, sämtliche Freiheiten des Elternstaates genieße«.

Für Franklin lasen sich Hutchinsons Bekenntnisse wie genaue Anweisungen zur blutigen Niederschlagung des neuenglischen Protests, weshalb er sich am 2. Dezember 1772 entschloß, die Briefe des königlichen Gouverneurs an den Sprecher des Kolonialparlaments in Massachusetts weiterzuleiten. Eine aufmerksame Lektüre der Hutchinson-Briefe werde jedem patriotisch gesinnten Neuengländer vor Augen führen, so Franklin an Cushing, wie wenig der Regierungschef von Massachusetts von den »Freiheiten seines eigenen Landes« halte. Hutchinson sei somit »für die meisten, wenn nicht gar für alle unsere gegenwärtigen Schwierigkeiten« verantwortlich.

Nach dem gründlichen Studium der von Franklin erhaltenen Briefe entschloß sich Cushing im Frühjahr 1773, Hutchinsons empörende Einlassungen der Assembly von Massachusetts vorzulegen, um sie anschließend mit Zustimmung der Abgeordneten in Boston zu publizieren. Wie erwartet, verursachte die Veröffentlichung der Briefe in Neuengland einen gewaltigen Skandal. Schon am 21. Juni verständigten sich die Mitglieder des Kolonialparlamentes darauf, Georg III. um die sofortige Amtsenthebung seines desavouierten Gouverneurs zu bitten. Franklin wurde als Agent von Massachusetts beauftragt, »seinen Einfluß zu nutzen«, um dem Ersuchen der Assembly zum schnellen Erfolg zu verhelfen. Schließlich gelte es, so Cushing, »die Einführung einer Willkürherrschaft in dieser Provinz« unter allen Umständen zu verhindern.

Obgleich Franklin die Petition des Kolonialparlaments unmittelbar nach ihrem Empfang an die leitenden Minister der Krone weiterleitete und um eine rasche Stellungnahme zur Sache bat, erhielt er, wie er Cushing schrieb, überhaupt »keine Antwort«. Für die Abgeordneten der Assembly in Boston bedeutete dies unzweifelhaft, daß sich der König und die höchsten Londoner Regierungsbeamten mit den hinterhältigen Absichten des Gouverneurs Hutchinson auf eine geradezu schamlose Weise solidarisierten. Vollends alarmiert waren die führenden Politiker Neuenglands dann, als sie noch im selben Sommer zur Kenntnis nehmen mußten, daß das Parlament in Westminster am 10. Mai ein neues Teegesetz erlassen hatte, das der englischen Ostindien-Kompanie künftig erlaubte, indischen Tee in den amerikanischen Kolonien unter dem üblichen Handelspreis zu verkaufen: Statt eine Aufhebung der letzten Townshend-Steuer auf Tee zu bewirken, hatte sich das britische Parlament entschlossen, den Handelsboykott der Amerikaner durch eine wettbewerbsverzerrende Maßnahme zu unterlaufen; nicht mit Verständnis und lange überfälligen Zugeständnissen wurden die Kolonisten in Massachusetts bedacht, sondern mit größtmöglicher Mißachtung.

Der Unmut, der sich nun unter den Neuengländern breitmachte, wurde gegen Ende des Jahres von ihren politischen Führern in Formen des Protests überführt, die dem Widerstand in Massachusetts eine völlig neue Dimension verliehen. Als im November und Dezember drei Teeschiffe der Ostindien-Kompanie im Hafen von Boston festmachten, verlangte die Gemeindeversammlung der Stadt die sofortige Rücksendung des Tees nach England und beschloß, nötigenfalls das Entladen des Tees und damit die Zahlung des mit der Anlandung fällig werdenden Zolls mit allen Mitteln zu verhindern. Da nun Gouverneur Hutchinson den vollbeladenen Schiffen keine Genehmigung zur Ausfahrt aus dem Hafen erteilen wollte, kam es am 16. Dezember zur dreistündigen »Tee-Party von Boston«, in deren Verlauf etwa dreißig als Indianer verkleidete Bürger Bostons 342 Kisten Tee im Wert von 9000 Pfund von den geankerten Schiffen ins Hafenbecken warfen.

Diese vollständige »Vernichtung des Tees« wurde bereits einen Tag später von John Adams, einem der einflußreichsten Politiker Bostons, als ein »epochemachendes Ereignis« bewertet, das »wichtige und dauerhafte Konsequenzen« nach sich ziehen werde. Doch welche Maßnahmen die Krone jetzt ergreifen würde, um diese »kühne, entschlossene, furchtlose und kompromißlose Tat« zu vergelten, war für Adams nicht ausgemacht. Möglich schien vieles: »Werden sie uns bestrafen? Wie? Indem sie Truppen einquartieren? Die Gründungsurkunde widerrufen? Noch höhere Zölle einziehen? Unseren Handel beschränken?« Im Bereich des Denkbaren lag allerdings auch, daß sich die leitenden Minister der britischen Regierung zunächst »an einzelnen rächen« könnten. Wie recht Adams gerade mit dieser letzten Einschätzung hatte, mußte nur wenige Wochen später Franklin erfahren, als er in London vor den Privy Council zitiert wurde, um vor einer aufgebrachten Ministerriege zu den jüngsten Vorgängen in Massachusetts Rede und Antwort zu stehen.

8. Kapitel

REBELL
1774–1781

Franklins Auftritt vor dem Privy Council fand am 29. Januar 1774 im »Cockpit« statt, einem in Whitehall gelegenen großen Versammlungsraum, der noch den Namen eines Vorgängerbaus trug, in dem zur Zeit Heinrichs VIII. blutige Hahnenkämpfe veranstaltet wurden. Die aggressive Atmosphäre, die sich bei Franklins Eintritt in den Saal sofort breitmachte, ließ bei den anwesenden Gästen den eigentümlichen Eindruck entstehen, als befände man sich noch immer in einer Arena und nicht in einem gepflegten Londoner Regierungsgebäude. Auf den Emporen und Balustraden des Saals wohnten zwar auch einige von Franklins Freunden seiner Vernehmung bei, doch waren neben dem vollzählig erschienenen Privy Council vor allem die hochrangigen Würdenträger Großbritanniens im Cockpit versammelt, so der Erzbischof von Canterbury, der Bischof von London und der Lord Chief Justice of Common Pleas als oberster Richter des Landes. Zum Verhandlungsführer hatte der Privy Council den britischen Generalstaatsanwalt Alexander Wedderburn bestimmt, der als hartnäckiger Gegner der Amerikaner bereits 1766 im Parlament von Westminster gegen die Rücknahme des Stempelsteuergesetzes gestimmt hatte.

Schon wenige Minuten nach Beginn der Befragung wurde allen Zuhörern im Saal klar, daß Wedderburn ausschließlich darauf aus war, Franklin vor den versammelten Exzellenzen Großbritanniens zu demütigen, ohne ihm eine echte Chance zur Verteidigung seines Standpunktes einzuräumen. Mit offensichtlicher Genugtuung nutzte der Generalstaatsanwalt die Gelegenheit, jenem Mann, der die britische Regierung so häufig brüskiert hatte, seine Grenzen aufzuzeigen. Nur wenige Sätze benötigte Wedderburn, um Franklin zu erklären, daß man Hutchinson selbstverständlich im Amt belasse und daß die Urheber der Tee-Party von Boston in kürzester Zeit eine angemessene Strafe erhalten würden. Was dann kam, war eine wahre Philippika, eine Tirade von übelsten Schmähungen, die in den Ohren von Franklins Freunden das Maß des Erträglichen bei weitem überschritten, aber von der Mehrheit der Regierungsmitglieder mit lautem Gejohle gefeiert wurden. Eine ganze Stunde lang beschimpfte Wedderburn Franklin als Lügner und Dieb, als Aufrührer und Anstifter der Bostoner Unruhen und als einen selbstsüchtigen Politiker, der sich nichts sehnlicher wünsche, als selbst Gouverneur von Massachusetts zu werden.

Während der gesamten Dauer der Verhandlung stand der in einen braunen Samtanzug gekleidete Franklin aufrecht und mit erhobenem Haupt da, ohne eine Miene zu verziehen: »Seine Gesichtsmuskeln«, so ein Beobachter des Verhörs, »hatte er mit äußerster Beherrschung unter Kontrolle, um seine ruhige und gelassene Haltung wahren zu können«, und obwohl er von Wedderburn »auf eine harte und unanständige Weise« angegangen wurde, blieb er so regungslos, »als wenn seine Gesichtszüge aus Holz gewesen wären«. Als der Generalstaatsanwalt ihm das Angebot machte, sich in einem Schlußwort gegen die zahlreichen Anschuldigungen zu wehren, lehnte Franklin dankend ab: Er hielt es für unter seiner Würde, auf Wedderburns Unverschämtheiten zu reagieren. Damit war die unrühmliche Sitzung, die Franklin später schlicht als »Bullenhatz« bezeichnete, beendet. Nur 48 Stunden später entließ die britische Regierung Franklin aus seiner Verantwortung als amerikanischer Postmeister; von der Möglichkeit, den Agenten der Kolonie Massachusetts in Untersuchungshaft zu nehmen, machte man allerdings keinen Gebrauch.

Abb. 13   Franklin am 29. Januar 1774 vor dem Privy Council im »Cockpit« von Whitehall

Statt dessen beeilte sich die britische Staatsführung, den aufrührerischen Kolonisten durch gezielte Strafaktionen ein für allemal das Handwerk zu legen. Unter Federführung des seit 1770 amtierenden Premierministers Lord North wurden zwischen März und Juni 1774 im britischen Parlament vier Gesetze erarbeitet und verabschiedet, die in der Publizistik der Kolonien bald nur noch »die unerträglichen Gesetze« hießen: Danach sollte der Bostoner Hafen für Handelsschiffe so lange geschlossen bleiben, bis der Tee bezahlt war; Gemeindeversammlungen durften nur noch mit Genehmigung des Gouverneurs stattfinden; Kronbeamte konnten zukünftig auch im Mutterland statt in einer der Kolonien vor Gericht gestellt werden; Soldaten durften in allen Kolonien auch in Privathäusern einquartiert werden. Außerdem wurden weitere elf Regimenter britischer Truppen nach Boston verlegt, um dort für Ruhe und Ordnung zu sorgen, »wenn nötig mit Gewalt«.

Da mit diesen gesetzgeberischen und militärischen Maßnahmen nicht nur Massachusetts abgestraft wurde, sondern auch alle anderen Kolonien für die Vergehen der Neuengländer büßen mußten, formierte sich in Amerika bereits im Herbst ein breiter Widerstand der Kolonialparlamente gegen die Beschlüsse der britischen Regierung, der zur Einberufung eines interkolonialen Kongresses führte: Vom 5. September bis zum 26. Oktober 1774 berieten in Philadelphia 55 Delegierte aus zwölf Kolonien über Möglichkeiten gemeinsamen Handelns. Nach langen und eingehenden Diskussionen verurteilte der Kongreß die Zwangsmaßnahmen der »unerträglichen Gesetze« als mit der britischen Verfassung unvereinbar und rief zum Einfuhrstop sämtlicher englischer Waren auf. Zur Überwachung des umfassenden Handels- und Konsumboykotts wurden in allen amerikanischen Städten entsprechende Ausschüsse gebildet, in denen einige der einflußreichsten Politiker der amerikanischen Kolonien mitarbeiteten.

Obwohl auch Franklin von seinen Freunden zur Rückkehr nach Amerika aufgefordert worden war, um an den wichtigen interkolonialen Debatten teilzunehmen, zog er es vor, noch eine Weile in der britischen Hauptstadt auszuharren. Er wußte zwar seit seinem Verhör im Cockpit, daß er in London nichts mehr für die amerikanische Sache bewirken konnte, weil sich die gesamte britische Regierung gegen ihn verschworen hatte und keinem seiner Argumente mehr zugänglich war. Aus eben diesem Grunde hatte er Cushing ja auch schon im Februar 1774 geschrieben, daß er nun »überhaupt nicht mehr wisse«, wie durch sein Zutun noch »Frieden und Eintracht zwischen den verschiedenen Teilen des Empires« erhalten oder wiederhergestellt werden könnten. Er hegte keinerlei Illusionen mehr: Politisch gab es für ihn in England nichts mehr zu bewerkstelligen. Doch wollte er sich nicht einfach wie ein Hund verjagen lassen, wollte die Demütigung im Cockpit nicht als schimpfliches Ende seiner diplomatischen Mission in London akzeptieren. Auch wenn ihm vollständig bewußt war, daß seine Zeit in der britischen Hauptstadt abgelaufen war, suchte er sich einen würdevollen Abgang zu verschaffen. Dazu benötigte er den Zuspruch einer der angesehensten Persönlichkeiten

Großbritanniens sowie deren Bereitschaft, sich öffentlich mit ihm zu solidarisieren. Im August wurde er fündig: William Pitt, der ehemalige Premierminister, der inzwischen zum Earl of Chatham erhoben worden war und als solcher nur noch sporadisch im britischen Oberhaus mitarbeitete, zeigte sich bereit, ein letztes Mal für Franklins Standpunkt und damit für die Sache der Amerikaner im britischen Parlament Partei zu ergreifen.

Ihm war ja der Sieg Großbritanniens im Siebenjährigen Krieg entscheidend zu verdanken, und so hatte er schon seit langem mit großer Sorge beobachtet, wie die amerikanischen Kolonien und das Mutterland durch eklatante Fehlentscheidungen der britischen Regierung unwiderruflich auseinanderzudriften drohten. Damit fühlte er sich Franklins Ansichten zutiefst verbunden. Nach mehreren Zusammenkünften in seinem Herrenhaus auf dem Lande traf sich der Earl dann mit Franklin am 29. Januar 1775 (dem Jahrestag des Verhörs im Cockpit) in der Craven Street, um ihm eine Eingabe vorzustellen, die er Anfang Februar im Oberhaus zur Diskussion stellen wollte. Während der Unterredung sorgte seine Karosse in der engen Straße vor Franklins Stadtwohnung für einiges Aufsehen, und selbst der prominente Amerikaner bekannte, daß »der Besuch eines so großen Mannes« der eigenen Eitelkeit »nicht wenig schmeichelte«.

Am 1. Februar erläuterte der Earl of Chatham dann den Mitgliedern des Oberhauses seinen Plan zur Aussöhnung der amerikanischen Kolonisten mit dem Mutterland: Dem britischen Parlament müsse es zwar gestattet bleiben, den Handel im Empire zu regulieren und Truppen in die nordamerikanischen Provinzen zu entsenden; den Amerikanern aber dürfe das Recht nicht genommen werden, die von ihnen zu zahlenden Steuern selbst festzusetzen; auch solle der Kontinentalkongreß eine dauerhafte Einrichtung zur verbesserten Selbstregierung der amerikanischen Kolonien werden. Den Vorwurf eines Lords, daß dieser Vorschlag sicherlich von Franklin stamme, wies Chatham energisch zurück, doch bekannte er vor dem versammelten Oberhaus seine große Sympathie für diesen Amerikaner, »den ganz Europa wegen seiner Weisheit in hoher Achtung halte« und der »nicht nur der englischen Nation, sondern der gesamten Menschheit zur Ehre gereiche«.

Sein Kompromißvorschlag wurde zwar, wie von Franklin nicht anders erwartet, von der überwältigenden Mehrheit der Parlamentarier abgelehnt, aber seine persönliche Ehre war durch den beherzten Auftritt des ehemaligen Premierministers wiederhergestellt. Nun, endlich, nach einem über zehnjährigen Aufenthalt in London, entschied er sich, schnellstmöglich die Heimreise nach Pennsylvania anzutreten, wo er seine Familie und seine alten Freunde bei guter Gesundheit wiederzusehen hoffte. Als eine um so bitterere Ironie des Schicksals mußte er daher die Nachricht empfinden, die ihn erst kurz vor seiner Abfahrt nach Amerika erreichte: Am 19. Dezember 1774 war seine Frau Deborah an den Folgen eines fünf Tage zuvor erlittenen Schlaganfalls gestorben.

Als Franklin im Mai 1775 in Philadelphia eintraf, konnte er ihr somit nur noch am Grab auf dem Friedhof der Christ Church-Gemeinde einen letzten Gruß entbieten. Es war für ihn ein ergreifender Moment, denn trotz ihrer räumlichen Trennung hatten die Eheleute all die Jahre durch zahllose Briefe in Verbindung gestanden. Nun war sein »liebes Kind«, wie er Deborah in diesen Briefen stets nannte, für immer verstummt. Wenige Tage später traf er seinen Sohn William, der ihm nicht nur von den letzten Lebensmonaten Deborahs berichtete, sondern auch zur aktuellen Lage in den amerikanischen Kolonien Stellung bezog. Zu Franklins großem Entsetzen solidarisierte sich William ohne alle Abstriche mit der britischen Regierung und machte seinem Vater schwere Vorwürfe, durch sein Verhalten dazu beigetragen zu haben, »die Kolonien in Brand zu setzen«. Die darauf folgende heftige Auseinandersetzung führte zu einem tiefen Zerwürfnis, das sich als irreparabel erweisen sollte, so daß Franklin nur wenige Monate nach dem Tod seiner Frau auch noch den faktischen

Verlust seines Sohnes hinnehmen mußte. Bestätigt wurden damit seine schlimmsten Befürchtungen des Jahres 1764, die ihn seinerzeit veranlaßt hatten, William die Annahme des Gouverneurstitels auszureden, damit dieser sich von der Krone nicht zu abhängig mache. Immerhin blieb ihm ein kleiner Trost: Mit Erfolg reklamierte er für sich das Sorgerecht für seinen Enkel Temple, Williams unehelichen Sohn, den er aus London mit nach Pennsylvania gebracht hatte.

Was Franklin jetzt blieb, war die neue politische Aufgabe, der er sich mit aller Kraft widmete: Noch im Mai wurde er als Delegierter der pennsylvanischen Assembly in den in Philadelphia tagenden Zweiten Kontinentalkongreß entsandt, wo er die Kongreßmitglieder sofort davon zu überzeugen suchte, daß eine Aussöhnung mit dem Mutterland nicht mehr zu erwarten stand. Daß die in Boston stationierten britischen Truppen bereits im April mit Milizionären der Nachbarstädte Lexington und Concord aneinandergeraten waren und 93 Amerikaner in dem anschließenden Scharmützel den Tod gefunden hatten, bestärkte ihn in dieser Einschätzung: »Da Großbritannien damit begonnen hat, Gewalt anzuwenden«, so Franklin, scheine es »absolut notwendig zu sein«, dieser »Gewalt mit Gewalt zu begegnen«. Mit allen anderen Delegierten des Kongresses beschloß Franklin daher am 15. Juni die sofortige Rekrutierung einer 15000 Mann umfassenden interkolonialen Miliz, die unter Führung des Generals George Washington aus Virginia den regulären britischen Truppen entschlossen entgegentreten sollte.

Auf einen derart konsequenten Konfrontationskurs ging Franklin im Kongreß, daß sogar John Adams aus Boston, einer der größten Heißsporne unter den Delegierten, ihm einen nachgerade revolutionären Elan attestierte: »Er zögert nicht, unsere kühnsten Beschlüsse mitzutragen und denkt eher noch, daß wir zu unentschlossen sind.« Tatsächlich waren die meisten Kongreßmitglieder noch nicht dazu bereit, sich zur vollkommenen politischen Unabhängigkeit zu bekennen, die Franklin zweifellos anstrebte, als er den Delegierten im Juli

1775 seine *Articles of Confederation* vorstellte: Dieser Entwurf einer gemeinsamen Verfassung aller Kolonien sah vor, daß sämtliche amerikanischen Provinzen Großbritanniens sich als »Vereinigte Kolonien von Nordamerika« zu einer politischen Union zusammenschließen sollten, die bezeichnenderweise nicht (wie noch im *Albany Plan of Union* vorgesehen) von einem von der Krone ernannten Präsidenten regiert werden sollte, sondern von einem zwölfköpfigen Exekutivkomitee, das der Kolonialkongreß selbst wählen durfte. Während die Assemblies der einzelnen Kolonien für die Innenpolitik dieses Staatenbundes zuständig sein sollten, bekam der Kongreß alle Freiheiten, mit fremden Mächten Allianzen einzugehen oder, falls nötig, verfeindeten Nationen den Krieg zu erklären.

Wenn Franklins Vorschlag zur Bildung einer im völkerrechtlichen Sinne souveränen Union der amerikanischen Kolonien auch nicht mehrheitsfähig war, wurde ein endgültiger Bruch mit Großbritannien allein schon durch den fortgesetzten bewaffneten Widerstand gegen die britischen Truppen immer wahrscheinlicher. Als König Georg III. am 23. August offiziell proklamierte, sämtliche amerikanische Kolonien befänden sich im Zustand der Rebellion, wurde Franklin vom Kongreß beauftragt, sich in das Hauptquartier Washingtons in Cambridge zu begeben, um sich von diesem umgehend über den Zustand der neuen Kontinentalarmee aufklären zu lassen. Franklin traf Washington im Oktober, zu einer Zeit, als der Armeeführer der Amerikaner gerade die in Boston zusammengezogenen britischen Truppen erfolgreich belagerte. Trotz dieser günstigen Kriegslage hegte der Oberst aus Virginia jedoch keinerlei Illusionen hinsichtlich der Dauer des Kampfes und der vielen Schwierigkeiten, die seine Armee noch zu meistern hatte; ganz zu schweigen von den finanziellen Lasten, die der militärische Konflikt den Amerikanern aufbürdete: 1,2 Millionen Pfund im Jahr werde der Krieg kosten, rechnete Washington Franklin vor, und ohnehin könne man gegen die Briten nur dann bestehen, wenn die Kontinentalarmee vom Kongreß auf 20000 Mann aufgestockt würde. Als

Franklin den Kongreßmitgliedern dann im November von seiner Unterredung mit Washington berichtete, gab er auch noch eine eigene Einschätzung der Lage ab: Es könne nicht schaden, wenn sich der Kongreß schon bald auf die Suche nach »Freunden Amerikas« mache, »die auf der anderen Seite des [Atlantischen Ozeans] wohnten«. Franklins Wink wurde verstanden: Bereits am 29. November richtete der Kongreß ein geheimes Komitee für auswärtige Angelegenheiten ein, das unter Franklins Führung noch im Dezember mit Chevalier Archard de Bonvouloir, dem Agenten des französischen Hofes in Philadelphia, Konsultationen aufnahm.

Der feste Wille der Amerikaner, den bewaffneten Widerstand gegen die britischen Truppen auf allen Ebenen auszubauen, war auch im Dezember 1775 noch nicht identisch mit einer Entscheidung für staatliche Selbständigkeit: Viele Kolonisten, auch viele Delegierte des Kongresses, hofften nach wie vor auf eine Lösung des Konflikts, die es den amerikanischen Kolonien erlauben würde, im Britischen Empire zu verbleiben. Indes wurde diese zögerliche Haltung beinahe über Nacht aufgegeben, als in Philadelphia am 9. Januar 1776 das 47 Seiten starke, anonyme Pamphlet *Common Sense* erschien, das in meisterhafter Prosa alle Argumente für eine sofortige Unabhängigkeitserklärung zusammenfaßte und damit eine durchschlagende Wirkung hatte: Mit einer sensationellen Auflage von 120000 Exemplaren in nur drei Monaten wurde es zum ersten politischen Bestseller der amerikanischen Literatur.

Wie schon der Titel der Flugschrift ankündigte, appellierte *Common Sense* einzig an den gesunden Menschenverstand der amerikanischen Bürger, um dem Hauptanliegen des Autors Gehör zu verschaffen: Wem es schwerfalle, sich aus dem von vielen Zeitgenossen hochgelobten Verfassungssystem des Britischen Empire zu verabschieden, der solle sich vor Augen führen, daß es »einzig und allein der Verfassung des Volkes zuzuschreiben ist, und nicht der Verfassung der Regierung, daß die Krone in England nicht so unterdrückerisch ist wie in der Türkei«. Jedem falle es schwer, sich über langgewohnte Vorurteile hinwegzusetzen, doch wenn man sich einmal daranmache, »die Bestandteile der englischen Verfassung zu zergliedern«, werde man finden, daß allein »die republikanischen Bestandteile« dieser Verfassung die vielbeschworenen »englischen Freiheiten« garantierten. Nur die von den Bürgern gewählten »Repräsentanten«, deren Mandat in den »häufig abgehaltenen Wahlen« stets aufs neue bestätigt werden müsse, könnten eine dem »Interesse der Wähler« entsprechende Politik gestalten. Ganz und gar überflüssig sei deshalb das Festhalten am »Überbleibsel monarchischer Tyrannei in der Person des Königs«, weshalb die amerikanischen Kolonien nun endlich Georg III. ihre Gefolgschaft aufkündigen sollten, zumal ja »der König selbst schon das Schwert gewählt« habe. »Nichts kann unsere Sache so schnell in Ordnung bringen, schloß der anonyme Verfasser der Flugschrift daher seinen Aufruf zur raschen Errichtung eines republikanisch-demokratischen Gemeinwesens in Amerika, »wie eine offene und entschlossene *Unabhängigkeitserklärung*«.

Als die Flugschrift *Common Sense* in den amerikanischen Kolonien zum Tagesgespräch wurde, glaubten viele, in Franklin den Verfasser dieses Pamphlets zu erkennen. Diese Annahme stimmte zwar nicht, ging aber nur knapp an der Wahrheit vorbei, weil der anonyme Autor der Schrift, der Engländer Thomas Paine, Franklins Schützling war: Bereits 1774 hatte sich der talentierte Lehrer und Finanzbeamte Paine dem von ihm verehrten Franklin in London angedient, weil er nach Amerika auswandern wollte, um dort sein Glück zu machen. Durch Franklins Vermittlung, der in Paine den Typus des jungen, ehrgeizigen Mannes erblickte, den er besonders gerne förderte, hatte dieser in Philadelphia eine Anstellung als Druckergeselle erhalten. Als er dann im Dezember 1775 den ersten Entwurf der Flugschrift *Common Sense* fertiggestellt hatte, war es Franklin, der den Text sorgfältig redigierte und Paine anschließend zur raschen Publikation des Textes aufforderte: Ganz unzweifelhaft entsprachen die in *Common Sense* zum Ausdruck gebrachten Ansichten genau den politischen

Anschauungen, zu denen auch Franklin in den zurückliegenden Jahren gelangt war.

Nicht zuletzt als Folge der großen Wirkung, die Paines Pamphlet in den amerikanischen Kolonien entfaltete, gewann die Fraktion der Befürworter einer politischen Unabhängigkeit in den Monaten Februar, März und April 1776 endgültig die Oberhand: Bereits am 6. April verfügte der Kongreß die Öffnung der amerikanischen Häfen für die Handelsschiffe aller Nationen (mit Ausnahme Großbritanniens); Anfang Juni wurde ein Delegierter aus Virginia, der 33jährige Rechtsanwalt Thomas Jefferson, mit der Ausarbeitung einer Unabhängigkeitserklärung betraut. Vier weitere Delegierte, darunter auch Franklin und John Adams aus Massachusetts, sollten Jeffersons Entwurf im Lauf des Monats überarbeiten, bevor er dann am 28. Juni vom versammelten Kongreß begutachtet wurde.

In den Tagen, als Jefferson die amerikanische Unabhängigkeitserklärung konzipierte, wurde Franklin von schweren Gichtanfällen gepeinigt, die ihn ans Bett fesselten; doch als er Ende Juni gebeten wurde, die fällige Schlußredaktion des Textes vorzunehmen, war er wieder bei Kräften. Jeffersons Text überzeugte ihn in nahezu allen Passagen: Daß es für die Amerikaner an der Zeit sei – wie es in der Präambel hieß – »die politischen Bande« zu »trennen«, durch die sie seit langem mit Großbritannien verbunden gewesen waren, und daß der König sich als »Tyrann« erwiesen habe – wie Jeffersons zahlreiche Gravamina belegten –, sah Franklin ganz genauso. Besonders schön las sich Jeffersons naturrechtliche und religiöse Grundlegung der zu errichtenden demokratischen Republik, wenn er behauptete,

> daß alle Menschen gleich erschaffen worden, daß sie von ihrem Schöpfer mit gewissen unveräußerlichen Rechten begabt worden, worunter sind Leben, Freiheit und des Streben nach Glück. Daß zur Sicherung dieser Rechte Regierungen unter den Menschen eingeführt worden sind, welche ihre gerechte Gewalt von der Einwilligung derer, die regiert werden, herleiten; daß sobald eine Regierung diesen Endzwecken verderblich wird, es das Recht des Volks ist, sie zu

verändern oder abzuschaffen, und eine neue Regierung einzusetzen, die auf solche Grundsätze gegründet und deren Macht und Gewalt solchergestalt gebildet wird, als ihnen zur Erhaltung ihrer Sicherheit und Glückseligkeit am schicklichsten zu sein dünkt.

Abb. 14   Benjamin Franklin, Thomas Jefferson, John Adams, Robert R. Livingston und Roger Sherman beim Entwurf der amerikanischen Unabhängigkeitserklärung. Stahlstich nach einem Gemälde von Alonzo Chappel, um 1850.

Weil ihm Jeffersons Prosa ausnehmend gut gefiel, nahm Franklin nur sehr wenige Änderungen am Text vor. Doch mit einem ganz wesentlichen Eingriff stellte er sein eigenes Gespür für eine präzise und klangvolle Sprache eindrucksvoll unter Beweis. Während Jefferson die Erklärung der Grundrechte mit den Worten »Wir halten diese Wahrheiten für heilig und unbestreitbar...« einleiten wollte, optierte Franklin für eine andere Wortfolge: Mit dicken Tintenstrichen kreuzte er die Wörter »heilig und unbestreitbar« *(holy and undeniable)* durch und ersetzte sie durch eine einzige Vokabel: »selbstverständlich« *(self-evident)*. Wer wollte sich der suggestiven Macht des Satzes »Wir halten diese Wahrheiten für selbstverständlich...« nun noch entziehen?

Jefferson akzeptierte Franklins überaus gelungenen Verbesserungsvorschlag ohne zu murren, doch als der redigierte Entwurf der Unabhängigkeitserklärung dann dem Kongreß vorlag und dort von den Delegierten um fünf Paragraphen gekürzt wurde, reagierte er barsch und zeigte sich zutiefst verärgert. Um ihn zu beruhigen, erzählte ihm Franklin eine kleine Geschichte: In Boston habe ein Hutmacher einmal den Text eines Aushängeschildes für seinen Laden entworfen: »John Thompson, Hutmacher, macht und verkauft Hüte gegen Bargeld«. Als er diesen Entwurf seinen Freunden zeigte, hatte jeder etwas am Text auszusetzen. Dem ersten schien das Wort »Hutmacher« überflüssig zu sein: Wer sonst, mache Hüte? Der zweite meinte, auch das Wort »macht« könne gestrichen werden, weil es den Kunden egal sei, wer die Hüte herstelle. Der dritte schlug vor, den Begriff »Bargeld« zu streichen, weil in Boston Hüte niemals mit Kreditbriefen gekauft würden. Da der Hutmacher auf jeden einzelnen Ratschlag einging, lautete sein abgeänderter Entwurf nun: »John Thompson verkauft Hüte«. »Verkauft Hüte?«, wunderte sich ein weiterer Freund, »niemand glaubt, daß in deinem Laden Hüte verschenkt werden!«. So strich der Hutmacher auch »verkauft« und zusätzlich noch das Wort »Hüte«, weil auf seinem Entwurf bereits ein aufgemalter Hut zu sehen war. Schließlich war auf seinem Ladenschild nur ein Hut abgebildet unter dem zu lesen stand: »John Thompson«. Wie Jefferson später belustigt zugab, verfehlte diese kleine Anekdote ihre Wirkung nicht.

Als die überarbeitete Unabhängigkeitserklärung dann am 4. Juli mit den Unterschriften aller im Kongreß anwesenden »Repräsentanten der VEREINIGTEN STAATEN VON AMERIKA« versehen wurde, war den Delegierten allerdings sogleich der Ernst der damit geschaffenen Situation bewußt. Sämtliche Unterzeichner der Urkunde galten nunmehr als Hochverräter: Wenn sie nicht am Galgen oder in der Emigration enden wollten, mußten sie den Krieg gewinnen. Wieder war es Franklin, der auch diese prekäre Lage mit einem trefflichen Aperçu auf den Punkt zu bringen wußte: »Jetzt müssen wir in der Tat alle zusammenhalten *(hang together)*, oder wir werden alle getrennt hängen *(hang separately)*.

Da dieses besondere Zusammengehörigkeitsgefühl der Amerikaner nach einem sinnfälligen Ausdruck verlangte, wurden Franklin, Jefferson und Adams noch am 4. Juli damit beauftragt, Emblem und Leitspruch eines neuen Staatswappens zu entwerfen. Das von Franklin vorgeschlagene Motto »E pluribus unum« *(Aus vielen zu einem)* fand allgemeine Zustimmung. Schwieriger gestaltete sich die Suche nach einem Wappentier: Erst nach langen Diskussionen einigte man sich auf den Weißkopfseeadler. Wie Franklin in einem Brief an seine Tochter Sally gestand, gehörte er allerdings nicht zu den Befürwortern dieser Wahl: »Ich, für meinen Teil, hätte den Weißkopfseeadler nicht als Repräsentanten unseres Landes gewählt; es ist ein unmoralischer Vogel mit einem schlechten Charakter«. »Sehr viel respektabler« sei im Vergleich »der Truthahn«, der noch dazu aus Amerika stamme, wohingegen es Adler überall gebe. Der Truthahn sei zwar »ein bißchen eitel und dumm«, doch deswegen für das Emblem der Vereinigten Staaten nicht minder geeignet. Denn er agiere auch voller Mut »und würde den Angriff auf einen britischen Grenadier nicht scheuen, wenn dieser seinen Bauernhof mit einer *roten* Uniform überfalle«.

Rebell: 1774–1781 257

Tapferkeit im Kampf gegen die britischen »Rotröcke« war in der Tat eine Tugend, welche die amerikanische Kontinentalarmee im Juli und August 1776 ganz besonders unter Beweis stellen mußte. Nach monatelanger Belagerung durch Washingtons Truppen war den britischen Regimentern nämlich in Boston mit Hilfe von Kriegsschiffen der Ausfall zur Seeseite gelungen. Zusammen mit 30000 Mietsoldaten, die der britischen Regierung von sechs verschuldeten deutschen Territorialfürsten (insbesondere aus Hessen-Kassel und Braunschweig-Wolfenbüttel) zur Verfügung gestellt wurden, bezogen sie jetzt wenige Meilen südlich von New York auf Staten Island und Long Island Stellung, von wo aus sie die amerikanischen Verbände angreifen sollten.

Spätestens jetzt war dem Kontinentalkongreß klar, daß man den Erzrivalen Großbritanniens, das Königreich Frankreich, so rasch wie möglich um eine rückhaltlose Unterstützung des amerikanischen Unabhängigkeitskampfes bitten mußte, wollte man der gewaltigsten See- und Landstreitmacht der Zeit auch weiterhin erfolgreich widerstehen. So hielten die Delegierten bereits im September Ausschau nach geeigneten Diplomaten, die als Bevollmächtigte der Vereinigten Staaten mit den leitenden Ministern der französischen Regierung die Konditionen eines angestrebten Beistandspaktes aushandeln sollten. Die Wahl der Kongreßmitglieder fiel auf drei Männer: Silas Deane aus Connecticut und Arthur Lee aus Virginia, die sich bereits in Paris aufhielten, und natürlich auch Franklin, der ganz unbestritten über die besten Kontakte in Europa verfügte.

Bevor Franklin Philadelphia verließ, um mit Deane und Lee seine Arbeit aufzunehmen, sorgte er allerdings dafür, daß seine beiden Enkelsöhne William Temple Franklin und Benjamin Franklin Bache ihn auf der Reise nach Frankreich begleiten konnten. »Sollte ich sterben«, lautete die Begründung seines Wunsches nach vertrauten Reisebegleitern, »habe ich wenigstens ein Kind an meiner Seite, das mir die Augen zudrücken kann.« Sein Sohn William konnte keine Einwände gegen die Abreise des jetzt 16jährigen Temple vorbringen, weil der Gouverneur von New Jersey bereits im Juni vom Kontinentalkongreß seines Amtes enthoben worden war und seither eine Gefängisstrafe verbüßte (ohne daß Franklin dagegen Einspruch erhoben hätte). Den erst siebenjährigen Benny Bache ließen seine Eltern nur deshalb ziehen, weil Franklin seiner Tochter Sally versprach, dem Jungen in Paris eine gute Schulbildung angedeihen zu lassen.

Am 29. Oktober brach Franklin mit seinen Enkeln nach Europa auf. Die immer mit Risiken und Unwägbarkeiten behaftete Überfahrt war für den berühmten Reisenden noch gefährlicher als sonst, weil zu befürchten stand, daß britische Kriegsschiffe, die sich vor der Küste von New York und New Jersey auf Patrouille befanden, den amerikanischen Emissär an Bord aufstöbern und sofort verhaften würden. Glücklicherweise trat dieser Fall nicht ein. Dennoch litt der nun 70jährige Franklin auf der Reise beträchtliche Qualen, weil ihm wieder Gichtanfälle zusetzten und zudem heftige Winterstürme unablässig auf das Schiff einpeitschten. Mehr als erleichtert betrat er daher wieder Land, als sein Schiff am 3. Dezember bei Auray an der Südwestküste der Bretagne festmachte.

Trotz der unsäglichen Strapazen, die er auf der Seereise erduldet hatte, war er bereits drei Wochen später wieder imstande, dem französischen Außenminister Graf Charles Gravier de Vergennes in einem ersten konspirativen Gespräch in Paris Rede und Antwort zu stehen. Am 5. Januar 1777 überreichte er Vergennes dann in knapper schriftlicher Form die genaue Begründung des amerikanischen Ersuchens um Beistand. Die jungen Vereinigten Staaten litten momentan unter derselben »Frechheit und Grausamkeit« Großbritanniens, die auch Frankreich in den vergangenen Jahren das Leben so schwer gemacht habe. (Daß im Siebenjährigen Krieg auch unzählige amerikanische Milizionäre gegen französische Soldaten gekämpft hatten, ließ Franklin unerwähnt.) Eine militärische »Demütigung« Großbritanniens, welche die größte Streitmacht der Welt wieder auf den früheren »Zustand der

Schwäche« zurückstoßen werde, sei also für Frankreich und die Vereinigten Staaten in gleicher Weise wünschenswert. »Das Interesse« beider »Nationen«, konstatierte Franklin, »ist also dasselbe«. Die Öffnung der amerikanischen Häfen für französische Handelsschiffe sei jetzt schon der sicherste Beweis dafür, daß die Vereinigten Staaten die Freundschaft Frankreichs allen Ernstes zu erlangen und zu erhalten suchten.

Da die Berater des seit 1774 regierenden Königs Ludwig XVI. schon seit geraumer Zeit auf eine Gelegenheit warteten, den Verlust Kanadas zu kompensieren und die Vormachtstellung Großbritanniens zu schwächen, ging Vergennes – trotz der katastrophal schlechten Finanzlage seines Landes – auf Franklins werbende Worte ein. Es war zwar für die Regierung eines Staates, der von einem absolutistischen Herrscher geführt wurde, nicht unproblematisch, republikanisch-demokratische Rebellen bei ihrem Aufstand gegen einen anderen europäischen Erbmonarchen zu unterstützen. Aber am Ende überwogen strategische Interessen und das nackte Machtkalkül, als der Außenminister schon am 13. Januar die mündliche Zusicherung gab, den Amerikanern 2 Millionen französische Livres für ihren Kampf gegen die britischen Truppen zur Verfügung zu stellen. Da das Versprechen vorerst geheimgehalten werden mußte, um den förmlichen Frieden mit Großbritannien nicht zu gefährden, gestattete sich Frankreich gegenüber den Vereinigten Staaten lediglich einen öffentlichen Gunstbeweis: Die französischen Seehäfen wurden nun auch für amerikanische Handelsschiffe geöffnet.

Während die mit 1 Million Livres aus der französischen Staatskasse finanzierte Scheinfirma »Roderigue Hortalez & Co« (deren Geschäfte der Schriftsteller Pierre Augustin Caron de Beaumarchais führte) Schiffe voller Musketen, Pulver und Blei in die Vereinigten Staaten schmuggelte, versuchte Franklin in seiner geheimen Korrespondenz mit den französischen Unterhändlern die proamerikanische Stimmung noch weiter anzufachen. Er wußte um die hohe Verantwortung, die ihm in Frankreich zufiel, und er tat alles um, der amerikanischen

Sache, die er letztlich als gemeinsames »Anliegen der ganzen Menschheit« verstand, zum Sieg zu verhelfen. In einem im März verfaßten Bericht an den Kongreß beschrieb er deswegen die Vorkämpferrolle der Vereinigten Staaten auch mit Worten, die stark an John Winthrops Satz von der »Stadt auf einem Berg« erinnerten, mit denen der erste Gouverneur von Massachusetts einst Franklins Heimatstadt Boston als Vorbild für »alle Menschen« charakterisiert hatte: »Wir kämpfen für die Würde und das Glück der menschlichen Natur; ruhmreich ist es für die Amerikaner, von der Vorsehung auf diesen Posten der Ehre berufen worden zu sein«.

Weil der amerikanische Freiheitskampf tatsächlich bei allen fortschrittlich gesinnten Europäern große Hoffnungen weckte, wurde Franklin als dem berühmtesten Repräsentanten der Vereinigten Staaten eine täglich wachsende Verehrung entgegengebracht, die ihn in Frankreich schon bald zu einer Art Kultfigur werden ließ. Vielen Franzosen schien der Erfinder des Blitzableiters und Verfechter republikanischer Freiheiten das personifizierte Symbol sowohl der aufklärerischen Vernunft eines Voltaire als auch der Freiheitsromantik eines Rousseau zu sein. Auf zahlreichen Bällen und anderen gesellschaftlichen Anlässen avancierte er zum umschwärmten und gern gesehenen Gast, der sogar die Mode der Pariser Damen inspirierte. Da er seit 1775 wegen einer schlimmen Kopfhautreizung auf das Tragen einer Perücke verzichtete und in den Wintermonaten des Jahres 1777 sein nunmehr kahles Haupt mit einer braunen Nerzkappe vor Wind und Kälte schützte, hielt man diesen seltsamen Aufzug für die angemessene Erscheinung des reinen, unverdorbenen und freien Naturmenschen aus den amerikanischen Wäldern. Imitiert wurde Franklins eigenwilliger Kopfschmuck von den Damen in den Pariser Salons, indem sie ihren neuen Perücken die Form einer Pelzmütze gaben: »Coiffure à la Franklin« wurden die neuen Frisuren schon bald genannt.

Franklin, der die politische Wirkung seines äußeren Erscheinungsbildes gut einzuschätzen wußte und die Kunst der Selbst-

Abb. 15 Franklin mit seiner berühmten Nerzkappe. Schabkunstblatt von Johann Elias Haid, 1780

Abb. 16
Benjamin Franklin.
Terrakottabüste nach
Jean-Antoine Houdon,
um 1780

inszenierung meisterlich beherrschte, ließ sich daher in seiner Pariser Wohnung (im Hôtel d'Hambourg in der rue de l'Université) oft und gern porträtieren: Von Jean-Antoine Houdon bis zu Joseph Siffrède Duplessis fertigten die besten französischen Künstler ungezählte Büsten, Ölbilder, Kupferstiche, Statuetten und Medaillons an, die Franklin bald in staatsmännischer Pose, bald in natürlicher Haltung abbildeten. Seiner Tochter Sally schrieb Franklin nach Philadelphia, daß diese vielen Darstellungen seines Konterfeis »das Gesicht deines Vaters« schon »so bekannt« gemacht hätten, »wie das Gesicht des Mondes«. Ludwig XVI. allerdings verspottete diese Mode, indem er der Comtesse Diane de Polignac, die ihn oft mit ihren Lobpreisungen Franklins gelangweilt hatte, einen Nachttopf aus Porzellan schenkte, auf dessen Grund ein Relief mit Franklins Antlitz zu sehen war.

Um dem Pariser Trubel zu entfliehen, nahm Franklin im Frühjahr 1777 die Einladung des mit den Amerikanern sympathisierenden Kaufmanns Jacques-Donatien Leray de Chaumont an, am Rand des Bois du Boulogne in einem seiner Häuser im Dorf Passy kostenlos zu logieren. Die ruhige Lage des Ortes Passy, der auf halber Strecke zwischen Paris und Versailles gelegen war, behagte Franklin sehr. (Zum Dank für Chaumonts großes Entgegenkommen installierte er nur wenige Wochen nach seinem Umzug auf dessen Hauptwohnsitz einen Blitzableiter.) Doch trotz der Stille, die das Dorf Passy ausstrahlte, lebte er dort keineswegs als Einsiedler: Regelmäßig veranstaltete Franklin hier ungezwungene Diskussionsabende, zu denen er besonders gern Anne-Catherine Helvétius (die Witwe des großen Philosophen Claude-Adrien Helvétius) sowie den französischen Wirtschaftstheoretiker und ehemaligen Finanzminister Anne-Robert-Jacques Turgot einlud.

Auch deutsche Gäste bewirtete er: Im Herbst 1777 suchte ihn der soeben aus der Südsee zurückgekehrte Naturforscher Georg Forster auf, »um mit dem verehrungswürdigsten Philosophen der westlichen Welt zu speisen«. Wer nicht nach Passy reisen konnte, sandte Briefe: Ein Student aus Jena fragte höflich an, ob er sich nicht durch die Beteiligung am Unabhängigkeitskampf Geld zur Fortsetzung seines Studiums erwerben könne. Ob Franklin ihm je antwortete, läßt sich heute nicht mehr ermitteln, doch verschaffte er einem anderen Deutschen eine wichtige Stellung in der Kontinentalarmee: Dem preußischen Offizier Friedrich Wilhelm von Steuben, der sich ebenfalls an ihn gewandt hatte, vermittelte er einen hochrangigen Militärposten im Regiment George Washingtons, unter dessen Aufsicht er schließlich als Generalinspekteur für die verbesserte Organisation, Ausbildung und Disziplin der amerikanischen Truppen sorgte.

Eine solche Unterstützung durch ausgebildete Offiziere hatten Washingtons Soldaten im Jahr 1777 nötiger denn je, denn der Krieg kostete die Kontinentalarmee ungeheure Kräfte. Seit Beginn des Jahres drängte der britische General Howe das amerikanische Heer von New York und New Jersey aus immer weiter ins Landesinnere zurück. Im September fiel Philadelphia an die britischen Truppen, so daß der Kongreß sich weit ins pennsylvanische Hinterland zurückziehen mußte. Da die französische Regierung aber jede weitere Unterstützung der Vereinigten Staaten von militärischen Erfolgen der Amerikaner abhängig machte, wurde die Situation der Freiheitskämpfer immer bedrohlicher. Immerhin hatte Washington die Kontinentalarmee durch eine defensive Strategie des Ausweichens und Hinhaltens bislang vor einer Niederlage bewahren können.

Doch erst als der General dazu überging, britische Truppenteile, die abseits der Front stationiert waren, in einer Art Guerillataktik mit Überraschungsangriffen zu überziehen, wendete sich das Kriegsglück. Als amerikanische Truppen dann in den Wäldern des bei Albany gelegenen Ortes Saratoga im Oktober eine größere Schlacht für sich entschieden und Paris am 4. Dezember von diesem bemerkenswerten Ereignis unterrichtet wurde, ließen sich die leitenden Politiker Frankreichs endgültig von den Siegeschancen der Aufständischen überzeugen: Schon am 6. Dezember unterbreitete Vergennes den amerikanischen Gesandten das Angebot eines jetzt auch offiziellen Beistandspakts.

Indes veranlaßte der Ausgang der Schlacht bei Saratoga auch die britische Regierung, ihren Unterhändler Paul Wentworth nach Paris zu schicken, um den amerikanischen Emissären ein Friedensangebot zu unterbreiten. Wentworth's Friedensbemühungen nutzte Franklin jedoch lediglich dazu aus, die französischen Verhandlungspartner durch den höchst geschickten Verweis auf eine mögliche Aussöhnung mit Großbritannien dergestalt unter Druck zu setzen, daß sie schließlich alle seine Bedingungen für eine großzügige Unterstützung Amerikas akzeptierten: Schon im Dezember 1777 erkannte Frankreich die Unabhängigkeit der Vereinigten Staaten formell an; am 8. Januar 1778 ließ Vergennes Franklin wissen, daß der König zum Abschluß einer Allianz bereit sei; am 28. Januar sicherte die französische Regierung den Amerikanern eine jährliche Unterstützung von 6 Millionen Livres zu. Als Franklin dann am 6. Februar zur Paraphierung des förmlichen »Freundschafts- und Handelsvertrags« gebeten wurde, kleidete er sich

Abb. 17 Der amerikanisch-französische Freundschafts- und Handelsvertrag vom 6. Februar 1778 mit Franklins Unterschrift.

demonstrativ in jenen braunen Samtanzug, den er am 29. Januar 1774 im Cockpit getragen hatte, weil er nun sicher wußte, daß Großbritannien seinen willkürlichen Zugriff auf die Amerikaner über kurz oder lang aufgeben mußte.

Am 20. März 1778 wurden Deane, Lee und Franklin in Versailles von Ludwig XVI. als Botschafter des nun auch vom französischen Monarchen anerkannten amerikanischen Freistaates empfangen. Viele europäische Künstler versuchten dieses historische Ereignis im Bild festzuhalten. In einer besonders packenden Bildersprache stellte der Berliner Kupferstecher Daniel Nikolaus Chodowiecki die Audienz beim König von Frankreich dar: Im Zentrum seines Kupfers steht Franklin; Der Monarch thront zwar auf einem dreistufigen Podest, aber er ist an die äußerste linke Bildseite verbannt; zudem sitzt er im Schatten eines gerafften und weit über den Thronsessel hinausragenden Vorhangs. Franklin dagegen steht im vollen Licht der Sonnenstrahlen, die durch die Fenster in den Thronsaal dringen. Die Verbeugung, die er vor dem König ausführt, ist durchaus tief, doch frei von jeglicher Devotion und Servilität. Im Gegenteil: In der Kleidung eines einfachen Mannes, die völlig ohne modischen Zierat auskommt, hat der Amerikaner seinen Dreispitz vom kahlen Kopf gezogen und steht dem Monarchen nun, ohne gepuderte Perücke, barhäuptig gegenüber; der freie, schlichte Bürger Franklin, der es gewagt hat, gegen den König von England zu rebellieren, bietet auch dem mächtigen König von Frankreich in größter Gelassenheit die Stirn.

Nach dem Abschluß des Freundschafts- und Handelsvertrags, den Franklin mit seltenem diplomatischen Geschick aus-

Abb. 18
Kupferstich von
Daniel Nikolaus
Chodowiecki,
1783.

Dr. Franklin erhält, als Gesandter des Americanischen FreyStaats, seine erste Audienz in Frankreich, zu Versailles. am 20ten März 1778.

Rebell: 1774–1781

gehandelt hatte, wurde er von den unterschiedlichsten Pariser Clubs und Sozietäten mit Ehrungen und Auszeichnungen überhäuft. Nicht immer konnte er den bei diesen Anlässen gehaltenen Reden folgen, weil er das Französische eher radebrechend als flüssig sprach. Einmal orientierte er sich an den Beifallsbekundungen einer neben ihm sitzenden Dame, um dem Vortragenden im richtigen Augenblick Applaus spenden zu können. Später erklärte ihm sein Enkel Temple dann halb belustigt, halb peinlich berührt, daß sein Großvater just in dem Moment am lautesten in die Hände geklatscht habe, als er von den Komplimenten des Redners geradezu überschüttet wurde.

Als Franklin am 29. April in die Pariser Akademie der Wissenschaften eingeladen wurde, traf er dort auch den 84jährigen Voltaire, der jetzt so gebrechlich war, daß in der französischen Hauptstadt bereits das Gerücht kursierte, der große Philosoph und Schriftsteller sei verstorben. Voltaire, dem diese Vermutung zu Ohren kam, äußerte sich dazu in gewohnt mokanter Weise, indem er das Gerücht für »wahr, wenn auch etwas verfrüht« hielt. Tatsächlich sollte er nur sieben Monate später das Zeitliche segnen. Um so beglückter waren die Mitglieder der Akademie, den großen Repräsentanten des Zeitalters der Aufklärung noch einmal erleben zu dürfen, zumal zusammen mit Franklin. Als die beiden Männer sich gegenüberstanden, erscholl aus der sie umgebenden Menge die begeisterte Forderung nach einer französischen Umarmung: »Il faut s'embrasser, à la française«: Und wirklich nahmen sich die so ermunterten Alten in den Arm und küßten sich unter tumultuöser Anteilnahme aller anwesenden Gelehrten auf die Wangen. Wie einer der Augenzeugen berichtete, erklang alsbald ein neuer Ruf: »Qu'il étoit charmant. Oh! il étoit enchantant, de voir Solon et Sophocle embrassans«.

Der zeitgenössische Beobachter, der diesen von den Akademiemitgliedern angestellten Vergleich zwischen Franklin und dem athenischen Staatsmann Solon kolportierte, war der Bostoner Politiker John Adams, der erst wenige Tage zuvor Silas Deane als Gesandten der Vereinigten Staaten in Paris abgelöst

Abb. 19 Franklin und die Pariser Salondamen. Farblithographie von W. O. Geller, um 1830.

hatte. Noch nahm Adams es mit großer Gelassenheit hin, daß man Franklins politische Leistungen mit den Taten eines der größten Gesetzgeber der Antike in Verbindung brachte, zumal er seinen Landsmann ja auch selbst sehr schätzte. Doch bereits nach wenigen Wochen gemeinsamer diplomatischer Tätigkeit in Paris bekam das Bild, das er sich bislang von Franklin gemacht hatte, beträchtliche Risse. Mit großer Verwunderung nahm er zur Kenntnis, daß Franklin sich in Paris sehr viel Zeit für gesellige Zusammenkünfte nahm, statt sich ausschließlich politischen und geschäftlichen Angelegenheiten zu widmen. »Je nach der Art seiner Einladungen«, so Adams, »die er nie ausschlug«, begab Franklin sich »zu festlichen Abendessen«, »ins Theater«, »zu den Philosophen« oder auch nur zu den Pariser Salondamen, »die ihn gerne beim Tee bewirteten«.

Adams hielt Franklins Ausgehverhalten für höchst kritikwürdig, wobei er allerdings übersah, daß die wichtigen Gespräche über politische und wirtschaftliche Angelegenheiten in Paris gern bei diesen gesellschaftlichen Anlässen geführt wurden, die er als puritanischer Neuengländer weitestgehend mied und als unbotmäßigen Zeitvertreib abtat. Auch verletzte Eitelkeit brachte ihn zunehmend in Opposition zu Franklin. Während die Delegierten des Kontinentalkongresses ihn als Franklins ebenbürtigen Partner behandelt hatten, führte er in Paris ein Schattendasein: »Auf Dr. Franklin ruhen die Augen ganz Europas«, klagte Adams, wohingegen »weder Lee, noch mir selbst, irgendeine Bedeutung zugebilligt wird«.

Während Adams noch grollte, stellte Franklin im Frühsommer mit großer Genugtuung fest, daß der von ihm im Winter ausgehandelte Freundschaftsvertrag mit Frankreich erste Früchte zeitigte: Als am 17. Juni einige britische und französische Kriegsschiffe aneinandergerieten und der Beistandsfall, wie beabsichtigt, eintrat, gaben die in Amerika stationierten britischen Truppen schon bald darauf Philadelphia preis und zogen sich kampflos nach New York zurück, weil sie die nun erwartete große Attacke der Franzosen lieber in der Stadt am Hudson River parieren wollten. Der britische Monarch empfahl seinem Premierminister Lord North, den nun ausufernden Krieg durch neue Verhandlungen mit den aufständischen Amerikanern zu einem raschen Ende zu bringen, »um danach mit verdoppelter Anstrengung das treulose und freche Verhalten Frankreichs zu rächen«. Zähneknirschend hielt Georg III. es in diesem Zusammenhang für geboten, auch mit Franklin, diesem »heimtückischen Mann«, in neue Unterredungen einzutreten.

Das britische Gesprächsangebot, das Franklin Ende Juni unterbreitet wurde, wies dieser jedoch schon am 1. Juli mit äußerst scharfen Worten zurück. Daß Frankreich, wie vom britischen Unterhändler suggeriert, ein wenig verläßlicher Bündnispartner sei, befürchte er nicht: »Ich glaube nicht, daß [Frankreich] uns betrügen wird, und ich glaube auch nicht, daß es uns insgeheim verachtet; aber ich sehe deutlich, daß [die britische Regierung] uns durch ihr Aussöhnungsgesuch täuscht.« Ohnehin habe der britische Monarch sein einstiges Recht, die Amerikaner zu regieren, durch »blutige Tyrannei« ein für allemal verwirkt. Einen »Vertrag« könne Großbritannien nur dann mit den Amerikanern abschließen, wenn der König zuvor bereit sei, die neue Union seiner ehemaligen Kolonien als »unabhängigen Staat« anzuerkennen.

Durch diese selbstbewußte und schroffe Zurückweisung der britischen Anfrage machte Franklin deutlich, daß er die Loyalität der französischen Regierung für unverbrüchlich hielt und ganz auf die Kampfkraft der französischen Truppen setzte. Doch trotz einiger vorzeigbarer Anfangserfolge gelang es den Amerikanern auch mit Hilfe der Franzosen weder 1778 noch 1779, dem Krieg die entscheidende Wende zu geben. Eine französischen Flotte von zeitweise 35 Schiffen segelte monatelang vor der amerikanischen Küste, ohne daß es zu kombinierten Angriffen zu Land und zu Wasser auf die britische Garnisonstadt New York gekommen wäre. Statt dessen unternahmen britische Truppen immer wieder verheerende Streifzüge durch die amerikanischen Südstaaten, vor allem durch das Hinterland Georgias, South Carolinas und North Carolinas.

Im Sommer 1779 erhielt die französische Flotte dann weitere Verstärkung: Spanien trat am 21. Juni an Frankreichs Seite in den Krieg ein, weil Großbritannien sich geweigert hatte, Gibraltar als Preis für das Fortbestehen der Neutralität Spaniens abzutreten. Zwar beabsichtigte die spanische Regierung deshalb noch lange nicht, die amerikanische Unabhängigkeit anzuerkennen, doch schien die Gelegenheit günstig, auf Kosten des Britischen Empire wichtige territoriale Zugewinne zu machen. Von dem verstärkten Druck auf Großbritannien beflügelt, versuchte Franklin nun, Frankreich weitere 25 Millionen Livres für eine verbesserte Ausrüstung der amerikanischen Armee zu entlocken. Doch dieses eine Mal mußte Franklin erleben, daß nicht alle seine Forderungen von Vergennes goutiert wurden: Höflich, aber entschieden lehnte es der Minister ab, auf Franklins Vorstoß einzugehen.

Einen weiteren Korb handelte sich der sonst so erfolgsverwöhnte Franklin dann im Herbst 1779 ein, als er seiner in Auteuil bei Passy wohnenden Nachbarin und Freundin Anne-Catherine Helvétius ein zwar ironisch verkapptes, doch des-

Rebell: 1774–1781

wegen nicht weniger ernst gemeintes Heiratsangebot machte. Madame Helvétius, die auf ihrem weitläufigen Gutshof in Auteuil feste Gesprächskreise etabliert hatte, die in vielerlei Hinsicht jenen Diskussionsrunden mit Intellektuellen und Politikern ähnelten, zu denen Franklin regelmäßig nach Passy einlud, war dem Amerikaner als geistreiche, großzügige und feinsinnige Gesprächspartnerin ans Herz gewachsen. Zudem war sie schön und verfügte über ein lebhaftes, ja mitreißendes Temperament. Schon im Oktober 1778 hatte Franklin ihr gestanden, daß er sich von ihrem Charme »wie ein Strohhalm von einem edlen Bernstein« elektrisch angezogen fühle. Am 19. September 1779 fragte er Madame Helvétius dann in witzig-frivoler Manier, ob sie nicht ihre restlichen Tage mit ihm verbringen wolle, er würde sich dann auch seine Nächte für sie freihalten. Nicht weil sie seine Anfrage für zu anzüglich hielt, sondern weil sie ihre Freundschaft mit Turgot nicht aufs Spiel setzen wollte (der ihr ebenfalls zahlreiche Liebeserklärungen gemacht hatte), lehnte sie Franklins Ehegesuch nach einer gewissen Bedenkzeit ab. Der solcherart Abgewiesene verschmerzte diese Antwort allerdings erstaunlich schnell, wobei es ihm sicher half, daß Madame Helvétius ihm als Freundin weiterhin gewogen blieb.

Gefragt blieb Franklin in der europäischen Öffentlichkeit: Mehr denn je wollten die aufklärerisch gesinnten Zeitgenossen die politischen Ideen studieren, die der berühmteste Repräsentant der Vereinigten Staaten von Amerika in den zurückliegenden Jahren und Jahrzehnten entwickelt hatte. Reißenden Absatz fand daher die erste vollständige Ausgabe seiner politischen Schriften, die noch 1779 unter dem Titel *Political, Miscellaneous, and Philosophical Pieces* in London erschien. Auch die erste deutschsprachige Edition seiner *Sämmtlichen Werke,* die Anfang des Jahres 1780 von Gottfried Traugott Wenzel in Dresden veröffentlicht wurde, verkaufte sich im gesamten Heiligen Römischen Reich in einer sehr ansehnlichen Auflage, so daß Franklins republikanische und demokratische Ideale auch in Deutschland breit rezipiert wurden.

Zunehmend schwierig gestaltete sich in dieser Zeit Franklins Beziehung zu John Adams, der im Sommer 1780 dazu übergegangen war, ohne Franklins Wissen Briefe an Vergennes zu verschicken, in denen er sich darüber beklagte, daß die französische Regierung gegenüber den amerikanischen Gesandten einen viel zu gönnerhaften Ton anschlage. Nach Unterzeichnung des Freundschafts- und Handelsvertrages, so Adams, hätten die Amerikaner ein Anrecht darauf, nun nicht mehr wie demütige Bittsteller, sondern vielmehr als vollkommen ebenbürtiger Partner behandelt zu werden. Indes zeigte Adams mit dieser Einschätzung nur, wie wenig er von den diplomatischen Spielregeln verstand, die am französischen Hof beachtet werden mußten, wollten die Amerikaner die Freundschaft Frankreichs dauerhaft erhalten.

Als Vergennes sich bei Franklin über Adams' Unverfrorenheit beschwerte und ihm Kopien der empfangenen Briefe aushändigte, fühlte sich der Emissär in Passy derart kompromittiert, daß er den Kongreß in Philadelphia umgehend bat, seinem Landsmann aus Boston eine deutliche Rüge zu erteilen: »Mr. Adams hat hier den Hof beleidigt«, erläuterte Franklin den Delegierten am 9. August 1780, weil er dem französischen Außenminister vorgehalten habe, daß Frankreich »uns gegenüber zu mehr Dank verpflichtet sei« als die Vereinigten Staaten der französischen Regierung. Doch darin irre sich Adams gründlich. Die Amerikaner seien nämlich nach wie vor vom Wohlwollen Frankreichs »abhängig«, und so versuche er selbst, »solange ich hier bin«, alle nur möglichen »Vorteile für unser Land zu erwirken, indem ich mich bemühe, dem Hof stets zu Gefallen zu sein«.

Für die aufständischen Amerikaner blieb die vorbehaltlose Unterstützung durch Frankreich tatsächlich eine überlebenswichtige Voraussetzung, um den Unabhängigkeitskrieg, der noch immer im Gange war, überhaupt gewinnen zu können. Nach wie vor wogte das Kriegsgeschehen hin und her. Erst im Frühsommer 1780 hatten britische Truppen wieder einen Sieg feiern können, als sie die Stadt Charleston in South Carolina besetzten. Im Herbst und Winter schmiedeten die führenden britischen Offiziere dann Pläne, die darauf abzielten, mit der virginischen Küstenstadt Yorktown einen weiteren wichtigen Stützpunkt am Atlantik zu erobern. Von North Carolina kommend, unternahmen die britischen Truppen des Generals Charles Cornwallis im Frühjahr 1781 mehrere erfolgreiche Streifzüge durch das Hinterland von Virginia, um die dortige Bevölkerung einzuschüchtern und deren Widerstand zu brechen. Am 1. August 1781 nahm Cornwallis denn auch mit 8000 Soldaten Yorktown ein.

Doch ohne es zu wissen, war Cornwallis mit diesem Manöver in eine verhängnisvolle Falle getappt: Ganz unerwartet kreuzten nämlich am 30. August zwei französische Geschwader von insgesamt 34 Kriegsschiffen und 3000 Soldaten vor Yorktown auf und riegelten den Kriegshafen der Stadt an der Chesapeake Bay vollständig ab. Washington, der ursprünglich einen Angriff auf New York durchführen wollte, täuschte die geplante Attacke in dieser Situation nur noch vor und marschierte statt dessen im August und September mit 2000 amerikanischen und 5000 französischen Soldaten eilends nach Virginia, um den in Yorktown festsitzenden britischen Truppen den Rückzug ins Hinterland abzuschneiden. Da Washington weitere Hilfe anforderte, wurde die Stadt schließlich auch zur Landseite von einer Armee von 9000 französischen und 11000 amerikanischen Soldaten belagert. Als der am 10. September unternommene Entsatzversuch der englischen Flotte fehlschlug und die französische Artillerie im Oktober ein Bombardement der Stadt in Gang setzte, war das Schicksal der britischen Armee in Yorktown schnell besiegelt: Am 18. Oktober 1781 erkannte General Cornwallis die Ausweglosigkeit seiner Lage an, übergab die Stadt an die Amerikaner und willigte in die vollständige Kapitulation seiner Truppen ein.

Franklin erhielt die Nachricht von der britischen Niederlage bei Yorktown in der letzten Abendstunde des 19. November. Ein junger Besucher, der an diesem Tag zufällig in Passy zu Gast war, berichtete später, daß Franklin noch beim gemeinsamen Abendessen sehr verhalten gewesen sei, als er sich zu den Siegesaussichten der amerikanischen Armee äußern sollte. Nach Tisch sei er darüber sogar in eine geradezu melancholische Stimmung verfallen und habe den Gästen auf seiner Glasharmonika »eine schottische Hirtenweise« vorgespielt, deren Melodie die anwesenden Zuhörer »bis in die Seele durchschauert« habe. Im weiteren Verlauf des Abends habe sich Franklin dann zum stillen Bücherstudium in die Bibliothek zurückgezogen, wo er in der für ihn typischen Pose »mit dem linken Arm auf einem Tisch und seinem Kinn auf den Daumen seiner rechten Hand gestützt« verharrt sei. In dieser kontemplativen Stimmung habe er dann kurz vor Mitternacht ein Schreiben von Vergennes erhalten, in welchem der Außenminister vom gemeinsamen Sieg der »vereinten Truppen Frankreichs und Amerikas« bei Yorktown Mitteilung machte. Durch die Lektüre des Briefes »in Hochstimmung« versetzt, habe Franklin die ganze Nacht durchwacht und nur noch über das bevorstehende Ende des Krieges räsonniert.

Noch vor Morgengrauen schickte Franklin dann einen Antwortbrief an den französischen Außenminister, in dem er mit großer Erleichterung, Dankbarkeit »und unendlichem Vergnügen« den »wichtigen Sieg von York[town]« pries, der in seinen Augen die entscheidende Wende im Unabhängigkeitskrieg markierte. Von einer solch schweren Niederlage, glaubte er, würden sich die britischen Truppen schwerlich erholen, so daß dieser überwältigende Erfolg der amerikanisch-französischen Kriegskoalition »Millionen von Menschen glücklich« mache. Ein umfassender Friedensschluß mit Großbritannien sowie die völkerrechtlich abgesicherte Anerkennung der Vereinigten Staaten als freie, souveräne und unabhängige Nation war jetzt zum Greifen nahe.

9. KAPITEL

GRÜNDERVATER
1782–1790

In London löste die Nachricht von der britischen Niederlage bei Yorktown ein politisches Erdbeben aus: Das Unterhaus weigerte sich jetzt, den kostspieligen und über weite Strecken ergebnislosen Krieg gegen die Amerikaner noch länger fortzusetzen, und votierte deshalb am 27. Februar 1782 für die Einstellung aller offensiven Kampfhandlungen jenseits des Atlantik; am 20. März zog der für die Kriegspolitik verantwortliche Premierminister Lord North die entsprechenden Konsequenzen und trat von allen Regierungsämtern zurück. Da die von Lord Rockingham und Lord Shelburne angeführte neue Regierung für die sofortige Aufnahme von Friedensverhandlungen mit den Amerikanern plädierte, nahm der britische Unterhändler Richard Oswald schon am 15. April mit Franklin Kontakt auf, um in Paris in ersten Sondierungsgesprächen zu ermitteln, zu welchen Konditionen ein Frieden mit den abgefallenen Kolonien zu haben wäre.

So sehr Franklin sich über den tiefgreifenden Sinneswandel der britischen Führung freute, so reserviert verhielt er sich zunächst gegenüber Oswalds Vorschlag, einen Friedensvertrag mit Großbritannien ohne Beteiligung des französischen Außenministers auszuhandeln: »Amerika wird nur im Verbund mit Frankreich verhandeln«, entgegnete er Oswald, worauf dem britischen Unterhändler erst einmal nichts anderes übrig blieb, als gemeinsam mit Franklin nach Versailles weiterzureisen, wo Vergennes am 17. April die Briten sowie alle anderen am Krieg beteiligten Parteien zu einer großen Friedenskonferenz nach Paris einlud.

Auf der Rückreise von Versailles nach Passy redete Oswald Franklin jedoch erneut ins Gewissen und legte ihm plausibel dar, daß die Amerikaner bei internationalen Friedensgesprächen allenfalls als Juniorpartner der Franzosen agieren könnten: Da vor Abschluß eines Friedensvertrages weder Spanien noch Großbritannien die Unabhängigkeit der Vereinigten Staaten anerkennen würden, müßten die Amerikaner in der so wichtigen Phase der Vorverhandlungen darauf bauen, daß die französische Regierung stets in ihrem Sinne argumentiere, was aber niemand garantieren könne. Ein vorab ausgehandelter Separatfrieden mit Großbritannien, der den Vereinigten Staaten die dann auch völkerrechtlich anerkannte Souveränität zusichere, habe für die Amerikaner dagegen den unschätzbaren Vorteil, in den anstehenden Friedensgesprächen mit Spanien und Frankreich als völlig gleichberechtigte Macht auftreten zu können.

Da Franklin unter allen Umständen eine Situation vermeiden wollte, in der Frankreich und Großbritannien über die Köpfe der Amerikaner hinweg verhandelten, ließ er sich nach einigen Wochen doch auf Oswalds listige Offerte ein und teilte ihm mit, für geheime Friedensverhandlungen mit Großbritannien zur Verfügung zu stehen. Am 10. Juli präsentierte Franklin dem britischen Verhandlungspartner dann in schriftlicher Form die Bedingungen, welche die britische Regierung zu erfüllen habe, wenn ihr an einem gerechten Frieden gelegen sei. Um aber eine grundsätzliche Kompromißbereitschaft der Amerikaner unter Beweis zu stellen, nannte er manche Zugeständnisse, die er von den Briten erwarte, »zwingend notwendig«, andere bloß »empfehlenswert«. Als nicht verhandelbar bezeichnete er die Anerkennung der Vereinigten Staaten als unabhängige Nation und den raschen Abzug aller britischen Truppen aus Amerika. Ratsam, wenn auch nicht zwingend geboten, sei es hingegen, wenn Großbritannien Kanada an die Vereinigten Staaten abtrete, weil die Sicherung der kanadischen Südgrenze den britischen Haushalt nur unverhältnismäßig stark belasten werde. Weitaus günstiger sei es nämlich für die Briten, wenn sie mit einem freien Kanada eine florierende Handelsbeziehung unterhielten. Doch die Entscheidung über das Schicksal Kanadas liege ausschließlich in den Händen der britischen Regierung; er, Franklin, könne hier nur einen guten Rat erteilen.

Nur weil Franklin fest davon ausging, daß Kanada ohnehin kein Teil der Vereinigten Staaten werde, konnte er diese nordamerikanische Provinz – deren Erwerb ihm noch im Siebenjährigen Krieg so wichtig gewesen war – scheinbar leichtfertig zur Disposition stellen. Erstens, so glaubte er, würde die Regierung in London Kanada niemals hergeben wollen, weil diese letzte britische Bastion in Amerika zur Wahrung des eigenen Gesichts unentbehrlich war. Zweitens lag es aber auch gar nicht in Frankreichs Interesse, Kanada den Vereinigten Staaten zuzuschlagen, weil eine permanent abzusichernde amerikanisch-kanadische Grenze der beste Garant für ein dauerhaftes amerikanisch-französisches Bündnis blieb.

Als Franklin dann im Oktober die schriftliche Rückmeldung auf sein Friedensangebot in Händen hielt, stellte er mit Befriedigung fest, daß die britische Regierung genauso reagierte, wie er es erwartet hatte: An den Vertragsbedingungen, die von ihm als »zwingend notwendig« beschrieben worden waren, gab es für die Führung in London nichts zu beanstanden; Kanada aber sollte im Britischen Empire verbleiben. Da diese von Oswald übermittelte Antwort eine schnelle Einigung zwischen den Vereinigten Staaten und Großbritannien möglich machte, trafen sich alle autorisierten amerikanischen und britischen Unterhändler gegen Ende des Monats in Paris, um den genauen Wortlaut des Friedensvertrages gemeinsam auszuformulieren. Zur amerikanischen Delegation gehörten neben Franklin auch noch John Adams sowie die erst seit kurzer Zeit in Paris weilenden Kongreßmitglieder John Jay aus New York und Henry Laurens aus South Carolina. Nach einer Woche intensiver Beratungen versammelten sie sich schließlich alle am Mor-

Abb. 20 Die amerikanischen Unterhändler vor der Unterzeichnung des Friedensvertrags mit Großbritannien am 30. November 1782 in Paris: V. l. John Jay, John Adams, Benjamin Franklin, Henry Laurens und (als Sekretär) Temple Franklin. Unvollendetes Gemälde von Benjamin West, 1783.

gen des 30. November 1782 im Grand Hotel Muscovite, um den von ihnen erarbeiteten Vertragstext in Oswalds Suite zu unterzeichnen. Wie der Eröffnungssatz des Vertrages hervorhob, waren die Vereinigten Staaten damit von Großbritannien endgültig und unwiderruflich als »freie, souveräne und unabhängige« Nation anerkannt.

Franklins nicht ganz einfache Aufgabe war es nun, Vergennes von der Existenz des amerikanisch-britischen Friedensvertrages in Kenntnis zu setzen. Der Vertrag enthielt zwar eine Klausel, wonach der Pakt zwischen Briten und Amerikanern erst dann Rechtskraft erlange, wenn auch Frankreich sich mit Großbritannien auf einen Frieden verständigt habe, aber das änderte nichts daran, daß Franklin entgegen seiner ursprünglichen Absicht hinter dem Rücken des französischen Außenministers gehandelt hatte. Neben einer Abschrift des Friedensvertrags ließ er Vergennes daher am 17. Dezember auch ein Entschuldigungsschreiben zukommen, in dem er einräumte, daß er nicht gerade anständig vorgegangen sei, als er ohne Wissen der französischen Regierung ein Abkommen mit Großbritannien arrangiert habe. Doch sei die amerikanisch-britische Einigung, die »nicht gegen die Interessen Frankreichs verstoße«, die unabdingbare Voraussetzung für einen internationalen Frieden, der nun schon bald von den Vereinigten Staaten, Großbritannien, Frankreich und Spanien vereinbart werden könne und hoffentlich nicht »wegen einer einmaligen Taktlosigkeit unserer Seite« ruiniert werde. Im Interesse dieses Friedens möge Vergennes daher dem amerikanisch-britischen Pakt seine Zustimmung erteilen, ohne lange zu grollen.

Franklins wohlgesetzte Worte hatten ganz offensichtlich die gewünschte, mäßigende Wirkung, denn der französische Außenminister reagierte mit erstaunlicher Milde und Gelassenheit auf den amerikanisch-britischen Friedensvertrag. Er befand zwar, daß Franklins Verhalten »nicht sonderlich höflich« gewesen sei, aber er zeigte für die Beweggründe seines Handelns volles Verständnis: Frankreich werde den Vereinigten Staaten selbstverständlich »freundschaftlich« verbunden bleiben und nun auch so rasch wie möglich mit Spanien und Großbritannien einen Frieden schließen. Schon am 20. Januar 1783 brachten die drei großen europäischen Nationen auf Vergennes' Betreiben einen Vertragsentwurf zustande, wonach Großbritannien die Mittelmeerinsel Menorca an Spanien abtreten sollte und die westindische Insel Tobago sowie das westafrikanische Senegambien an Frankreich. Da der amerikanische Kongreß, das britische Parlament sowie die Kronen Frankreichs und Spaniens die Vertragsentwürfe noch ratifizieren mußten, wurde die feierliche Unterzeichnung des gesamten Friedenswerkes auf den 3. September anberaumt.

Die Zeit bis zum Herbst 1783 nutzte Franklin zur geistigen und körperlichen Regeneration, da er als nunmehr 76jähriger gichtkranker Mann sehr wohl verspürte, wie viele Energien ihn die unter schwierigsten Bedingungen durchgeführten Verhandlungen der zurückliegenden Monate und Jahre gekostet hatten. Zu seinen liebsten Vergnügungen zählten daher die Ausflüge, die er mit seinem jetzt 14 Jahre alten Enkel Benny Bache ans Ufer der Seine unternahm. Hier brachte der Großvater dem Jungen das Schwimmen bei, hier nahm er sich auch sonst viel Zeit für ausgelassene Spiele. Häufig ließen die beiden auf den Feldern und Wiesen bei Passy auch bunte Papierdrachen steigen. Einem Bekannten konnte Benny deshalb stolz berichten, daß sein Großvater sich sehr von anderen alten Leuten unterscheide, weil diese oft »nörglerisch und mürrisch und unzufrieden« seien, während sein »Opa« gerne »wie ein junger Kerl« lache und »lustig und fröhlich« sei.

Auch dem älteren Enkel Temple, der ihm bei den Verhandlungen mit Oswald und bei der Unterzeichnung des amerikanisch-britischen Friedensvertrags als äußerst verläßlicher Sekretär zur Seite gestanden hatte, schenkte Franklin viel Aufmerksamkeit. Mit ihm – den er zu einem versierten Diplomaten ausbilden wollte – plante er sogar eine erneute Reise »durch Deutschland«, die er ganz ausdrücklich »als Belohnung für seine treuen Dienste« verstanden wissen wollte. Daß er dann schließlich doch nicht zu dieser Tour aufbrach, lag an seinem nicht hinreichend stabilen Gesundheitszustand und der daraus resultierenden Einsicht, nicht mehr über »genügend Kraft« für ein solches Vorhaben zu verfügen.

Wenngleich Franklins Körperkräfte auch altersbedingt nachließen, seine intellektuelle Neugier blieb wach und rege wie eh und je. Aufmerksam verfolgte er die neuesten Entwicklungen auf dem Gebiet der Physik, das ihm von allen Feldern der Wissenschaft das größte Innovationspotential zu bergen schien. Da sich jetzt in Europa und Amerika viele Akademien mit wegweisenden wissenschaftlichen Experimenten befaßten, ging er davon aus, daß schon bald sensationelle Entdeckungen gemacht würden, deren Auswirkungen »wir uns gegenwärtig noch gar nicht vorstellen können«. Einem seiner alten englischen Freunde, Sir Joseph Banks, gestand er am 27. Juli 1783, daß er manchmal bedaure, zu früh geboren zu sein, »da ich

Gründervater: 1782–1790

nicht das Glück haben werde, mir das Wissen, über das wir in 100 Jahren verfügen, jemals anzueignen«.

Immerhin war ihm ein kleiner Blick in die Zukunft vergönnt, als er im Herbst einen der ersten bemannten Ballonflüge der Brüder Joseph und Etienne Montgolfier mitverfolgte. Dieser wagemutige Beginn des Zeitalters der Luftfahrt rief in ihm die unterschiedlichsten Phantasien hervor: Möglicherweise werde man dereinst Kriege aus der Luft führen, spekulierte er, vielleicht ließen sich die Menschen aber auch zu ihrem eigenen Vorteil davon überzeugen, daß Kriege inskünftig nicht mehr zu gewinnen seien, weil kein Festungswall der Welt die verschiedenen Staaten vor gegenseitigen Angriffen aus der Luft schützen könne. Doch selbst wenn der etwaige Nutzen der Heißluftballons noch nicht genau abzuschätzen war, imponierte ihm die Pionierleistung der Brüder Montgolfier schon als wertvolle Grundlagenforschung so sehr, daß er ihre Experimente gegen jeden nur möglichen Einwand verteidigte. Als beim Anblick der auf 1800 Meter Höhe schwebenden Montgolfiere jemand lauthals fragte, welchen Zweck die Erfindung des Heißluftballons denn nun habe, fragte ihn Franklin so lakonisch wie prägnant zurück: »Was ist der Nutzen eines neugeborenen Säuglings?«

Die Frage nach dem Nutzen seines nun schon sieben Jahre währenden Aufenthaltes in Frankreich beantwortete er am 3. September 1783 auf eine sehr viel eindeutigere und zugleich eindrucksvolle Weise mit der schwungvollen Unterschrift, die er unter den nun von allen beteiligten Regierungen ratifizierten amerikanisch-britischen Friedensvertrag setzte. Es war der zweite bedeutende Vertrag, den er in Paris mit großer diplomatischer Kunstfertigkeit ausgehandelt hatte, und genau wie der amerikanisch-französische Freundschafts- und Handelsvertrag war der Friedensschluß mit Großbritannien ein wichtiger Grundstein, ohne den das Fundament, auf dem die Vereinigten Staaten nun weitergebaut wurden, unsicher und schwankend geblieben wäre. So wie Washington auf dem Schlachtfeld bei Yorktown als Sieger hervorgetreten war, hatte

Franklin in Paris und Versailles auf diplomatischem Parkett entscheidende Siege errungen, die Jeffersons Unabhängigkeitserklärung von 1776 erst zu einem Dokument von bleibendem Wert werden ließen. Indem er die Regierungen der mächtigsten Staaten der Erde durch geduldige und doch zielgerichtete Verhandlungsführung auf den von ihm gewünschten Weg bugsierte, hatte er Weltpolitik gestaltet und sich als unentbehrlicher Lenker der Geschicke des noch jungen amerikanischen Staatenbundes erwiesen.

Diese Leistung war mehr als beachtlich, zumal sie ein Mann erbracht hatte, der in wenig verheißungsvollen Umständen als jüngster Sohn eines Seifensieders zu Welt gekommen war. Die bescheidenen Anfänge seiner Laufbahn wurden Franklin denn auch von Abel James, einem alten Freund aus Philadelphia, in Erinnerung gerufen. James, der das Fragment von Franklins 1771 begonnener Lebensbeschreibung kannte, bat ihn nun mit Nachdruck um die Weiterarbeit an den Memoiren: Eine Vervollständigung der *Autobiographie* werde nicht nur »für Millionen« Menschen »nützlich und unterhaltsam« sein, sondern gerade jungen Leuten die Bedeutung eines frühzeitig an den Tag gelegten »Fleißes« aufzeigen. Benjamin Vaughan, der Londoner Herausgeber von Franklins politischen und philosophischen Schriften, stieß ins selbe Horn: »Dein Leben ist so bemerkenswert«, betonte er, daß es als »nobles Beispiel« für ehrgeizige junge Leute, denen an der Verbindung von »privatem und öffentlichem Glück« gelegen sei, niedergeschrieben und hernach gründlich studiert werden müsse.

Franklin ließ sich von seinen Freunden nicht lange bitten und nahm im Frühjahr 1784 die Arbeit an der *Autobiographie* wieder auf. Auch weil er seine Mission in Frankreich für beendet hielt und neben der jetzt erforderlichen Selbstbesinnung eine gründliche Standortbestimmung vornehmen wollte, fand er an der Fortsetzung seiner Memoiren Gefallen. An welchem Punkt seines Lebens war er nun angelangt? Gab es noch immer politische Aufgaben, die auf ihn warteten, oder konnte er sich jetzt zur Ruhe setzen? Die Antwort hing jedoch nicht allein von der eigenen Entschlußfreudigkeit ab, sondern immer auch von den Weisungen des Kongresses, den er bereits zu Beginn des Jahres um seine Entlassung aus dem diplomatischen Dienst der Vereinigten Staaten gebeten hatte.

Noch dachten die amerikanischen Delegierten in Philadelphia allerdings nicht daran, ihren wichtigsten Gesandten aus Frankreich abzuberufen, weil die jetzt freien und souveränen Vereinigten Staaten ein weltweit begehrter Handelspartner geworden waren, mit dem auch die verschiedenen europäischen Länder möglichst lukrative Wirtschaftskontakte knüpfen wollten. Da sich diese Wirtschaftsbeziehungen in einem geordneten Rahmen abspielen sollten, mußten zwischen den amerikanischen Freistaaten und den einzelnen europäischen Nationen wohlüberlegte und zum Teil sehr ausgefeilte Handelsverträge geschlossen werden. Zumindest die ersten dieser bilateralen Wirtschaftsverträge sollten nun nach dem Willen des Kongresses von Franklin ausgearbeitet werden, und zwar ganz bewußt als Muster für alle späteren amerikanischen Handelsverträge.

Franklin blieb also bis auf weiteres in Paris und behandelte die Anfragen, mit denen ihn die Gesandten der verschiedenen europäischen Länder um die Aufnahme von Wirtschaftskontakten baten, mit großer Gewissenhaftigkeit und Sorgfalt. Dabei waren ihm die Angebote der kleineren europäischen Staaten nicht weniger wichtig als die Vorschläge der großen Nationen. Als einer der ersten deutschen Gesandten trat mit ihm der sächsische Diplomat Johann Hilmar Adolf von Schönfeld in Verbindung, den Franklin vor Abschluß eines amerikanisch-sächsischen Handelsvertrages persönlich um die Zusendung einer ausführlichen Liste mit sächsischen Waren bat. Auch die Gesandten Preußens und Hamburgs pflegten mit Franklin schon frühzeitig einen umfangreichen Briefwechsel, in welchem sie ihr großes Interesse an direkten Wirtschaftsbeziehungen zwischen Nordamerika und den von ihnen vertretenen Staaten zum Ausdruck brachten.

Während Franklin nun im Sommer 1784 mit bemerkenswerter Offenheit und Zuvorkommenheit auf alle Ersuchen einging, in denen er um den Aufbau amerikanisch-europäischer Handelsbeziehungen gebeten wurde, reagierte er zur selben Zeit auf einen Annäherungsversuch seines Sohnes William mit großer Zurückhaltung und Kälte: William, der im Zuge eines Gefangenenaustauschs bereits 1778 seine Freiheit zurückerlangt hatte und zunächst von New Jersey nach New York übergesiedelt war, lebte seit 1782 in London, von wo aus er seinem Vater im Juli 1784 einen langen Brief mit der Bitte um Aussöhnung sandte. Eine eigentliche Entschuldigung für sein früheres Verhalten enthielt das Schreiben an den Vater allerdings nicht. William wies lediglich darauf hin, daß er als Gouverneur von New Jersey gegen die amerikanischen Unabhängigkeitsbestrebungen vorgegangen sei, weil er dies für seine »Pflicht gegenüber meinem König« gehalten habe. »Sollte ich einen Fehler gemacht haben«, schrieb er beinahe trotzig, »kann ich ihn jetzt nicht mehr ungeschehen machen«. Dennoch bat er um ein Treffen mit dem Vater.

In Franklins Augen boten die Zeilen des Sohnes keinen überzeugenden Ansatzpunkt für eine wirkliche Verständigung. Es gebe »natürliche Pflichten«, so der Vater in seinem Antwortschreiben vom 16. August, deren Befolgung wichtiger sei als der Gehorsam gegenüber dem König. Gegen diese Pflichten habe William in eklatanter Weise verstoßen. »Nichts hat mir jemals so weh getan«, warf ihm Franklin vor, wie die schmerzlich Erfahrung, »von meinem einzigen Sohn verlassen worden zu sein«, noch dazu in einer so kritischen Lage, als »mein guter Ruf, mein Glück und mein Leben bedroht waren«. Wirkliches Vertrauen könne er ihm daher noch immer nicht entgegenbringen, weshalb er ihn auch nicht in Passy zu sehen wünsche. Erschüttert und wohl auch von der eigenen Härte und Unnachgiebigkeit überrascht, brach Franklin den Brief schließlich abrupt ab: »Dies ist ein unangenehmes Thema, und ich beende es hiermit.«

Mit großer Erleichterung nahm Franklin dagegen eine andere Nachricht auf, die ihn ebenfalls im August 1784 in Passy erreichte: Jefferson, der sich lange davor gescheut hatte, als

Diplomat nach Europa zu gehen, war soeben in Paris eingetroffen. Seine unerwartete Ankunft bot Franklin endlich die Möglichkeit, einen hochtalentierten amerikanischen Politiker in jene komplizierten Arbeitszusammenhänge einzuarbeiten, aus denen er sich selbst lieber früher als später zurückzuziehen gedachte. Und Franklin ließ diese Gelegenheit nicht ungenutzt verstreichen: Ab Mitte September speisten Franklin und Jefferson beinahe täglich zusammen, spielten Schach und diskutierten die anstehenden politischen Aufgaben. Dank Franklins wertvollen Ratschlägen bewegte sich Jefferson schon nach kürzester Zeit mit einer derartigen Gewandtheit in den politischen Zirkeln der französischen Hauptstadt, daß ihm der Kongreß bereits im Frühjahr 1785 sämtliche Amtsgeschäfte übertrug, die zuvor der Schöpfer der französisch-amerikanischen Allianz versehen hatte. Am 2. Mai wurde dann auch Franklin offiziell mitgeteilt, daß er sich hinfort von allen diplomatischen Pflichten entbunden fühlen dürfe, da Jefferson jetzt seinen Platz einnehmen werde.

Jefferson betonte zwar, daß er eine so bedeutende und einflußreiche Persönlichkeit wie Franklin niemals würde »ersetzen« können, doch scherte sich der solcherart geehrte Alte nicht um die höflichen und wohlmeinenden Worte seines um vier Jahrzehnte jüngeren Nachfolgers: Er war ganz einfach froh, die langersehnte Heimreise nach Amerika antreten zu können. Um die Situation, in der er sich jetzt befand, möglichst pointiert zu schildern, bemühte er in einem Schreiben an seine Schwester Jane eine eindringliche Metapher: »Ich habe bis in die späten Abendstunden gearbeitet; es ist an der Zeit, nach Hause zu fahren und zu Bett zu gehen.«

Als er schließlich am 12. Juli Passy verließ, »herrschte dort«, wie sein Enkel Benny berichtete, »eine traurige Stille, die nur von ein paar Seufzern unterbrochen wurde.« Vergennes, der ihm ein Abschiedsgeschenk ausgesucht hatte, ließ den Überbringer dieses Präsents ausrichten, daß »die Vereinigten Staaten niemals wieder einen so emsigen und nützlichen Diener haben werden, wie Monsieur Franklin«. Madame Helvétius übergab ihm einen Abschiedsbrief, den er erst an Bord des Schiffes lesen sollte. Darin stand zu lesen: »Komm wieder, mein teurer Freund, komm wieder zurück zu uns.«

Doch Franklin blieb auch nach seiner Ausfahrt aus dem Hafenbecken von Le Havre auf dem einmal eingeschlagenen Kurs. Nur England wollte er noch ein letztes Mal sehen. So machte sein Schiff zwischen dem 24. und 28. Juli für vier Tage in Southampton fest. Hier fanden sich Bischof Shipley, der Verleger Vaughan und einige andere zuvor benachrichtigte Freunde aus London zu einem feierlichen Abschiedsessen ein. Auch William Franklin, der erst wenige Tage zuvor von seines Vaters Kurzaufenthalt in Südengland in Kenntnis gesetzt worden war, reiste kurzentschlossen nach Southampton. Ihm wurde die Teilnahme an der Abschiedsfeier allerdings verwehrt. Wohl kam es im Beisein seines Sohnes Temple zu einer letzten Aussprache mit dem Vater, doch ebnete dieses Gespräch (über dessen Inhalt sich die drei Männer zeitlebens ausschwiegen) nicht den Weg zur Versöhnung: Der ehemalige Gouverneur von New Jersey fuhr allein nach London zurück; sein Vater hingegen segelte zusammen mit den Enkeln Benny und Temple nach Pennsylvania.

Als Franklin am 14. September 1785 in Philadelphia an Land ging, wurde er von läutenden Kirchenglocken, donnernden Kanonenböllern und einer jubelnden Menschenmenge begrüßt. Temple flossen Tränen über die Wangen; auch Franklin ließ der herzliche Empfang nicht ungerührt: »Das liebevolle Willkommen, das mir von meinen Mitbürgern bereitet wurde«, schrieb er am 21. September an Jay, »hat meine Erwartungen bei weitem übertroffen.« Seine Tochter Sally, die seit Bennys Geburt noch fünf weitere Kinder zur Welt gebracht hatte, bemühte sich, dem Vater die Eingewöhnung in die neuen Lebensumstände so angenehm wie möglich zu machen. Schon bald berichtete der dankbare Franklin seinem Freund Bischof Shipley, daß er so glücklich sei, wie er nur wünschen könne, da er in seinem Haus auf der Market Street von allen seinen Nach-

---

Gründervater: 1782–1790

kommen umgeben sei, »einer pflichtbewußten und zärtlichen Tochter und sechs Enkelkindern«.

Dieser unverhohlene Genuß des häuslichen Glücks war jedoch keinesfalls gleichbedeutend mit einem völligen Rückzug ins Privatleben. »Die behagliche Ruhe, die du mir für den Rest meiner Tage wünschst«, schrieb Franklin seinem ehemaligen Protegé Thomas Paine, »ist das, was ich wohl nicht erhalten werde.« Tatsächlich forderten ihn die Abgeordneten der pennsylvanischen Assembly bereits wenige Wochen nach seiner Ankunft in Philadelphia dazu auf, ihnen so bald wie möglich mit Rat und Tat zur Seite zu stehen. Da er, wie er mit viel Selbstironie bekannte, »nicht die Stärke hatte, diesem Ersuchen zu widerstehen«, nahm er am 18. Oktober sogar die von der Assembly betriebene Wahl zum Präsidenten Pennsylvanias an.

Als Präsident der ehemaligen Eigentümerkolonie bekleidete er zwar ein eher repräsentatives Amt und er konnte die Richtlinien der pennsylvanischen Politik nicht bestimmen, aber er achtete in seiner exponierten Stellung mit großer Sorgfalt darauf, daß die konkurrierenden Fraktionen der Assembly stets im Einklang mit der noch jungen republikanischen Verfassung Pennsylvanias handelten. Bereits 1776 war Pennsylvania in Übereinstimmung mit den Idealen der amerikanischen Unabhängigkeitserklärung eine demokratische Republik geworden, die der Familie Penn ihre bis dahin bestehenden Eigentümerrechte und -privilegien aberkannt und statt dessen allen steuerzahlenden Männern des Landes das Wahlrecht zugebilligt hatte. Einerseits waren dadurch viele politische Probleme der 1760er Jahre – die selbst Franklin nicht hatte lösen können – mit einem Streich erledigt; aber die unterschiedlichen politischen Zielsetzungen der ärmeren und reicheren Einkommensschichten Pennsylvanias blieben trotz der gravierenden konstitutionellen Neuerungen weiter bestehen: So wie sich vor 1776 Volkspartei und Eigentümerpartei in der Assembly befehdeten, trugen im neuen Parlament »Konstitutionalisten« (als Partei der Handwerker und Bauern) und »Republikaner« (als Interessenvertretung der wohlhabenderen Bürger) teilweise erbittert geführte politische Auseinandersetzungen aus. Obschon Franklin befürchtete, daß die dissentierenden Fraktionen der Assembly »zuviel« von seiner Rolle als Schiedsrichter und überparteiliche Integrationsfigur erwarteten, gelang es ihm aber in erstaunlich vielen Fällen, auf allzu heftige Wortgefechte der beiden neuen Parteien mit großer Autorität mäßigend einzuwirken.

Obwohl Franklin sich einer gewissenhaften Amtsführung befleißigte, widmete er viele Stunden des Tages der stillen Lektüre im eigenen Haus. Da seine in Frankreich beständig erweiterte Privatbibliothek mittlerweile über 4000 Bände umfaßte, die unmöglich in den Wohnräumen seiner Tochter Sally aufgestellt werden konnten, beschloß er im Frühjahr 1786, sein Haus durch einen geräumigen Anbau zu erweitern. Neben einem großzügigen Raum für seine Bücher sollte der Neubau auch einen Speisesaal beherbergen, in dem er mit der Großfamilie seiner Tochter die täglichen Mahlzeiten einzunehmen wünschte: Ganz unzweifelhaft wollte er seinen Enkeln beim gemeinsamen Essen ein ebenso unterhaltsamer und lehrreicher Gesprächspartner sein, wie es einst in Boston sein Vater Josiah für ihn und seine Geschwister gewesen war.

Die nach eigenen Plänen durchgeführten und von ihm selbst beaufsichtigten Bauarbeiten mobilisierten seine kreativen Energien in jeder nur denkbaren Hinsicht. So wählte er nicht nur die Farben für die Innenwände des Hauses aus, sondern machte auch detaillierte Vorschläge zur Herstellung hölzerner Zierleisten, die seine Bibliothek verschönern sollten. Beim Bau der Bücherschränke kam ihm eine besonders kuriose Idee: Weil er in seinem fortgeschrittenen Alter beim Besteigen einer Leiter oder eines Hockers allzu häufig »von einem heftigen Schwindel geplagt« wurde, entwickelte er einen mechanischen Arm aus Holz, der ihm das Herausgreifen von Büchern aus besonders hohen Regalen erleichtern sollte. Seiner Schwester gestand er, daß die von ihm mit viel Liebe zum Detail betriebene Ausstattung der neuen Bibliothek zwar »kaum zu rechtfertigen« sei, weil er ja gewiß nicht mehr lange

---

Gründervater: 1782–1790   289

zu leben habe und die neuen Räumlichkeiten ohnehin bald wieder verlassen müsse. Doch fügte er diesen entschuldigenden Worten hinzu, daß wir eben dazu neigten, »unser wahres Alter zu vergessen«, und »Bauarbeiten« seien nun einmal ein unvergleichliches »Amüsement«.

Weit weniger vergnüglich als Franklins Bibliotheksneubau verlief der Ausbau des republikanischen Verfassungssystems der Vereinigten Staaten, denn die im Kongreß versammelten Politiker hatten auch im Sommer des Jahres 1786 noch nicht geklärt, ob das unabhängig gewordene Amerika, das sich seit 1776 als eine lose Konföderation souveräner Einzelstaaten verstand, zu einem zentral regierten Bundesstaat weiterenwickelt werden sollte. Da alle wichtigen Entscheidungen des Kongresses von mindestens 9 der 13 amerikanischen Gründerstaaten gebilligt werden mußten, dieses Quorum aber aufgrund der oftmals widerstreitenden Interessen der Einzelstaaten selten genug erreicht wurde, war die amerikanische Regierung in vielen politischen Fragen nicht ausreichend handlungsfähig. Als sich bei einer am 11. September im virginischen Annapolis abgehaltenen Wirtschaftskonferenz die Delegationen aus New York, New Jersey, Pennsylvania, Delaware und Virginia über grundlegende »Fragen von Handel und Verkehr der Vereinigten Staaten« zerstritten, beschloß die Rumpfkonferenz auf Betreiben der Delegierten Alexander Hamilton und James Madison, zu einem neuen Konvent nach Philadelphia einzuladen, der sich nicht auf Handelsfragen beschränken, sondern die Verfassung der Konföderation einer genauen Prüfung unterziehen sollte. Ziel war es, die politische Organisation der Vereinigten Staaten »den Erfordernissen der Union anzupassen«. Diesem Begehren stimmte am 21. Februar 1787 auch der Kontinentalkongreß zu.

Als sich der Verfassungskonvent im Mai 1787 konstituierte, gehörte auch Franklin als Delegierter des Staates Pennsylvania zu den insgesamt 42 Teilnehmern. Mit seinen 81 Jahren war er das mit Abstand älteste und erfahrenste Konventsmitglied: Während allein schon der zweitälteste Delegierte ganze fünfzehn Jahre jünger war, betrug das Durchschnittsalter der anderen Konventsmitglieder nicht einmal 40 Jahre. An Ausstrahlung und Bedeutung kam ihm nur George Washington gleich, der erst spät im April seine Teilnahme an den Beratungen in Philadelphia zugesagt hatte. Um die Delegierten zu einer möglichst einstimmigen Wahl ihres Vorsitzenden zu bewegen, verzichtete Franklin auf eine eigene Kandidatur und schlug statt dessen vor, das so wichtige Amt dem von ihm hochgeschätzten Washington anzutragen. Diese Entscheidung wurde von den Teilnehmern des Konvents als außerordentlich noble Geste gewürdigt, zumal, wie Madison anmerkte, »nur Dr. Franklin ein ernsthafter Konkurrent« des Generals gewesen wäre.

Washington wurde denn auch einmütig zum Vorsitzenden des Verfassungskonvents gewählt, doch verlieh Franklins bloße Gegenwart der Versammlung eine ganz eigene Würde. Gerade die jüngeren Delegierten zeigten sich von seinem so gelassenen wie charismatischen Auftreten zutiefst beeindruckt: »Er stellt täglich eine erhabene Güte zur Schau«, bemerkte Benjamin Rush, der gemeinsam mit Franklin den Staat Pennsylvania vertrat. Die Rolle der allseits anerkannten Vaterfigur füllte Franklin aber nicht nur im Konvent mit einer großen Selbstverständlichkeit aus: Immer wieder lud er in den Beratungspausen kleinere Gruppen von Delegierten zu sich nach Hause ein, wo er sie in seinem Garten im Schatten eines mächtigen Maulbeerbaums mit Tee und Gebäck bewirtete. Serviert wurden die Leckereien von Franklins Tochter Sally, deren jüngste Kinder sich stets ungefragt vom Teller ihres Großvaters bedienten, ohne dafür gemaßregelt zu werden. Einer der Gäste bemerkte dazu, daß Franklins Enkel zwar nie auf ihre Mutter zu hören schienen, »doch ungemein vernarrt in ihren Großpapa« waren.

Das Eintauchen in eine derartige Idylle war für die Delegierten gewiß eine willkommene Abwechslung, die sie erfrischt zu ihren anstrengenden und konfliktreichen Sitzungen zurückkehren ließ, welche im State House von Pennsylvania den ganzen Sommer über unter striktem Ausschluß der Öffentlichkeit abgehalten wurden. Wie nicht anders zu erwarten, entzündeten sich die lebhaftesten Debatten im Verfassungskonvent an der Frage, ob die Vereinigten Staaten ihre eher schwache Exekutive beibehalten oder eine starke Zentralregierung schaffen sollten. Nach intensiven Beratungen konnten sich schließlich die Befürworter einer handlungsstarken Bundesregierung durchsetzen, weil sie überzeugend darlegten, daß eine von allen Amerikanern gemeinsam gewählte Staatsführung, die sich regelmäßig zur Wiederwahl stellen müsse, letztlich immer auch die Interessen der Einzelstaaten berücksichtigen werde. So schufen die Konventsmitglieder ein neues Präsidentenamt, das nach dem Vorbild des Gouverneurs als eine mit großen Vollmachten ausgestattete Einpersonenexekutive gestaltet wurde.

Um das von allen Konventsteilnehmern beschworene Prinzip der Volkssouveränität vollständig zur Geltung gelangen zu lassen, sollte der Präsident der Vereinigten Staaten nicht von den Assemblies der Einzelstaaten gewählt werden, sondern von direkt gewählten Wahlmännern. Die Machtfülle des Präsidenten, dem die Rolle des Oberkommandierenden und ein Veto in der Gesetzgebung zugestanden wurde, war zwar vergleichsweise groß, aber er mußte sich durch eine Wahl, die nach Ablauf seiner auf vier Jahre begrenzten Amtszeit stattfinden sollte, im Amt bestätigen lassen, wenn er über einen längeren Zeitraum hinweg amerikanischer Regierungschef bleiben wollte.

Keine Einigung brachten die Delegierten zustande, als mehrere Konventsmitglieder am 21. August den Antrag stellten, dem Handel mit afrikanischen Sklaven ein sofortiges Ende zu bereiten, weil diese Praxis mit den freiheitlichen Prinzipien der Unabhängigkeitserklärung unvereinbar und »für den amerikanischen Ruf unehrenhaft« sei. Es waren vornehmlich die Repräsentanten der Südstaaten, die ein Verbot des Sklavenimports rigoros ablehnten. Nach ihrer nahezu einmütig vorgetragenen Meinung war die Landwirtschaft der Südstaaten bis auf weiteres von der Sklavenarbeit abhängig, so daß ein Einfuhrverbot afrikanischer Sklaven geradezu zwangsläufig den wirtschaftlichen Ruin des Südens nach sich ziehen werde. Weil sich das Problem des Sklavenimports also vorerst nicht lösen ließ, klammerten die Delegierten diesen unrühmlichen Gegenstand kurzerhand aus den weiteren Verhandlungen des Konvents aus und legten statt dessen fest, daß sich der Kongreß erneut und abschließend im Jahr 1808 mit dem Thema befassen sollte.

Als dem Konvent dann im September 1787 der komplette Entwurf einer neuen Verfassung der Vereinigten Staaten vorlag, war jedem einzelnen Delegierten klar, daß es sich bei dem gemeinsam erarbeiteten Dokument um einen Text handelte, der neben vielen großartigen Passagen auch einige Schwachstellen enthielt. Franklin war der erste, der dies am letzten Verhandlungstag, dem 17. September, auch vor dem versammelten Konvent aussprach: »Ich bekenne, daß diese Verfassung verschiedene Teile enthält, die ich im Augenblick nicht billige.« Dennoch bat er die Delegierten eindringlich, der neuen Verfassung die notwendige Zustimmung zu erteilen, weil sie im großen und ganzen eine tragfähige Grundlage für das friedliche Zusammenleben aller amerikanischen Bürger abgebe.

Ohnehin bezweifelte er, »daß ein anderer Konvent, der zusammengerufen werden könnte, eine bessere Verfassung machen würde«. Denn wenn man eine größere Gruppe von Männern versammle, um ihre vereinte Weisheit zu nutzen, dann versammle man »unweigerlich auch ihre Vorurteile, ihre Leidenschaften, ihre Irrtümer, ihre lokalen und ihre eigenen Interessen«. Könne man, fragte er, »von solch einer Versammlung etwas Vollkommenes erwarten?« Jeder Delegierte müsse also bereit sein, bestimmte Kompromisse einzugehen, wenn er nicht gerade von seiner eigenen Unfehlbarkeit so überzeugt sei »wie eine gewisse Französin, die einmal bei einem Streit mit ihrer Schwester ausrief: ›Ich weiß nicht, wie es kommt, Schwester, aber ich kenne niemanden außer mir selbst, der immer recht hat‹«. Er hoffe daher inständig, »daß wir um unserer selbst als Teil des Volkes und um der Nachwelt willen diese Verfassung entschlossen und einmütig empfehlen werden«.

Gründervater: 1782–1790

Franklins leidenschaftliche und rhetorisch meisterhafte Rede überzeugte nahezu alle Konventsmitglieder, so daß letztlich am Ende nur drei Delegierte gegen die Annahme der Verfassung stimmten. Als die 39 Befürworter des Verfassungswerks der Reihe nach ihre Unterschriften unter die Urkunde setzten, lenkte Franklin die Aufmerksamkeit der versammelten Männer auf das Relief einer Sonne, die in die Lehne des Stuhls geschnitzt war, auf dem der Vorsitzende Washington saß. Viele Künstler, so Franklin, hätten große Schwierigkeiten, auf ihren Bildern den Unterschied zwischen einer aufgehenden und einer untergehenden Sonne deutlich genug herauszuarbeiten. Auch er habe sich im Verlauf der vergangenen Monate mehr als einmal gefragt, ob die Sonne auf Washingtons Stuhl im Aufsteigen oder im Untergehen begriffen sei. Nun, da die amerikanische Verfassung die Zustimmung der überwältigenden Mehrheit der Delegierten gefunden habe, wisse er, »daß es eine aufgehende und keine untergehende Sonne ist«, die den Vereinigten Staaten eine glückliche Zukunft verheiße.

Nach Franklins eigenem Ermessen war die Annahme der neuen amerikanischen Verfassung, die auch er mit seiner Unterschrift besiegelte, die Krönung seiner nunmehr 50jährigen Laufbahn als Politiker und Staatsmann. Niemand außer ihm konnte von sich sagen, daß er alle vier Gründungsdokumente der Vereinigten Staaten mitgestaltet und unterzeichnet hatte: Die Unabhängigkeitserklärung von 1776, den französisch-amerikanischen Freundschafts- und Handelsvertrag von 1778, den amerikanisch-britischen Friedensvertrag von 1782/3 und die Unionsverfassung von 1787. Wenn also ein Politiker mit Fug und Recht als »Gründervater« des ersten modernen freiheitlichen Bundesstaates bezeichnet werden durfte, dann war es ohne irgendeinen Zweifel Franklin. Um die Bedeutung dieser beeindruckenden Lebensleistung wußte er selbst sehr genau: Wie schon nach dem amerikanisch-britischen Friedensschluß griff er daher auch jetzt wieder zur Feder, um seiner *Autobiographie* weitere Kapitel hinzuzufügen.

Der erste Teil seiner Memoiren, der 1771 in England entstanden war, umfaßte 87 Manuskriptseiten; 1784 waren die Lebenserinnerungen in Passy auf über 100 Seiten angewachsen. Jetzt, da er beinahe täglich und während des größten Teils des Jahres 1788 an der *Autobiographie* weiterarbeitete, kamen weitere 119 Seiten hinzu. Dennoch gelangte er mit seiner Lebensbeschreibung nicht über das Jahr 1757 hinaus; auch die Schilderung seiner ersten fünf Lebensjahrzehnte blieb lückenhaft. Für Franklin selbst stellte die selektive Darstellung seines Werdeganges allerdings kein Problem dar, wollte er doch vornehmlich jungen Leuten vorführen, wie man, »aus der Armut kommend«, in Amerika den gesellschaftlichen Aufstieg schaffen konnte. So gestand er Vaughan ganz freimütig, daß er in seiner *Autobiographie* alle »Ereignisse und Handlungen auslasse«, die »dem jungen Leser nicht von Nutzen sind«. Ergänzung, Fortführung oder Neudeutung seiner Lebensbeschreibung überließ er daher getrost den späteren Biographen.

Als dann am 14. Oktober 1788 seine Amtszeit als Präsident von Pennsylvania endete und er sich kein weiteres Mal für diesen Posten zur Verfügung stellte, war dies ein deutliches Signal, daß er nun auch das Feld der offiziellen Politik vollständig räumen und den jüngeren Nachfolgern überlassen wollte. Ein Sinneswandel trat auch dann nicht mehr ein, als im Herbst 1788 die Ratifizierung der neuen Verfassung amtlich wurde und somit ein geeigneter Kandidat für das nun erstmals zu bekleidende Amt des Präsidenten der Vereinigten Staaten gesucht wurde: Neben dem schließlich nominierten Washington hätte dies sinnvollerweise nur Franklin sein können, doch er fühlte sich jetzt zu alt und zu krank, um ein solch wichtiges Amt über vier Jahre hinweg mit der nötigen Konzentration und Entschlußfreudigkeit ausfüllen zu können. Als Washington im folgenden Frühjahr die Präsidentenwahl mit den Stimmen aller 69 Wahlmänner gewann, gratulierte Franklin ihm nicht nur von Herzen, sondern beklagte in seinem Glückwunschschreiben auch den eigenen körperlichen Verfall: »Um mir Erleichterung zu verschaffen«, bekannte der schwer gichtkranke Franklin dem ersten Präsidenten der Vereinigten Staaten, »hätte ich schon vor zwei Jahren sterben sollen«, da »ich in den beiden zurückliegenden Jahren gräßliche Schmerzen ausgestanden habe«.

Dieser larmoyante Ton war neu und durchaus untypisch für Franklin, der sich in seinem bisherigen Leben niemals als Hypochonder aufgeführt, sondern auch in Schwächephasen stets auf Selbstmitleid verzichtet und eher einen gesunden Optimismus verbreitet hatte. Die Klage über seine Gebrechlichkeit zeigte also deutlich an, wie schlecht es ihm ging. Als ihn im Sommer 1789 dann auch noch Nierensteine plagten, suchte er sich durch die Einnahme von Laudanum, einer Tinktur aus Opium und Alkohol, etwas Linderung zu verschaffen: »Ich bin durch ganz außerordentliche Schmerzen derart gepeinigt«, schrieb er Vaughan nach London, »daß ich nun dazu genötigt bin, Opium zu nehmen«, was aber betrüblicherweise zur Folge habe, »daß ich kaum noch über Zeit verfüge, in der ich etwas schreiben kann«.

Obwohl Franklin nun fest davon überzeugt war, daß er nur noch wenige Monate zu leben hatte, nahm er noch einmal alle seine Kräfte zusammen, um seinem Enkel Benny Texte in die Feder zu diktieren, die er als sein politisches Vermächtnis verstanden wissen wollte. Vor allem die jüngeren, nachwachsenden Politiker wollte er ermahnen, im Kampf gegen die Sklaverei nicht nachzulassen. Er hatte zwar selbst zur Annahme der neuen Verfassung aufgerufen, obwohl diese Urkunde nicht zum sofortigen Verbot des Sklavenimports aufrief, aber er war damit ganz bewußt einen Kompromiß eingegangen, der nur für den Moment taugte: Da es im Jahr 1787 in erster Linie darum gegangen war, den Gründungsakt der Vereinigten Staaten zu vollenden, hatte er sich zum Zwecke der Einbindung der Südstaaten bereit erklärt, erst in zehn Jahren über die Beendigung der Sklaveneinfuhr neu zu verhandeln. Damit es dann aber auch sicher dazu kam, mußte sich im Bewußtsein und in den Herzen der Menschen das Gefühl festsetzen, daß die Existenz von Sklavenarbeit in den

Vereinigten Staaten ein durch nichts zu beschönigender Skandal war.

Franklin verfaßte also im Herbst des Jahres 1789 mehrere Essays, in denen er die Sklaverei als »eine grauenhafte Erniedrigung der menschlichen Natur« geißelte, mit der man sich nicht dauerhaft abfinden dürfe. Ganz im Gegenteil müsse die vollständige »Emanzipation der Schwarzen« so rasch wie möglich als »nationale Aufgabe« der Vereinigten Staaten begriffen werden, um auch »das Glück dieser unserer vernachlässigten Mitgeschöpfe zu befördern«. Die Bundesregierung habe deswegen in naher Zukunft dafür zu sorgen, daß die Schwarzen endlich die selbstverständlich auch ihnen zustehenden »bürgerliche Freiheiten« erhielten. Weil Franklin jedoch davon ausging, daß die bislang »wie Vieh behandelten« Sklaven sich im Falle ihrer Freisetzung nur unter größten Schwierigkeiten in eine Gesellschaft integrieren lassen würden, auf deren Lebensweise sie überhaupt nicht eingestellt waren, mußte eine planmäßige Sklavenbefreiung von eigens dafür geschaffenen »Bürgerkomitees« vorbereitet und begleitet werden: Immerhin waren von den 4 Millionen Einwohnern, die 1789 auf dem Gebiet der Vereinigten Staaten lebten, annähernd 700 000 Menschen Sklaven.

Da Franklin noch immer an der seit frühester Jugend gehegten Auffassung festhielt, daß gravierende Versäumnisse der offiziellen Politik durch das Engagement einer selbstbewußten Bürgerassoziation zumindest in Teilen wett gemacht werden konnten und mußten, rief er seine amerikanischen Mitbürger zur Unterstützung jener »Gesellschaft zur Abschaffung der Sklaverei« auf, die schon 1775 von philanthropischen Quäkern in Philadelphia gegründet worden war und deren Vorstand er seit 1787 auch selbst angehörte. Mit Hilfe großzügiger Spenden, so Franklin, würde diese Gesellschaft nicht nur wirkungsvoll gegen den Fortbestand der Sklaverei Stimmung machen können, sondern auch Komitees gründen, die sich dann zu gegebener Zeit mit der »Beaufsichtigung des Schulunterrichts freier schwarzer Kinder und Jugendlicher« und der Suche nach einer »dauerhaften Anstellung für die freien Schwarzen« befassen sollten.

Wiewohl Franklin wußte, daß eine vollständige Freisetzung der Schwarzen in den Vereinigten Staaten nicht über Nacht zu haben war, konnte er nicht voraussehen, welch gewaltige Mühen und Opfer das Projekt der Sklavenbefreiung die Amerikaner im Folgejahrhundert noch kosten würde. Ebenso verschlossen blieb ihm der Blick auf die tragische Radikalisierung der Französischen Revolution, von deren vielversprechenden Anfängen er erstmals im November 1789 unterrichtet wurde und von der er hoffte, »daß sie genauso glücklich enden möge«, wie die Freiheitsbestrebungen der Amerikaner. Auch für das übrige Europa wünschte er sich eine weitere Ausbreitung des »Feuers der Freiheit«, so daß dort dereinst »jeder Liebhaber der Freiheit« an allen Orten »ein Vaterland« finden werde.

Als Franklin dann mit Beginn des Jahres 1790 beständig das Bett hüten mußte, richteten sich seine Gedanken allerdings kaum noch auf die zukünftige politische Verfassung Amerikas oder Europas, sondern auf seine himmlische Heimstatt, an die er glaubte und die ihm nun trostreich vor Augen stand. Angst machte ihm der bevorstehende Tod wegen der gläubigen Erwartung eines neuen, zukünftigen Lebens nicht: Schon 1784 hatte er einem Freund anvertraut, daß »der Tod für unsere Gesundheit so nötig« sei »wie der Schlaf«, da wir dereinst »wie an einem neuen Morgen erfrischt auferstehen werden«. Allein die Aussicht auf ein qualvolles Siechtum hielt für ihn Schrecken bereit, doch haderte er in dieser Situation nicht mit dem Schicksal, sondern versuchte, seine Pein mit Geduld zu ertragen: »Wer lange lebt und den Lebensbecher bis auf den Grund austrinken will«, schrieb er, »muß sich auch hier auf die Hefe gefaßt machen, und bedenke ich die Menge furchtbarer Krankheiten, denen der Mensch unterworfen ist, so schätze ich mich immer noch glücklich, nur Stein und Gicht zu haben«.

Am 9. März 1790 verfaßte er ein letztes persönliches Glaubensbekenntnis, mit dem er sich auf sein nahes Ende vorbereitete: »Ich glaube an einen Gott«, bekannte er, »den Schöpfer des Universums, der die Welt durch seine Vorsehung regiert«. Der schönste und redlichste Dienst, den wir diesem verehrungswürdigen Gott erweisen könnten, sei das stete Bestreben, »seinen Kindern Gutes zu tun«. Da die Seele des Menschen unsterblich sei, werde sie deshalb auch von Gott »im anderen Leben, unter Berücksichtigung ihres Verhaltens in diesem Leben, mit Gerechtigkeit gerichtet«. Dieses Gericht Gottes – da war sich Franklin sicher – werde er im übrigen »schon bald kennenlernen«.

Tatsächlich brachte der April eine rapide Verschlechterung seines Gesundheitszustands mit sich: Franklin litt nun zusätzlich unter einer Brustfellentzündung, hatte hohes Fieber und heftige Schmerzen in der Lunge. Als seine Tochter ihm den Wunsch ins Ohr flüsterte, daß er sich wieder erholen und noch viele Jahre leben möge, entgegnete er nur schwach: »Ich hoffe nicht«. Um ihm zumindest das Atmen zu erleichtern, schob Sally ihrem Vater eine Reihe von Kissen unter Kopf und Schultern, was diesem aber auch nur einen resignativen Kommentar entlockte: »Einem sterbenden Menschen«, sagte er seiner Tochter, »fällt nichts *leicht*«. Am Morgen des 17. April verlor Franklin dann das Bewußtsein. Seine Enkel Temple und Benny, die an diesem Tag bei ihm war, ergriffen daraufhin die Hand des dahinscheidenden Großvaters und hielten sie über Stunden. Am Abend, kurz nach Sonnenuntergang, hauchte der 84jährige Franklin endgültig sein Leben aus.

Als sich die Nachricht von seinem Tod in Philadelphia verbreitete, kehrte in der gesamten Stadt tiefe Trauer ein: Alle Glocken wurden gedämpft und selbst die Zeitungen wurden mit schwarzen Rändern ausgegeben. Am 21. April trugen 20 000 Einwohner Philadelphias den Leichnam ihres großen Mitbürgers zu Grabe: Auf dem Friedhof der Christ Church-Gemeinde wurde Franklins sterbliche Hülle neben den Gebeinen seines jung verstorbenen Sohnes Francis und seiner Frau Deborah unter Geschützdonner beerdigt. Auf die marmorne Grabplatte, mit der Franklins letzte Ruhestätte versiegelt wurde, meißelte ein Steinmetz gemäß der letzwilligen Verfügung des Toten die schlichten Worte »Benjamin und Deborah Franklin« ein.

Später wurde in Franklins Nachlaß allerdings noch eine andere Grabschrift entdeckt, die er bereits als 22jähriger für sich entworfen hatte. Dieses an Anmut, Witz und Schönheit kaum zu überbietende Epitaph lautet:

> Hier liegt der Leib des
> B. Franklin, Buchdrucker,
> Gleich dem Deckel eines alten Buches,
> Aus dem der Inhalt herausgenommen,
> Und der seiner Inschrift und Vergoldung beraubt ist,
> Eine Speise für die Würmer;
> Doch wird das Werk nicht verloren gehen,
> Sondern, wie er glaubt, dereinst wieder erscheinen,
> In einer neuen & sehr schönen Ausgabe,
> Durchgesehen und verbessert
> Vom Autor.

Epilog

FRANKLINS POLITISCHES TESTAMENT

In seinen letzten, schmerzensreichen Lebensmonaten, die jedoch zugleich von einer hoffnungsfrohen Erwartung des Jüngsten Gerichts geprägt waren, hatte Franklin als Patriarch einer vielköpfigen Familie auch im Detail verfügt, wie sein irdischer Besitz nach seinem Ableben unter den Kindern und Enkeln aufgeteilt werden sollte:

Seiner Tochter Sally und ihrem Ehemann Richard Bache vermachte er sein gerade erst umgebautes und erweitertes Haus in der Market Street in Philadelphia; William, seinem lange Zeit abtrünnigen Sohn, vererbte er hingegen nur das Vorkaufsrecht auf ein wertloses Stück Land in Kanada (Die unrühmliche Rolle, die William zu Beginn des amerikanischen Unabhängigkeitskrieges als Widerpart seines Vaters gespielt hatte, wurde von Franklin in seinem Testament vom 23. Juni 1789 als Grund dafür angeführt, daß sein Sohn »sonst nichts« von ihm zugesprochen bekam); Temple erbte und verwaltete Franklins schriftlichen Nachlaß, auf dessen Grundlage er dann im Jahr 1817 eine sehr erfolgreiche und finanziell einträgliche Ausgabe vieler bis dahin unveröffentlichter Texte seines Großvaters veranstaltete; Benny Franklin Bache, der zweitälteste Enkel, erhielt Franklins kostbare Bibliothek – als Drucker und Herausgeber der populären Zeitschrift »The American Aurora« stellte Benny später eindrucksvoll unter Beweis, daß sein Großvater ihn völlig zu Recht als das literarisch begabteste und interessierteste Enkelkind eingeschätzt hatte.

Neben seiner Familie bedachte Franklin allerdings auch noch ganz andere Personenkreise mit einem nicht unerheblichen Teil seines Vermögens: So legte er im Kodizill zu seinem Testament fest, daß die 2000 Pfund, die er zwischen 1785 und 1788 als Präsident Pennsylvanias verdient hatte, den finanziellen Grundstock einer gemeinnützigen Stiftung für »junge Männer«, die ihrem Land dereinst »gute Dienste leisten können«, abgeben sollten. Geschickten und fleißigen Handwerkern, denen die Mittel zur Gründung eines eigenen Geschäftes fehlten, sollte aus diesem Fond auf schnelle und unbürokratische Weise ein mit nur geringen Zinsen versehenes Darlehen gewährt werden. Verwaltet werden sollte die Stiftung vom Magistrat seines Geburtsortes Boston und von den Stadtvätern seiner Wahlheimat Philadelphia.

Nicht nur, weil Franklin sich stets mit Dankbarkeit daran erinnerte, daß ihm als junger Mann auch selbst mehrfach von Freunden und Gönnern in entscheidender Weise geholfen worden war, sondern weil er (wie er im Testament hervorhob) »auch noch nach meinem Tod nützlich sein« wollte, hatte er die Einrichtung eines Fonds für junge Handwerker noch in seinem letzten Lebensjahr mit Nachdruck betrieben. Mit der für ihn so typischen Freude am Detail rechnete er vor, daß den beiden Städten Boston und Philadelphia nach 200 Jahren jeweils 4 Millionen Pfund zur Beförderung talentierter junger Menschen zur Verfügung stehen würden.

Franklins Rechnung ging nahezu komplett auf: Am 17. April 1990 war der von Boston verwaltete Teil des Fonds auf 5 Millionen Dollar angewachsen, eine Summe, die in etwa der Kaufkraft von 3,5 Millionen Pfund des Jahres 1790 entsprach; der Finanzwert des weniger gut betreuten Fonds in Philadelphia belief sich zum selben Zeitpunkt auf immerhin 2,3 Millionen Dollar. Bis auf den heutigen Tag werden aus den von Franklin eingerichteten Fonds Stipendien an begabte junge Studenten vergeben, Männer und Frauen, von denen innovative Leistungen auf den Gebieten der Naturwissenschaft und Technik zu erwarten sind.

Franklins Wunsch, auch über seinen Tod hinaus nützlich zu sein, ist also in bemerkenswerter Weise erfüllt worden: Neben einem ganz handfesten materiellen Nutzen, den die Stipendiaten der von ihm angelegten Fonds Jahr um Jahr genießen, behalten vor allem auch seine Erfindungen, die – wie der Blitzableiter oder die bifokale Lesebrille – noch heute in Gebrauch sind, für eine unübersehbare Vielzahl von Menschen einen ganz praktischen Wert. Von noch größerem Nutzen als seine Erfindungen oder die von ihm begründeten Institutionen und Stiftungen dürfte allerdings die je neue Auseinandersetzung mit seinem so respektgebietenden wie mutmachenden Lebensgang sein. Schon Georg Forster schrieb in diesem Sinne im Jahr 1790 über Franklin: »So lange das Menschengeschlecht der Macht des Beispiels bedarf wird dieser Mann leben und wirken«.

In der Tat zeigt Franklins Biographie in exemplarischer Weise, welch eine persönlichkeitsbildende und gesellschaftsverändernde Kraft aus der Besinnung auf ein konsequent eigenverantwortliches Tätigsein erwachsen kann. Den dazu erforderlichen Willen, auch in schwierigsten Umständen Eigeninitiative zu entwickeln, um sich selbst und seinen Mitbürgern ein besseres Leben zu ermöglichen, hat Franklin nahezu täglich unter Beweis gestellt. Dabei waren ihm kleine Schritte auf dem Weg zur Verbesserung des gesellschaftlichen Alltags nicht weniger wichtig als die aufsehenerregenden politischen Erfolge.

Genügen oder gerecht werden konnte Franklin diesen selbstgestellten Ansprüchen allerdings nur, weil er sich stets ein Wissen um die Grenzen des menschlich Möglichen und Machbaren bewahrte und das Gelingen der eigenen Lebensentwürfe zu einem entscheidenden Teil von der Gunst des Schicksals abhängig machte. Somit ließe sich von Franklin eben auch eine heilsame Gelassenheit lernen, ohne die sich selbst ein willensstarker und fleißiger Mensch leicht in unlösbare Aporien verstricken kann. Franklin bezog seine Gelassenheit und Geduld aus der Zuversicht, daß ein gütiger Gott – den er sich nicht gemäß den engen dogmatischen Vorgaben einer einzigen Konfession vorstellte, sondern als gemeinsamen Vater aller Menschen begriff – die fragmentarischen Leistungen jedes einzelnen Mannes, jeder einzelnen Frau, nach seinem unerforschlichen Ratschluß ergänzen und vollenden würde. Auf der Grundlage dieses Menschenbildes und Gottesverständnisses formulierte Franklin im *Poor Richard's Almanack* den für seine Lebenseinstellung so typischen Satz: »Gott hilft denen, die sich selbst helfen«.

So individualistisch Franklins Ethos des selbstverantwortlichen Handelns seiner Anlage nach war, so sehr blieb es in seiner Zielsetzung doch aufs Gemeinwohl bezogen. Denn das aus seiner puritanischen Herkunft und Erziehung zu erklärende Bestreben, unablässig für die öffentliche Wohlfahrt tätig zu sein und neben der Beförderung des eigenen Wohlstandes auch stets Lebensqualität und Bildungschancen der Mitbürger zu erhöhen, zeichnete Franklin sein Leben lang aus. Gerade weil sein Handeln seit frühester Jugend auf die Gesellschaft ausgerichtet blieb, in der er lebte und als deren wichtiges Glied er sich verstand, war die ihm gemäße Form des politischen Engagements der spontane und freiwillige Zusammenschluß gleichgesinnter Mitbürger, denen daran lag, soziale Mißstände auch ohne Unterstützung staatlicher Behörden möglichst rasch und effektiv zu beheben. In gewisser Weise verstand Franklin die politische Organisationsform der Bürgerinitiative sogar als Lebenselixier jedes freiheitlich verfaßten Gemeinwesens, als Inspirationsquelle und Motor wichtiger gesellschaftlicher Reformprozesse, die letztlich die offizielle Politik eines Staates in beträchtlichem Maße beeinflussen konnte.

Doch trotz der offenkundigen Vorzüge von Bürgerassoziationen kam es Franklin niemals in den Sinn, den manchmal recht umständlichen und langwierigen Prozeß der parlamentarischen Entscheidungsfindung im Verfassungsgefüge einer repräsentativen Demokratie als politisch weniger bedeutsam einzustufen. Für ihn, der in seiner Karriere 50 Jahre lang wechselnde politische Ämter bekleidete, waren die Arbeit von Parlamenten und die Aktionen von Bürgerinitiativen zwei zwar unterschiedliche, doch einander ergänzende Wege, um im Rahmen einer demokratischen Gesellschaftsordnung zur politischen Willensbildung zu gelangen.

Wenn nun Franklins Betonung des eigenständigen Handelns, sein Gottvertrauen, seine Mitarbeit in zahllosen Bürgerassoziationen und sein leidenschaftliches Eintreten für die freiheitliche Regierungsform der parlamentarischen Demokratie als typisch amerikanische Einstellung zu Staat und Gesellschaft zu verstehen ist, dann sollte sich jeder, der Franklin noch heute als Vorbild begreift, eine in seinem Sinne fortgesetzte Amerikanisierung auch unseres Landes wünschen. Schon Goethe – der Franklin als wichtigsten Repräsentanten des fortschrittlichsten Staates seiner Zeit verehrte – hoffte ganz ausdrücklich, daß das amerikanische Politikverständnis auch in Deutschland möglichst viele Anhänger finden werde: Als er nämlich in *Wilhelm Meisters Lehrjahre* Lothario anläßlich seiner Rückkehr aus den Vereinigten Staaten sagen ließ, Amerika sei »hier oder nirgend«, war dies nicht, wie immer wieder behauptet, Zeichen seines Desinteresses an den USA, sondern die Aufforderung, daß das, was Amerika verkörpert, ›hier‹, und das heißt überall, zu verwirklichen ist. Sollte nun abschließend eine Antwort auf die eingangs gestellte Frage gegeben werden, ob Franklins Lebenswerk noch heute und auch für uns von Bedeutung ist, dann ließe sich wohl am treffendsten in Anlehnung an Goethe sagen: Hier oder nirgends ist Benjamin Franklins Amerika.

AUSGEWÄHLTE LITERATUR

Schon Johann Erich Biester und Johann Gottfried Herder, die sich bereits im ausgehenden 18. Jahrhundert die Popularisierung von Franklins Lebensgeschichte auf die Fahnen schrieben, wollten mit ihren publizistischen Aktivitäten letztlich vor allem eines erreichen: Daß nämlich ihre mit Franklins Lebensgang bekannt gemachten Leser anschließend auch viele Originaltexte des großen Amerikaners zu studieren begehrten, daß man »*ihn* lese«. Nichts anderes wünscht sich auch der heutige Biograph: Wer immer sich für Franklin interessiert oder zu interessieren beginnt, dem sei die aufmerksame Lektüre seiner stilistisch meisterhaften Schriften eindringlich ans Herz gelegt.

Die historisch-kritische Standardausgabe seiner Werke ist die 1959 begonnene und auf mittlerweile 37 Bände angewachsene Yale-Edition der *Papers of Benjamin Franklin*, hg. von Leonard W. Labaree, William B. Willcox u.a. (New Haven, 1959 –). Diese von der Yale University und der American Philosophical Society gemeinsam finanzierte und betreute Ausgabe umfaßt allerdings bislang nur Franklins bis zum Jahr 1782 veröffentlichte Schriften. Wer jedoch vornehmlich jene Texte lesen möchte, die in seinem letzten Lebensjahrzehnt entstanden sind, muß auf die ältere Gesamtausgabe *The Writings of Benjamin Franklin*, hg. v. Albert H. Smyth, (10 Bde, New York, 1905–07) zurückgreifen. Eine vorzüglich edierte Auswahl seiner wichtigsten Schriften hat J.A. Leo Lemay besorgt: Benjamin Franklin, *Writings*, (New York, 1987). Die verläßlichste

Einzelausgabe seiner *Autobiographie* ist *The Autobiography of Benjamin Franklin: A Genetic Text*, hg. v. J. A. Leo Lemay und P. M. Zall (Knoxville, 1981).

Eine moderne deutsche Gesamtausgabe von Franklins Schriften gibt es nicht, weshalb ich in der vorliegenden Biographie auch stets meine eigenen Übertragungen seiner englischen (und in seltenen Fällen französischen und lateinischen) Texte zitiere. Allein Berthold Auerbachs 1876 angefertigte Übertragung der *Autobiography* ist zur Zeit in der »Beck'schen Reihe« (revidiert von Heinz Förster) als Taschenbuch erhältlich: Benjamin Franklin, *Autobiographie*. Mit einem Nachwort von Klaus Harpprecht (München, 2003). Zwei ältere deutschen Übersetzungen seiner gesammelten Werke sind allerdings noch heute lesenswert (wenn auch nicht ganz leicht zu beschaffen): *Benjamin Franklins Sämmtliche Werke*, hg. v. Gottfried Traugott Wenzel (3 Bde, Dresden, 1780) und Benjamin Franklin, *Kleine Schriften, meist in der Manier des Zuschauers, nebst seinem Leben*, hg. v. G. Schatz (Weimar, 1794).

Wer sich außerdem noch eingehender über Franklins Lebenslauf informieren möchte, kann zusätzlich drei exzellente amerikanische Biographien konsultieren, die den neben Washington wohl bedeutendsten Gründervater der USA aus ganz unterschiedlicher Perspektive porträtieren und interpretieren: H. W. Brands, *The First American. The Life and Times of Benjamin Franklin* (New York, 2000); Walter Isaacson, *Benjamin Franklin. An American Life* (New York, 2003); Gordon S. Wood, *The Americanization of Benjamin Franklin* (New York, 2004). Die klassische und von vielen amerikanischen Historikern noch heute sehr geschätzte Franklin-Biographie ist: Carl van Doren, *Benjamin Franklin* (New York, 1938).

Speziell an Franklins Kindheit und Jugend interessierte Leser finden wertvolle und detaillierte Informationen in: Edmund S. Morgan, *The Puritan Family* (New York, 1966); Arthur Tourtellot, *Benjamin Franklin: The Shaping of Genius, the Boston Years* (Garden City, N.Y., 1977); Mitchell Breitwieser,

Cotton Mather and Benjamin Franklin (Cambridge, Mass., 1984); Andrew Delbanco, *The Puritan Ordeal* (Cambridge, Mass., 1989).

Franklins Zeit in Philadelphia wird eindringlich beschrieben in: Carl Bridenbaugh und Jessica Bridenbaugh, *Rebels and Gentleman: Philadelphia in the Age of Franklin* (New York, 1942); E. Digby Baltzell, *Puritan Boston and Quaker Philadelphia* (New York, 1979).

Die wichtigen Jahre, die Franklin als Diplomat in London und Paris verbrachte, sind Gegenstand folgender Studien: David Morgan, *The Devious Dr. Franklin: Benjamin Franklin's Years in London* (Macon, Ga., 1996); Claude-Anne Lopez, *Mon Cher Papa* (New Haven, 1966); Marie-Hélène Naquet, *Benjamin Franklin. Image et influence en France: de l'actualité à la posterité (1776–1830)* (Paris, 1997).

Über Franklins Wirken in Deutschland und die deutsche Franklin-Rezeption berichten am kenntnisreichsten: Beatrice Marguerite Victory, *Benjamin Franklin and Germany* (Diss., Philadelphia 1915); Horst Dippel, *Die Theorie der bürgerlichen Gesellschaft bei Benjamin Franklin*. In: Historische Zeitschrift 220 (1975), S. 568–618; Ders., *Individuum und Gesellschaft. Soziales Denken zwischen Tradition und Revolution: Smith – Condorcet – Franklin* (Göttingen, 1981); Reiner Wild, *Prometheus – Franklin: Die Gestalt Benjamin Franklins in der deutschen Literatur des 18. Jahrhunderts*. In: Amerikastudien 23 (1978), S. 30–39; Karl-Heinz Denecke, *Der Bürger im Spannungsfeld von Sittlichkeit und Selbstbestimmung. Studien zur Franklin-Rezeption im Deutschland des 19. Jahrhunderts* (Frankfurt am Main, 1996); Jürgen Overhoff, *Benjamin Franklin und die Berliner Aufklärung*. In: Berliner Aufklärung. Kulturwissenschaftliche Studien, Bd. 3, hg. v. Ursula Goldenbaum und Alexander Kosenina [im Druck].

Eine lohnende Lektüre sind auch all jene Franklin-Studien, die seine Privatsphäre einfühlsam beleuchten: Claude-Anne Lopez und Eugenia Herbert widmen sich in ihrem glänzend recherchierten und gut geschriebenen Buch *The Private Franklin* (New York, 1975) Franklins Familienleben; Seine komplizierte Beziehung zu seinem Sohn William wird dargestellt in: Sheila Skemp, *Benjamin and William Franklin* (New York, 1994); Franklins Umgang mit Frauen wird thematisiert in: Larry Tise (Hg.), *Benjamin Franklin and Women* (University Park, Pa., 2000); Auch die erbitterten Auseinandersetzungen mit seinen Gegnern und Feinden sind in verschiedenen Arbeiten untersucht worden: Robert Middlekauf, *Benjamin Franklin and His Enemies* (Berkeley, 1996); Francis Jennings, *Benjamin Franklin: Politician* (New York, 1996).

Franklins herausragende Leistungen als Wissenschaftler hat I. Bernhard Cohen in seinem Buch *Benjamin Franklin's Science* (Cambridge, Mass., 1990) überaus klar analysiert. Im Unterschied zu Cohen hat Tom Tucker in seiner Studie *Bolt of Fate* (New York, 2000) neuerdings bestritten, daß Franklin im Jahr 1752 sein Blitzableiter-Experiment mit dem Drachen überhaupt durchgeführt hat. Seine Argumente vermögen allerdings nicht zu überzeugen, zumal er wesentliche Abschnitte des wichtigen Buches von Cohen vollkommen ignoriert hat. Die Geschichte der von Franklin gegründeten Philadelphia Academy wird besonders eindrücklich erzählt in: Edward Potts Cheyney, *History of the University of Pennsylvania, 1740–1940* (Philadelphia, 1940).

Daß Franklin, wenn nötig, auch als militärischer Befehlshaber zu überzeugen vermochte, ist in der immer noch instruktiven Studie von J. Bennett Nolan, *General Benjamin Franklin* (Philadelphia, 1936) nachzulesen.

Wer schließlich Franklins religiöse Ideen, die sein soziales Handeln entscheidend prägten, genauer studieren möchte, dem sei die Lektüre der folgenden beiden Arbeiten empfohlen: Douglas Anderson, *The Radical Enlightenments of Benjamin Franklin* (Baltimore, 1997); Kerry S. Walters, *Benjamin Franklin and His Gods* (Urbana, Ill., 1998).

BILDNACHWEIS

akg-images: Abb. 2, 6, 7,10, 13, 14, 18, 19; *akg-images, Foto: Erich Lessing:* Abb. 9, 16, 17; *American Philosophical Society (APS):* Abb. 3, 5, 12; *Franklin Collection, Yale University Library:* Abb. 8, 11; *Privatbesitz (Autor):* Abb. 15; *Courtesy, Winterthur Museum:* Abb. 20.

PERSONENREGISTER

Achenwall, Gottfried 227
Adams, John 9, 243, 250, 254f., 255, 257, 267–270, 273, 278f.
Adams, Mathew 54
Addison, Joseph 58–62, 64, 70–72, 109, 173
Allen, William 171
Amherst, Jeffrey 200
Auerbach, Berthold 18, 20

Bache, Benjamin Franklin 234, 258f., 268, 281, 286f., 296, 299, 301
Bache, Richard 140, 230f., 259, 301
Bache, Sarah Franklin 140, 193, 205, 212, 230f., 234, 257, 259, 263, 287, 289, 291, 299, 301
Bacon, Sir Francis 58
Baird, Patrick 105
Banks, Sir Joseph 281
Barbeu-Dubourg, Jacques 48
Baumgarten, Eduard 19
Beaumarchais, Pierre Augustin Caron de 260
Beccaria, Giambatista 203
Bertuch, Friedrich Justin 15
Biester, Johann Erich 11–14, 21
Bond, Thomas 177, 234

Bonvouloir, Archard de 252
Boylston, Zabdiel 69
Braddock, Edward 188–190, 200
Bradford, Andrew 81, 82, 86–89, 101, 114–116, 118, 129
Bradford, William 81f., 87
Brecht, Bertolt 20
Breitnall, Joseph 104
Brentano, Lujo 19
Brownell, George 41, 49
Bürger, Gottfried August 14
Bunyan, John 41–44, 46, 63f., 107
Bute, Lord 213

Calvin, Johannes 36, 64
Charles II., König von England 29, 83f.
Charlotte, Königin von England 223, 228
Charlotte, Königin von Württemberg 228
Chaumont, Jacques-Donatien Leray de 263f.
Chodowiecki, Daniel Nikolaus 266f.
Colden, Cadwallader 153f., 167, 169

Coleman, William 120
Collins, John 57, 78, 91
Collinson, Peter 157–163, 165, 170, 174f., 190, 192f., 204
Cook, James 13
Copley, Sir Godfrey 166
Cornwallis, Charles 274
Cotta, Johann Friedrich 15
Cumberland, Duke of 188
Cushing, Thomas 240–242, 247

D'Alibard, Thomas-Francois 163
Deane, Silas 258, 266f.
Defoe, Daniel 43, 45f., 57, 79, 109
De Lancey, James 186
Denham, Thomas 92, 98f.
Descartes, René 63
Diesterweg, Adolph 17
Dickinson, John 231
Dinwiddie, Robert 181, 183f.
Dippel, Horst 21
Döblin, Alfred 20
Douglass, William 68
Duplessis, Joseph Siffrède 263

Elizabeth I., Königin von England 29

Feke, Robert 154
Feuchtwanger, Lion 19, 20
Folger, Peter 32, 33
Forbes, John 200
Forster, Georg 13f., 21, 264, 303
Fothergill, John 209
Franklin, Abiah Folger 28, 32–34, 154
Franklin, Anne 31, 32
Franklin, Benjamin (Onkel) 29, 34, 37f., 41, 56

Franklin, Deborah Read 91, 93, 99, 122–125, 139, 193, 195, 211f., 222f., 231, 234, 249, 299
Franklin, Ebenezer 34
Franklin, Elizabeth Downes 202
Franklin, Francis 125, 138–140, 299
Franklin, James 51f., 54–56, 65, 67–70, 73–78, 89, 139
Franklin, John 50
Franklin, Josiah (Vater) 27–29, 31f., 34–40, 43–45, 47, 49–52, 54, 56, 75–77, 89, 90, 154, 289
Franklin, Josiah (Bruder) 47, 50
Franklin, Thomas (Ur-Urgroßvater) 28f.
Franklin, Thomas (Onkel) 30
Franklin, William 124, 125, 140, 163–165, 177, 193, 195, 201f., 205, 210, 213f., 249f., 258f., 285f., 301
Franklin, William Temple 202, 213, 250, 258, 279, 281, 286, 299, 301
Friedrich II. (der Große), König von Preußen 9, 157, 193, 223

Galloway, Joseph 221, 233, 234
Georg II., König von England 201
Georg III., König von England 201–203, 225, 230, 237, 241, 251, 253, 267, 270
Godfrey, Thomas 121
Goethe, Johann Wolfgang von 14f., 18, 21, 305
Grace, Robert 108, 120, 155
Grenville, George 213–216, 218f.

Hall, David 153, 224
Hamilton, Alexander 290
Hamilton, Andrew 138, 141
Hamilton, James 181f., 191
Harvard, John 38f.
Hassencamp, Johann Matthäus 227f.
Heinrich VIII., König von England 28
Helvétius, Anne-Catherine 264, 271f., 286f.
Helvétius, Claude-Adrien 264
Hemphill, Samuel 136, 137, 143
Herder, Johann Gottfried von 14f., 21
Hillsborough, Lord 232f., 235–238
Holdernesse, Lord 183
Holmes, Robert 88, 89
Houdon, Jean-Antoine 263
House, George 103
Howe, William 264
Hume, David 198
Hutchinson, Thomas 238, 240–242, 245

James, Abel 283
Jay, John 278f., 287
Jefferson, Thomas 254, 255–257, 283, 285f.
Jesus Christus 134, 136, 148

Kant, Immanuel 10, 165, 207
Kapp, Friedrich 18
Keimer, Samuel 87–90, 100–102, 114–117, 122
Keith, Sir William 89, 90, 92, 93
Kriege, Hermann 16f.

Laud, William 33
Laurens, Henry 278f.

Lee, Arthur 258, 266, 270
Legardeur de Saint-Pierre, Jacques 181–183
Leibniz, Gottfried Wilhelm 9
Lessing, Gotthold Ephraim 225, 228
Lichtenberg, Georg Christoph 11
Livingston, Robert 255
Locke, John 62–65, 109, 173
Loudoun, Lord 190, 200
Ludwig XVI., König von Frankreich 10, 260, 263, 266f.
Luther, Heinrich Ehrenfried 228
Luther, Martin 30

Madison, James 290f.
Mandeville, Bernard 95f., 98
Mann, Thomas 20
Mansfield, Lord 199
Martin, David 221
Mary I. Tudor, Königin von England 28
Mather Cotton 33, 38, 43–46, 63, 66–70, 72, 107, 109f., 139
Mather, Increase 68f., 73
Mather, Samuel 69, 107
Mecom, Jane Franklin 286
Meredith, Hugh 100–104, 107, 113, 117, 120f.
Meredith, Simon 101, 120
Michaelis, Johann David 227
Milton, John 58
Mitchell, John 160
Montgolfier, Etienne 282
Montgolfier, Joseph 282
Morris, Robert Hunter 191
Mozart, Wolfgang Amadeus 204
Mühlenberg, Heinrich 175
Mühlenberg, Peter 175

Personenregister 313

Münchhausen, Gerlach Adolph von 225f., 229
Musschenbroek, Pieter van 201

Newton, Sir Isaac 9
Noah 99
Norris, Isaac 181f., 195f., 204
North, Lord 246, 270, 276
Nugent, Thomas 224

Oswald, Richard 276f., 279, 281

Palmer, Anthony 147, 148
Palmer, Samuel 92, 94f.
Paine, Thomas 253f., 288
Paulus, Apostel 63
Penn, John (Senior) 140
Penn, John (Junior) 209f.
Penn, Richard 140
Penn, Thomas 140, 150f., 176, 191f., 195–199, 201, 203f., 210, 215, 218, 233
Penn, Sir William 83f.
Penn, William 83–86, 140, 144, 191, 195f., 232
Peters, Richard 150, 181, 182
Petty, Sir William 112, 114
Pitt, William 196, 199, 200, 213f., 248f.
Plutarch 43, 46
Polignac, Diane de 263
Priestley, Joseph 196
Pringle, Sir John 223–226, 228
Pütter, Johann Stephan 227

Ralph, James 91
Read, John 91, 93, 97, 98
Richardson, Samuel 43
Roberts, George 124
Rockingham, Lord 276
Rogers, John 99, 122
Ross, John 233

Rousseau, Jean-Jacques 79f.
Rush, Benjamin 291

Saunders, Richard 131
Saur, Christoph 129
Schiller, Friedrich von 264
Schlözer, August Ludwig 226
Schönfeld, Hilmar Adolf von 284
Sewel, Willem 104
Sewell, Samuel 67
Shaftesbury, Earl of (Anthony Ashley Cooper) 64f.
Sharp, John 81
Shelburne, Lord 276
Sherman, Roger 255
Shipley, Jonathan 239, 287
Sidney, Algernon 173
Smith, Adam 198
Solon 268
Sokrates 60, 134
Sophokles 268
Spencer, Archibald 156
Steele, Sir Richard 58
Steuben, Friedrich Wilhelm von 264
Stevenson, Margaret 193, 213
Strahan, William 193, 205, 211, 213, 220, 221
Swift, Jonathan 173

Tanacharison 182f.
Thomas, George 146, 155
Timothée, Louis 127–129
Tiyanoga 186
Townshend, Charles 229, 230f., 235f.
Turgot, Anne-Robert-Jacques 10, 264, 272

Vaughan, Benjamin 283, 286, 295f.

Vergennes, Charles Gravier de 259f., 265, 270, 273, 275–277, 286
Voltaire 9, 268

Waring, John 205f.
Washington, George 28, 181, 183f., 188f., 200, 250–252, 264f., 274, 282, 291, 294–296
Webb, George 115
Weber, Max 19
Wedderburn, Alexander 244f.
Wedekind, Frank 17
Wedekind, Friedrich Wilhelm 17
Weiser, Conrad 181, 186
Wentworth, Paul 265
Wenzel, Gottfried Traugott
Wesley, Charles 143
Wesley, John 143
Whately, Thomas 214
Whitefield, George 143f., 171f.
Wilcke, Johann Carl 11
Willard, Samuel 33
Winthrop, John 26f., 32, 261
Wolfe, James 200

Georges Lefebvre:
Napoleon
Autorisierte Übersetzung aus dem Französischen, bearbeitet und herausgegeben von Peter Schöttler, mit einem Nachwort von Daniel Schönpflug

622 Seiten, gebunden, 16 Farbtafeln, Lesebändchen, ISBN 3-608-94341-2

Georges Lefebvres Darstellung Napoleons und seiner Zeit gilt als »klassische« und ausführlichste Biographie des großen Korsen. Seine brillante psychologische Skizze »gehört zum Besten, was über ihn geschrieben wurde«.

Napoleon: Mit ihm kommt die Französische Revolution zu ihrem Ende, ein neues Zeitalter beginnt. Als genialer Stratege nutzte Napoleon das politische Vakuum und die Sicherheitsbedürfnisse der neuen bürgerlichen Gesellschaft, um seine Diktatur zu errichten. Das »alte« Europa überzog er mit Kriegen, bis es zusammenbrach und nach französischem Vorbild umgebaut werden konnte: Es entstand das moderne Europa der Nationalstaaten und die moderne europäische Gesellschaftsordnung. Kenntnisreich und spannend erzählt der Autor nicht nur die militärischen und politischen Ereignisse, sondern beleuchtet auch die sozialen und ökonomischen Aspekte.

»Auf raffinierte Weise spiegelt er Biographie und Person Napoleons in eine Epoche, ihre historischen Bedingungen und ihre Dynamik ein.«
Michael Jeismann, Frankfurter Allgemeine Zeitung

Paul Noack:
Elisabeth Christine und Friedrich der Große
Ein Frauenleben in Preußen

239 Seiten, 2 Karten, 15 s/w Abbildungen, gebunden, ISBN 3-608-94292-0

Anschaulich und lebendig erzählt Paul Noack die zu unrecht vernachlässigte Geschichte einer außergewöhnlichen Königin des Rokoko, die von dem Ruhm ihres Mannes, der als Friedrich der Große in die Geschichte einging, von dem Glanz ihrer Zeit vor allem deren Kehrseite mitbekommen hat.

Klett-Cotta

Jacques Le Goff:
Ludwig der Heilige
Aus dem Französischen von Grete Osterwald
995 Seiten, 3 Lesebändchen, eingelassenes Titelschild, mit farbigem
Tafelteil, Stammtafeln und Karten, Leinen im Schuber, ISBN 3-608-91834-5

Wer war dieser Ludwig IX.? 1214 in eine Welt hineingeboren, in der sich das byzantinische Reich gegen die Mongolen wehren und gegen den Islam zu Felde ziehen mußte, um Jerusalem und das Grab Christi zu erobern, regierte er Frankreich 44 Jahre lang (1226–1270) mit viel Gerechtigkeitsempfinden und Kraft bis hin zur Askese, mit Sorge um das Gemeinwohl und Leidenschaft für den Staatsdienst, bevor er während des achten Kreuzzuges in Tunis der Pest erlag und 1297 vom Papst heiliggesprochen wurde.

»Dank Jacques Le Goffs geduldiger, umwegiger und meisterhafter Darstellung, die Biographie und Antibiographie zugleich ist, können wir die historische Konstitution dieses geheimnisvollen Individuums nun sehr viel besser verstehen.«
Peter Schöttler, Die ZEIT

Und keine Schlacht bei Marathon
Große Ereignisse und Mythen der europäischen Geschichte
Herausgegeben von Wolfgang Krieger

384 Seiten, 3 Abbildungen, 2 Karten, gebunden, ISBN 3-608-94079-0

Wie wurde aus einem Strandscharmützel bei Marathon die große Entscheidungsschlacht zwischen Persern und Griechen? Welche Folgen hatte die Überquerung des Rubicon für die Geschichte Roms tatsächlich? Warum glauben wir noch heute irrtümlich, Martin Luther habe seine berühmten 95 Thesen an das Portal der Wittenberger Schloßkirche genagelt?
Renommierte Historiker beleuchten auch die weniger bekannten Hintergründe bekannter Ereignisse, die so in neuem Licht erscheinen. Sie zeigen, wie große Ereignisse der Geschichte zu Geschichtsmythen stilisiert wurden, um sie später in den Dienst politischer, ideologischer und kirchenpolitischer Zwecke zu stellen.

Klett-Cotta

Robin Lane Fox:
Alexander der Große
Eroberer der Welt
827 Seiten, 50 s/w Abb., Karten, eingelassenes Titelschild, Lesebändchen,
Leinen, ISBN 3-608-94078-2

Robin Lane Fox' Werk gilt in der englischsprachigen Welt als die
meistgelesene und bestgeschriebene Darstellung Alexanders des
Großen und seiner Zeit. Ausgezeichnet mit mehreren Preisen für seine
Erzählkunst, beschreibt der Autor mit beispielloser Eindringlichkeit
die leidenschaftliche Begeisterung des großen Makedonen für die Welt
Homers und seiner Helden: Als neuer »Achill«, rücksichtslos, hochfahrend
und voller Tatendrang, unterwarf Alexander Ägypten und besiegte die
Perser. Als er im Alter von nur 34 Jahren starb, hinterließ er ein Reich,
das sich weit über die Grenzen der bis dahin bekannten Welt erstreckte.
Zum erstenmal europäisierte der belesene Schüler des Aristoteles den
Orient und schuf so die Voraussetzungen für eine griechisch-hellenistische
Weltkultur, die bis heute nachwirkt.

Ekkehard Eickhoff:
Kaiser Otto III.
Die erste Jahrtausendwende und die Entfaltung Europas
482 Seiten, mit Abbildungen, Karten und ausführlichem Namensregister,
gebunden, ISBN 3-608-94188-6

Im Zentrum steht der junge, hochgebildete Kaiser Otto III. Mit seiner
»Erneuerung des römischen Reichs« wird das Papsttum gestärkt,
werden Rom und Aachen zu Herrschaftszentren. Gemeinsam mit
Gerbert von Aurillac, dem späteren Papst Silvester II. und brillantesten
Gelehrten, entwickelt er ein Konzept von historischer Tragweite: Die
Christianisierung der östlichen Nachbarn verbinden sie mit einer
Friedensordnung, in der sich die entstehenden jungen Nationen an
Kaiser und Papst orientieren.
Ekkehard Eickhoff gelingen historische Nahaufnahmen Ottos III., einer
überragenden Gestalt der Jahrtausendwende, und Ausblicke auf die
gleichzeitige Entfaltung Europas nach Norden und Osten.

Klett-Cotta